广西儒学文献研究

孙先英　霍兴聪　著

本书获得『广西大学文学与文化研究中心基金』资助

武汉大学出版社

WUHAN UNIVERSITY PRESS

图书在版编目(CIP)数据

广西儒学文献研究 / 孙先英,霍兴聪著 . -- 武汉 :武汉大学
出版社, 2025.3. -- ISBN 978-7-307-24746-8

Ⅰ. B222.05

中国国家版本馆 CIP 数据核字第 2024DC9021 号

责任编辑:龙子珮　　　责任校对:鄢春梅　　　版式设计:马　佳

出版发行:**武汉大学出版社**　　(430072　武昌　珞珈山)

(电子邮箱:cbs22@whu.edu.cn　网址:www.wdp.com.cn)

印刷:武汉邮科印务有限公司

开本:720×1000　1/16　印张:17.5　字数:250 千字　插页:2

版次:2025 年 3 月第 1 版　　2025 年 3 月第 1 次印刷

ISBN 978-7-307-24746-8　　定价:96.00 元

目　　录

绪　　论

　　广西历代名儒如蒋公顺、唐朝、周琦、陈宏谋、郑献甫、龙启瑞等人，博览群书，著作等身，但诸广西方志及《粤西通载》《广西省述作目录》《广西近代经籍志》《广西地方史志文献联合目录》《广西文献资料索引》《广西历史沿革及文献研究》《广西文献名录》等书却都对其著录不详，一鳞半爪，诚为憾事。

　　笔者经过对浩繁卷帙的爬梳，共辑录了三百七十九部广西儒学文献①，并将之汇成叙录一编②。所谓广西儒学文献，即与广西相关的儒学文献，既包括广西籍学者的儒学著述，也包括外省籍学者关于广西的儒学著述，这些文献的收录时间下限则框定在宣统三年（1911 年）。笔者又参照舒大刚《儒学文献通论》一书，将这些文献分为"广西经学文献""广西儒论文献""广西儒史文献"三大类。

　　其中，"广西经学文献"指的是历代儒者对于经书的注解、辑撰和考辨等，分为"易类""书类""诗类""礼类""春秋类""孝经类""乐类""四书类""群经总义类"九目，合计一百二十五部作品；"广西儒论文献"指的是对儒学思想观念等有所体悟的论著，分为"理论思想类""政教文献类""礼制教化类""学规学约类""课文制艺类""杂说杂考杂论类"六目，合计一百六十九部作品；"广西儒史文献"指的是关于儒学史的著作和资料，分为"孔门史志类""孔庙典礼类""学术渊源类""名儒先贤传类""循良忠孝节义类"

---

① 　具体篇目详见本书附录《广西儒学文献一览表》。
② 　孙先英、周欣：《广西儒学文献叙录》，上海：上海古籍出版社，2022 年。

"乡贤名宦类""科举试卷类"七目，合计八十五部作品①。三大类二十二目的分法，虽不能尽皆囊括所有广西儒学文献，但也使得目前所收之三百七十九部作品犁然可考。

这三百七十九部作品，又可有四种分法。从内容来源（即原创性）划分，有著作、编述和钞纂三种，著作以"儒论类"为多，编述以"儒经"为多，钞纂则以"儒论类"和"儒史类"为多。从著述体式划分，则主要有撰著体、辑撰体（纂集体）、编撰体、疏解体、校勘体、证体、广补体、考辨体、札记体、图解体、问答体等，这些体式在不同时代表现有所不同：从汉到宋，主要为疏解体，其成就最大；至于宋代，理学兴起，学术以思辨、质疑为特色，因此撰著体陡增；明代的撰著体最多，基本上沿袭了宋学之路；清代则愈发不同，考辨、训诂、编撰之作加多，如郑献甫《愚一录易说》《四书翼注论文》《愚一录》等著，汉学、宋学各有千秋。从作品类型划分，有著述类、注释型、总论型、编辑型和学术型等。从阐释方式划分，则又可分为因循性阐释、衍义性阐释、修正性阐释三种模式。

据笔者管见，汉代是广西社会科学研究的起始期，也是广西学术史上的第一个活跃期，现存最早的广西儒学文献当属汉代的《陈氏春秋》，作者为陈钦，其人影响可与刘歆、杜林等巨儒相埒。魏晋南北朝至隋唐时期是广西儒学的沉寂期，儒学著述踪迹难觅。宋元时期，广西儒学文献共有七部，此时是广西儒学的重启期，理学的单向输入是最主要的时代特色，以契嵩、林勋、蒋公顺、滕处厚、唐朝等人及其著作为代表。经过长期的陶染浸润，广西儒学在明代进入了发展期，有明一代二百七十六年，可查知的儒学文献共有七十五部，此时的学术格局以程朱理学和阳明心学两大基本派别为主，二者竞逐，大致可分为三个阶段②：明代前期，此阶段一般

---

① 详见孙先英、周欣：《广西儒学文献叙录·前言》，上海：上海古籍出版社，2022年，第1~9页。

② 本书所说的明代学术分期，参考了衷尔钜的说法：明代前期指太祖洪武到宣宗宣德时期；明代中期指英宗正统到神宗万历时期；明代后期指万历晚期到天启、崇祯时期。（衷尔钜：《论明代的理学和心学》，《中州学刊》1990年第1期。）

被视为宋明理学发展史上"此亦一述朱，彼亦一述朱"①的述朱期，广西学术亦莫能外，但由于相关资料阙如，尚无法深入探究这一时期的儒学发展状况；明代中期，随着王阳明及其弟子入桂，广西成为心学沃土，广西儒学发展史上首次出现了程朱理学和阳明心学并列且后者稍占上风的趋势，在学派及思想倾向上，朱、王各有传人；明代中期至后期，广西本土产生了周琦、吴廷举、蒋冕、李璧、陈大纶、张翀、王启元、曹学程等一大批儒者，并出现了广西儒学史上第一部系统、完整阐述理学思想的著述——《东溪日谈录》，以及第一部主张建立孔教论的著述——《清署经谈》，且随着曹学佺、黄道周等人入桂，理学在广西的传播也出现了修正、调和朱王的趋向。清代是广西儒学的成熟期，这不仅表现在著述增多、本土儒者增多的直观现象上，更表现在陈宏谋的"临桂学"、郑献甫的经学、"岭南五大家"的古文以及"临桂词学"的全国性学术影响上，这些都是广西儒学在清代的新成果。

　　总之，广西虽僻处南徼，但自被秦朝纳入中国版图以来，不断吸收南迁的儒学，社会文化早已浸透在其中，并造就了众多儒学名流，保存了大批儒学文献。故从分析广西儒学文献之概况入手，能透视儒学在广西传播的主体、内容、路径以及特色与价值，这无疑对研究当代广西的政治、经济、文化等方面的发展状况，有着重大的指导和借鉴意义。如精神(道德、学术)与物质(饮食、男女、居室、金钱、势利)之辩，群体(社会、国家、民族)与个体之论，性道与人欲之分，以及敬与礼、格物致知、穷理正心等理学信念，仁、义、忠、孝、礼、诚、实、淡泊、刚直、廉耻等道德观念，"学至圣人"的人格追求，关心现实、忧国忧民的历史使命感和社会责任感，"民胞物与"的悲天悯人情怀，"以和为贵"的仁爱和谐、睦邻友好的传统风尚等，都早已渗透到广西文化的血液中，并在以《东溪日谈录》《救

---

① (清)黄宗羲著，沈芝盈点校：《明儒学案(修订本)》卷十"姚江学案"，北京：中华书局，2008年，第178页。

贫捷法》《治丽箴言》《训俗迩言》《戒讼戒赌论》《敦宗睦族论》《忠孝节义传》《烈女记》《忠孝廉节传》《忠义录》《广西昭忠录》《镡津忠义录》《学庸弦诵》《大学两关经传要解》《两关日课》等为代表的著作中，深刻表现出来。可以说，这三百七十九部作品都是儒学对广西文化影响的真实写照，袁衷所谓"孔子之道，天下万世所共仰者。师而事之，可以修政，可以立事，可以化民而成俗。故中州遐壤，岭海内外，莫不惟孔子之道是尊"①，由此得见。

可惜的是，这三百七十九部作品，目前只存一百七十四部，散佚一百一十六部，未见八十九部。其散佚原因很多，概括起来，则不外乎著述本身和外在客观两方面的原因。就著述本身而论，广西儒学文献写本多而刻本少、书目著录少的特点直接致使大量作品闲置在家、不行于世，故影响力有限；而粤西地区频仍的自然灾害和战争所导致的保存不善等客观原因，也造成了多数文献湮灭的厄运。因此，现今研究界亟待对广西文献展开一次系统、全面的整理。

当代规模性的广西文献整理肇始于丛书出版工作，自 20 世纪 80 年代开始，各编委会编纂出版了《桂苑书林丛书》《全州历史文化丛书》《壮学丛书》《广西历代文献集成》等大型丛书，使丛书整理成为广西文献整理中最为普遍的方式，以此方式出版的广西古籍占一半以上。2000 年后影印工作如火如荼地展开，柳州市地方志办公室主持整理柳州乡贤著述，柳州市地方志编纂委员会办公室影印出版了周琦的《东溪日谈录》、张翀的《鹤楼集》和王拯的《归方评点史记合笔》等书，这标志着影印也成了广西文献整理的重要方式。文献目录出版工作亦取得较大成绩，《广西近代经籍志》《广西文献概述》《广西古代近代要籍题解》《广西地方志史志文献联合目录》《〈清实录〉广西资料辑录》《二十四史广西资料辑录》《广西方志传记人名索引》《广西文献资料索引》《广西新编地方志文献汇编》《广西历史沿革及文献研

---

① （清）汪森编，黄盛陆等校点：《粤西文载校点（二）》卷二十七《贺县学记》，南宁：广西人民出版社，1990 年，第 297 页。

究》《广西历代文献提要选编》《广西文献名录》《广西历代经籍志》等一大批极具价值的目录、索引资料问世，给广西古籍文献整理工作的后续开展提供了极大便利。点校注释工作也取得一定进展，现下出版界已经发行了《(嘉庆)广西通志》《粤西通载》《百越先贤志校注》《一园文集》《湘皋集》《岳麓文集》《问梅轩诗草偶存》《空青水碧斋诗文集》《赵柏岩集》《郑献甫集》《广西通志辑要》等若干有分量的作品。

尽管如此，目前仍有一百二十余部著作未加整理，如明人龙文光的《乾乾篇》、清人苏懿谐的《葩经念本》《孝经刊误合本》《学庸弦诵》、清人金熙坊的《周易类象》《羲轩丹易》《易经偶语》《春秋偶语》、清人龚延寿的《周易拟象》《周易史证》《周易史证样本》、清人祁永膺的《墨斋存稿》《勉勉钼室类稿》《岭学祠诸先生事迹学术考》、清人刘名誉的《论语注解辨订》《初学源例篇》《慕盦治心诗钞·慕盦治心韵语》等，它们占现存一百七十四部的三分之二以上，从这方面来说，广西儒学文献的整理工作可谓任重道远。

现代意义上的广西儒学研究，大约始于1936年陈受颐发表的《三百年前的建立孔教论——跋王启元的〈清署经谈〉》，此文堪称广西儒学研究的先声。从当时迄今，广西儒学的研究范围扩大了，主要成果如下：文献考证以《陈宏谋与考据》等为代表；儒者生平研究以《陈榕门先生评传》《陈榕门之生平》《柳州明代八贤编年》等为代表；本土思想研究以《壮族士人和理学》《宋代广西汉、壮民族间的文化交流》《试论儒学对清代壮族文人思想的影响》《王启元〈清署经谈〉在晚明思想史上的意义》《论周琦的〈东溪日谈录〉及其理学思想特点》《〈五种遗规〉研究》等为代表；儒学南传研究以《论孔子在壮族地区的影响及历史作用》《儒学南传史》《论南宋理学在广西的传播方式》《清代广西汉文化传播研究》《宋明理学在广西的传播及其对少数民族文化的影响》等为代表。上述研究都取得了相当的成绩，但它们都属于某一领域的特定研究，偶或涉及广西儒学文献，却不以之为专门研究对象。因此，专门展现广西儒学文献的整体风貌，继而发掘它的思想文化价值及意义就显得十分迫切和必要了。

第一章　广西儒学文献概述

"在我国，很早就有公、私文献收藏事业，而且源源不绝。"①广西地方文献的收藏也是如此，从西汉有了木简、木牍的书籍雏形开始②，广西的出版和藏书事业绵亘至今。其中，广西儒学文献更以悠久的历史和丰富的内容而享有盛誉。然而受制于气候环境、收藏手段和文献形成的方式等因素，广西儒学文献的流传保存状况至今已经堪忧，幸而可见者，十存二三。因此在清查统计的基础上，对已掌握的文献作分析和阐释工作，是了解广西学术乃至广西文化的必由之路。

第一节　著　述　分　析

本书所辑录的三百七十九部广西儒学文献，从内容来源（即原创性）划分，可分为著作、编述和钞纂三种类型；从著述体式划分，可分为撰著体、辑撰体（纂集体）、编撰体、疏解体、校勘体、证体、广补体、考辨体、札记体、图解体、问答体等；从作品类型划分，可分为著述类、注释型、总论型、编辑型、衍义型、学术型等；从阐释方式划分，则有因循性阐释、衍义性阐释和修正性阐释三种模式。这些分类从不同角度区别，但并不完全互相排斥，而是彼此交叉，甚至有时也会互相包含。现具体讨论

---

① 杜泽逊：《文献学概要（修订本）》，北京：中华书局，2018 年，第 56 页。
② 广西壮族自治区地方志编纂委员会编：《广西通志·出版志》，南宁：广西人民出版社，1999 年，第 1 页。

如下。

一、著作、编述和钞纂

在古代文献的分类问题上，我们首先采用张舜徽先生的观点，从内容来源（即原创性）上，将文献分为著作、编述和钞纂三种。

著作是"将一切从感性认识所取得的经验教训，提高到理性认识以后，抽出最基本最精要的结论，而成为一种富于创造性理论"①的作品，它从形式到观点内容皆为作者原创。广西儒学文献中的著作类文献以"儒论类"最多，"儒史类"次之，这与它们阐发议论和记载事实的性质有关。两类中的现存文献，又以"儒论类"下的"学规学约类"著作居多。相比其他类目文献的繁复引用，"学规学约类"文献因具有现实指导性和规定性的内容要求，更易于成为著作，如《教士条规》《豫章书院学约》《秀峰书院学规》《道乡书院学规四则》《塾规二十四条》《桐岭学规》《学童心得》等都是。此类文献往往存于别集、方志或碑刻中，故保存较多且较完善。除此之外，又有以略、录、纪等命名的政教类文献，如《緱城政略》《井陉政略》《滇南治略》《救时权略》《按浙录》《牧宁录》《警心录》《宰黔随录》《防乍日录》《政事纪》等。又有以言、约、条规命名的礼制教化类文献，如《训俗迩言》《乡约条规》等。又有以录、谈命名的学术杂感杂类文献，如《东溪日谈录》《图南会心录》《儒正谈》《清署经谈》等。又有以时文、制艺、课艺、课士录、直解等命名的科举文献，如《灵溪时文》《带江园时文》《清华家传》《补学轩制艺》《分青山房课艺》《浔阳课士录》《课士直解》等。又有以训命名的家训家规，如《忠孝经便蒙诗训》《庭训三则》《宦游家训》《著垣家训》等。又有以论、义等命名的政俗著作，它们大多针砭时弊、斟酌风俗，如《续葬论》《知人绪论》《戒讼戒赌论》《敦宗睦族论》《侍养要义》等。总的来看，著作涉及的领域较为广泛，门类也较为繁多。

---

① 张舜徽：《中国文献学》，郑州：中州书画社，1982年，第32页。

所谓编述，即"将过去已有的书籍，重新用新的体例，加以改造、组织的功夫，编为适应于客观需要的本子"①，广西儒学文献中的经解类作品和节要类作品多属于此类。《诗经说意》《尚书注释》《小学高注补正》《胡子粹言》《理学宗传摘要》《〈大学衍义〉辑要》《〈大学衍义补〉辑要》《〈双节堂庸训〉应世补续编》《孔子年谱辑注》等皆属此类。以明代吴廷举《胡子粹言》为例，正德七年（1512年）吴氏将胡居仁的八卷《居业录》节略为"上中下三卷，录为一帙"②，文字从六万多字缩减为六千二百九十字，所节录内容，皆有关"学者身心似尤紧要"③者，甚得编述之法。又如清代陈宏谋、陈兰森祖孙编辑的《四书考辑要》，当时陈宏谋认为明人薛应旂辑、陈明卿订的《四书人物考》，采择繁杂，初学者难以记诵使用，因令长孙兰森详为参核，辑其要略而增以注释，有疑义者则加按语，陈宏谋重作审定。它的标题依书次排序，体例得当，可因之考究、搜索典章制度与人物事迹，又收有春秋十二国和战国七雄二图，对《四书人物考》删繁订误，甚便于科举学业，殊可省翻检之劳，改造之功巨大。

所谓钞纂类文献，是"将过去繁多复杂的材料加以排比、撮录，分门别类地用一种新的体式出现"④，这类文献多为汇编、辑录和试卷类文献。广西儒学文献中的《闺门格言》《教士汇编》《循良汇编》《浩气吟》《坊表录》《是君是臣录》《灌水褒贞录》《处世录》《乡贤录》《广西昭忠录》和历年科举试卷等都属此类。相较于著作和编述，钞纂类文献是最多的。以清代苏凤文的《广西昭忠录》为例，此书记录了自道光二十七年（1847年）至同治七年（1868年）亡于太平天国运动中的清廷文武官员，不论官职大小，皆以阵亡时间之先后立传或录名。苏氏时为广西巡抚，此书表彰"忠节"之旨不言

---

① 张舜徽：《中国文献学》，郑州：中州书画社，1982年，第32页。
② （明）吴廷举：《胡子粹言序》，彭子龙编著：《广西历代经籍志（汉—明）》，桂林：广西师范大学出版社，2016年，第143页。
③ （明）马津：《胡子粹言重刻序》，彭子龙编著：《广西历代经籍志（汉—明）》，桂林：广西师范大学出版社，2016年，第144页。
④ 张舜徽：《中国文献学》，郑州：中州书画社，1982年，第32页。

而喻。其材料均来自官方记载，由苏氏等人编辑而成，对研究太平天国及之后的广西农民起义史来说，具有较高的参考价值。"全书共编为四册八卷，按殉难年月先后排列，以人系事，以事系年，每人立一小传，事迹不详或较少者，合并连类，多附录于生平详细的传主之后，且只胪列事实，不加论赞，唯其生平别有表现或所作诗文有关传主事迹者，方才予以收录，余则摒弃不文，书末附录《平桂纪略》一册四卷、《股匪总录》一册三卷、《堂匪总录》二册十二卷"①，钞纂之义甚明。又如清代刘名誉的《慕盦治心诗钞·慕盦治心韵语》，是书收集前人古诗中的治心名篇，选程颢《春日偶成》、邵雍《首尾吟》、朱熹《斋居感兴》（录十二首）、王阳明《长生》《良知》《答人问道》、曾国藩《不求歌》等理趣之诗而成，附以精要点评，刊印风行。选本目的正如其《自叙》所说："自风雅既熄，五言七言代有兴作，大都缘情绮靡，吟风弄月之什，求其善谈名理，有当兴观者，颇难其选……专择其朴质、说理切中身心性命者，得若干首，手录成帙，旁注鄙意"②，可谓治心诗钞。

二、撰著、辑撰和编撰等

著述体式即撰写形式。广西儒学文献的著述体式主要有撰著体、辑撰体（纂集体）、编撰体、疏解体、校勘体、证体、广补体、考辨体、札记体、图解体、问答体等。

撰著体，既包括原创著作，也包括对原有作品的研究性著述。广西儒学文献中的撰著体以论谈类书籍居多，如林勋《本政书》《本政书比较》、周琦《东溪日谈录》、张翀《浑然子》、王启元《清署经谈》等都属此类。以《本政书》为例，建炎元年（1127年）五月南宋王朝建立，朝廷令有司招农归

① 广西壮族自治区图书馆、广西壮族自治区桂林图书馆合编：《广西文献名录》，南宁：广西人民出版社，2009年，第263页。

② （清）刘名誉辑：《慕盦治心诗钞·慕盦治心韵语》，光绪二十二年（1896年）排印本，吴云记书庄印。

业，并振贷之，蠲欠租，免耕牛税。在此背景下，建炎三年(1129 年)八月，身为广州州学教授的贺州人林勋，毅然献上《本政书》十三篇，详述古制井田纳税钱米及兵马更番之数，并主张借鉴井田制而斟酌变通。此书是一部有关社会治理思想的撰著作品，"其说甚备"①，一些观点和措施也得到了朱熹、吕祖谦、陈亮、陈傅良等人的认可及赞许。《建炎以来系年要录》卷二十六、《宋史》卷一百七十三和《鹤林玉露》乙编卷一等均有载录。

辑撰体②，或作纂集体，是按某一主题专门收录某类资料，并依一定之编排思想汇辑而成的文献，可视为资料汇编式作品。广西儒学文献中，李仲僎的《循良汇编》、唐良玺《闺门格言》、欧阳永裿《仕镜编》、俞学乾《婚丧摘要》，以及历年《广西乡试录》《广西乡试朱卷》《广西试牍》《广西闱墨》等都属于此类。以李仲僎的《循良汇编》和俞学乾的《婚丧摘要》为例。《循良汇编》从经、史、子三类书中，摘录有关循良及圣贤格言的内容，汇编为十二类，分类纂辑(分德化教化等目)。《婚丧摘要》以婚丧嫁娶为主题，裒辑《仪礼》《丧礼》《朱子家礼》等古代礼类文献中有关婚丧的记录而成，并以此训诫家里、邻人，集录性质鲜明。值得注意的是，一些官方资料亦多选择辑撰体汇编成书，如清代广西巡抚苏凤文的《崇祀乡贤奏折禀稿》，此书将上报卓僩入祠藤县乡贤祠的资料，像同治九年(1871 年)十二月二十七日呈献礼部的申请崇祀乡贤的《奏稿》《广西巡抚苏凤文会题请旨稿》《候选内阁中书邑举人苏时学等禀学公呈》《禀县公呈》《公结》《事实清折》等，汇集成册。他如历年广西科举试卷等亦是。

编撰体，指的是按一定体例对某本或若干特定的书籍进行编辑撰写的作品。与辑撰体侧重辑录、汇编的特点相比，编撰体则更强调对原有作品

---

① (宋)李心传:《建炎以来系年要录》，北京:中华书局，1988 年，第 521 页。

② 辑撰体又称辑录体。四库馆臣认为:"古人编录之书，亦谓之'撰'，故《文选》旧本皆题梁昭明太子撰，而徐陵《玉台新咏》序亦称'撰录艳歌，凡为十卷'。"观其所举诸书例，编录实为辑录之意，故辑录又称辑撰。见(清)永瑢等:《四库全书总目》卷一百四十八集部一别集类一"陶渊明集八卷"，北京:中华书局，1965 年。

的重新编辑、整理和撰写。广西儒学文献中，范瑷的《交州先贤传》、陈宏谋的《司马文正公年谱》和龙继栋的《十三经地名韵编今释》等都属此类。以范瑷的《交州先贤传》和陈宏谋的《司马文正公年谱》为例。关于《交州先贤传》，姚振宗说："此殆续士之书，合为一编者。"①这说明此书是在士燮《交州人物志》基础上的续写之作。关于《司马文正公年谱》，此书自序称："宏谋既校刊全集，复购得明马峦所纂《年谱》，心窃喜之。及考之史传暨公文集，颇多舛遗，因详加参订，悉为改正。删其繁冗，补其阙略，与公之本传、行状、碑志，并刊于《传家集》之后。俾读公之书者，得有所考，而宏谋亦少申高山景行之慕云。"②陈氏新谱在旧谱基础上改定而成，其编撰特征可谓十分明显。

疏解体，即是对旧注进行疏证、诠释的经解作品，有训诂、讲疏、注疏等名目和形式。陈钦的《陈氏春秋》、陈元的《春秋训诂》《左氏同异》、士燮的《春秋经注》《公羊穀梁注》、陈宣的《礼经意旨》、唐瑄的《诗经说意》《大学中庸直讲》、张茂梧的《易经了义》、龙文光的《乾乾篇》、高熊徵的《孝经刊误节训》、苏时学的《易经注解》、李璪的《易诗经解》、蒙会牲的《周易图书疏》等书，都是广西儒学文献中的经典疏解作品。以蒙会牲的《周易图书疏》为例，广西学政詹嗣贤曾作序说此书"大旨不外发明河图用两、洛书用三之义，而以爻象剖别先后。天卦虽重，言数于理，实相贯穿，所增诸图系自诸图中衍出，皆自然之理。其疏河洛异同，据《洪范》之用立说，至为有本。谓无洛书，则河图道废，尤为不刊之论"③，可见此书是一本《易经》疏解之作。

章句体，是一种分章析句、章解句释的作品，这类作品常见于经学

———————————

①　（清）姚振宗：《隋书经籍志考证》，北京：清华大学出版社，2014年，第791页。

②　（清）陈宏谋：《培远堂文集》卷一《司马文正公年谱小序》，黄旭初主持：《广西乡贤丛书》，民国三十三年（1944年）排印本，第7页。

③　欧仰羲修，梁崇鼎等纂：《贵县志》卷十二"学艺·学术"，台北：成文出版社，1967年，第747页。

文献。广西儒学文献中，梁方图的《五经要旨》、曾浤仁的《居家必读书》和郑献甫的《四书翼注论文》等都属此类。梁方图的《五经要旨》是授课讲义，它以五经章句训解为主，实际上是一本讲义性质的经注经解之书。曾浤仁的《居家必读书》是对朱柏庐《朱子家训》的注解，此书先引先贤格言、圣经贤传，次将本章含义逐句逐层阐释，甚或援引故事，以期达到章句明晰之目的。郑献甫的《四书翼注论文》对四书"逐章逐节逐句书之"①，论述十分严密。

集解体，即是汇集众疏解说之作，通常以集解、集注、集证、集释、集说等命名。如清代灌阳人王师说的《礼记集观》，为《礼记》解读之汇辑读本；清代桂平人刘圣文的《四书集解》，为四书经注之汇辑本；清代郁林人苏懿谐的《孝经刊误合本》，将《孝经》的各种主要版本合为一篇，在文内加圈编辑，汇订而成：加"○"者是古文有而今文无之字句，加"□"者是古文无而今文有之字句，重要之处另有双行小字加以注释②；清代临桂人龙启瑞的《尔雅经注集证》一书，博采陆德明、郝懿行、孔广森、卢文弨、阮元、宋翔凤等说而成，"初学得此书，《尔雅》不苦其难读矣"③，为《尔雅》疏解之汇辑善本。

校勘体，即汇集众多版本对并原文进行校勘的作品。这类作品以郑献甫的《手批十三经注疏及校勘记》为代表。此书是郑氏将《十三经注疏》和《十三经注疏校勘记》进行校勘，把不同版本和有关资料加以分析比较，考订异同，详细评点而成。只可惜此书手稿在咸丰六年(1856年)郑氏自柳州乘船去桂林途经永福时，被强盗劫掠而丢失。现今尚存的只有《愚一录》和《四书翼注论文》两部书。《愚一录》中存有十三经的大量校记，旁征博引，

---

① （清）林肇元：《刊四书翼注论文序》，郑献甫：《郑献甫集下册·四书翼注论文》，南宁：广西人民出版社，2013年，第1339页。

② 广西壮族自治区图书馆、广西壮族自治区桂林图书馆合编：《广西文献名录》，南宁：广西人民出版社，2009年，第580页。

③ 中国科学院图书馆整理：《续修四库全书总目提要·经部》，北京：中华书局，1993年，第1018页。

资料详实，校勘工作十分认真细致。需要说明的是，在如今掌握的广西儒学文献中，专门以校勘为主的作品极少，大多作品都是将校勘融入其他撰写形式，如清代博白祁永膺的《荀氏易异文疏证》，此书参考易学众多著述，主要采用对校、他校等法，对《荀氏易》进行文字比对和疏通，寓校于疏。

考辨体，即以考论前人疑难问题为主的著述。广西儒学文献中，高熊徵《文庙木主考辨》、梁汝阳《传习录辨疑》、钟章元《孔圣事迹辨》《百八弟子考》、周思宣《禹贡地理考略》《春秋释地考证》《蘁芘堂说经质疑》、吴祖昌《文庙上丁礼乐备考》、刘名誉《论语注解辨订》、祁永膺《岭学祠诸先生事迹学术考》《勉勉鉏室类稿》等皆属此类。以刘名誉的《论语注解辨订》和祁永膺的《勉勉鉏室类稿》为例说明。刘名誉的《论语注解辨订》①一书主要采用《论语集解》之见，对《论语》的字音字义以及古代社会的典章制度进行考核辨证，力求追根溯源、实事求是。《勉勉鉏室类稿》有陇西刊本五卷，此书大旨在调和汉宋，其中如《拟重三礼图条例》一文，取焦循《宫室图》、程瑶田《车制图》、张惠言《仪礼图》进行考订，旁涉江永《乡党图考》，这些考证可称详核；又如《朱传宗序传录序例》一文，谓朱子《诗集传》未曾攻《小序》，亦不尽从郑樵之说，因就《诗集传》之明用序说、隐用序意，及明引毛传、隐用毛传者，分条辑录，成书六卷；又其考皇氏《论语义疏》，据臧琳、余萧客、翟灏、卢文弨、孙志祖、阮元、马国翰、陈澧及山井鼎诸家所校之文，证今本之舛漏，最为详尽②。

广补体，即推广和增补旧注的作品，有"补""增补""续编"等名目。广西儒学文献中，清代况澄的《春秋属辞比事记补》是一例。此书是况氏增补毛奇龄《春秋属辞比事记》所成，因为毛书缺漏较多，故况氏依毛氏体例进行了补订。全书共二卷，上卷列有改元、即位、生子、立君、朝、

① 参见本书第三章第二节之"程朱理学、阳明心学和朴学并存的清代"。
② 孙先英、周欣：《广西儒学文献叙录·第二篇》，上海：上海古籍出版社，2022年，第416页。

聘、盟、会盟、侵、伐、会伐等目；下卷列有在、放、纳、居、奔、周王葬、诸侯卒、大夫卒、弑君、祭享、日食等目。每目之下，依照《春秋》时间先后，将史实排比编撰，目下又分细目。全书依目归类，将《春秋》史实排比，年份与事件联系，行文清晰①。又如龙启瑞的《小学高注补正》一书，是在高紫超的《朱子小学纂注》的基础上，补充纠正高注的不确之处而成。又如清代王之骅的《增补了凡功过格》，增补袁了凡《功过格》而成。再如陈兰森的《〈双节堂庸训〉应世补续编》，该书为汪辉祖《双节堂庸训》的续编之作，续编者为第四卷《应世》，讲待人处世之道。

札记体，即读书笔记式学术作品，讲求随感而发，注重对相关零星史料的收集，但并非全解。此体裁始兴于唐宋时期，如《酉阳杂俎》《封氏闻见录》《容斋随笔》《困学纪闻》等书皆是。这类广西儒学文献以清代金熙坊的《易经偶语》为代表，此书为阐述《易经》的日记体之作，行文大多比较简短，如"泰之开也，际会风云，拔茅茹而贤才辈出；否之休也，忧危明盛，系苞桑而社稷灵长""枯杨生华，枯杨生稊，造物反常之事；日中见斗，日中见沫，大明被蚀之时"②等解语，札记随感性质明显。又如清代郑献甫的《愚一录》，此书对《说文》异字、《释文》异音，用四书、九经、诸史诸子等书加以佐证，如有所获，则必札记以论述，"为日既久，成帙遂多"③。其他诸如《蒲谷日纂》《读易札记》《读易管窥》《春秋偶语》等书，皆以札记形式解读《易经》《春秋》等疑难问题。

图解体，即绘图解说的作品。这类广西儒学文献以宋代佚名所撰《桂林孔庙释奠牲币服器图说碑》为代表。此碑由图和文字组成，图为祭祀所用的羊、猪、大尊、山尊、壶尊、爵、簠、簋等牲畜和礼器的石刻画像，

---

① 广西壮族自治区图书馆、广西壮族自治区桂林图书馆合编：《广西文献名录》，南宁：广西人民出版社，2009年，第41页。

② （清）金熙坊：《易经偶语》，《金子范杂著》，清同治十一年（1872年）本。

③ （清）郑献甫：《郑献甫集下册·愚一录·序》，南宁：广西人民出版社，2013年，第1192页。

羊、猪身体各部位都有文字注明，每个礼器下亦用文字注明径长、足高、器重，最后附带冕服的文字说明①。此碑通过图文形式，对桂林孔庙祭祀所需的祭器服饰、规格、用途以及具体用法进行了详尽的描摹与注解，是一部图说桂林孔庙祭祀典章制度的经典之作。又如张居正、吕调阳的《帝鉴图说》，此书选取尧舜以来历代人君善可为法者八十一事，恶可为戒者三十六事，加以编纂图解，"善为阳为吉，故数用九九；恶为阴为凶，故数用六六"②，"每事前绘一图，后录传记本文，而为之直解"③。如卷一"任贤图治""谏鼓谤木""孝德升闻""揭器求言""下车泣罪""戒酒防微""解网施仁""桑林祷雨""德灭祥桑""梦赉良弼""泽及枯骨""丹书受戒""感谏勤政"叙十三个帝王所施之善事，每人绘一图，每图序一事，每事附一赞，事核言直，理明辞约。"书中所载皆史册所有……语取易晓"④，图解体的清晰明了之长展露无遗。是书自刊行以来，就是经筵读物，以其形象易晓的特点，成为明清幼帝的御用教材。

问答体，即问答式作品。问答体起源甚早，东方朔之《答客难》、扬雄之《答宾戏》皆是，然二者仅为文学作品，至朱熹将此体用于学术写作后，此体大盛，《四书或问》堪称问答体学术著作的典范。其后，元代何异孙《十一经问对》乃将此体演绎普及，发扬光大。明代柳州人张翀的《浑然子》即为此体，以浑然子与都匀诸生相互问答、诘难的方式探讨"神游""田说""樵问""将""明心""士贵""体用论""兴废""祸福""忠孝""变化""穷理""求知""弭盗""用材""强弱""臣道""高洁"等儒学论题，与刘基的《郁离

---

① 广西壮族自治区图书馆、广西壮族自治区桂林图书馆合编：《广西文献名录》，南宁：广西人民出版社，2009 年，第 276 页。

② （清）永瑢等：《四库全书总目》卷九十史部四十六"史评类存目二"，北京：中华书局，1965 年，第 761 页。

③ （清）永瑢等：《四库全书总目》卷九十史部四十六"史评类存目二"，北京：中华书局，1965 年，第 761 页。

④ （清）永瑢等：《四库全书总目》卷九十史部四十六"史评类存目二"，北京：中华书局，1965 年，第 761 页。

子》一书十分相似①。

三、著述类、注释型和总论型等

著作类型即著作种类。与著述体式强调作品的内容结构布局相比，著作类型更强调作品的话语结构形态。广西儒学文献从著作种类或整个语言呈现形态划分，可分为"著述类""注释型""总论型""编辑型""学术型"等。因为著述体式和著作类型有重合之处，故在此简论著作类型以免赘述。

著述类作品，强调话语的原创性，政教类著作多数属于此类。如苏懿谐《迪知录》一书，全书分三卷，上卷收《迪知录序》、《寅畏典型》十册、《补录册》一册，中心思想是"知天威者，必先主敬"，并认为这是"经传之微言"；中卷分《遇灾加省》《违敬之愆》《诸儒言行》《逊志斋畏说》《震卦解》《震卦总论》《逊志斋畏说》《述异酌存序》《述异七条》《恶气相遭说》等篇；下卷分《怀刑抄本》《律例切要》《邓贞一案》《制艺篇》《天威记》《威刑合一论》《永念天威赋》《迪知录问答》等篇②。苏氏将自己所感知、观察到的嘉庆十一年(1806年)至道光九年(1829年)的自然现象，与人事、国事、祸福一一对应，附会而成，类似《春秋繁露》，充斥着"天人感应"思想，也掺杂了大量佛教"因果报应"观念，内容虽然庞杂，但文本为作者自著。

注释型，即注解阐释型作品，上文所述的校勘体、疏解体、证体、广补体、集解体、章句体、图解体等皆属此类。如金熙坊《周易类象》一书，此书由"乾卦类象""坤卦类象""坎卦类象""离卦类象""震卦类象""巽卦类象""艮卦类象""兑卦类象"八篇组成，而八卦类象中的每一卦又都包含着"说卦象""本卦象""爻象"三个细目。书内集中讨论经文、彖传、象传、文言、说卦、系辞等《周易》经传中的八卦之象，包括三爻经卦与六爻纯卦中的全部取象，比《说卦》所言八卦取象更广，其中"说卦象""本卦象""爻

---

① 参见本书第二章第五节之"张翀儒道兼融的杂家思想"。
② 广西壮族自治区图书馆、广西壮族自治区桂林图书馆合编：《广西文献名录》，南宁：广西人民出版社，2009年，第52页。

象"三个细目本旨如下：说卦象是指《说卦》中出现的八卦取象，本卦象是指八种六爻纯卦卦爻辞、象传、象传中出现的卦爻取象，爻象是指《说卦》、八纯卦之外其他卦中出现的含有某纯卦的爻辞、象传中的卦爻取象。此处含有的纯卦，"兼正体、互体、变体而言"，如释否卦"为禄"之象，金注认为"否传曰不可营以禄，虞翻曰乾为野"，否卦象上乾下坤，象中有乾，此所谓正体；又如释蒙卦"为躬"之象，金注认为"蒙六三见金夫不有躬，虞翻曰坤身称躬"，蒙卦上艮下坎，三四五爻互坤，此所谓互体；又如释讼卦"为户"之象，金注认为"讼九二邑人三百户，虞翻曰坤为户"，讼卦上乾下坎，无坤象，但下卦坎二变则为坤，此所谓变体。① 可以看出，此书的诠释性质十分明显。

总论型，即通论式著作，是就经书宗旨、体例或疑问进行讨论的作品，札记体、问答体、考辨体等皆属此类。广西儒学文献中，清人余心孺的《性理管窥》即是此类。是书共二卷，卷之一《论》，包括《图序》《参赞位育图》《身心性命图》《明新至善图》《图说》《原极》《原天附地》《原命》《原道》《原身》，共十篇；卷之二包括《原心》《原善》《原中附和》《原性》《原德》《原知》《原仁附义礼智信》《原率修》《原教学》《原诚》《原敬》《原圣神功化》，共十二篇。书内所有的篇目后，都附有余心孺之师李瑞征的点评。此书受韩愈《原道》《原性》《原毁》《原鬼》《原人》等篇目启发，第一卷主要探讨天道、性、命，论述人的价值源头，属形而上的讨论；第二卷阐释人的善、德、仁、诚、敬等内涵及其修养途径，是形而下的探讨②。作者旨在打通天理性命、形上形下、高明之道与身体践履之间的关节，以体认天理为要，以日用伦常为实际，其中如说"孔子贤于尧舜远矣"③，又如说

---

① 孙先英、周欣：《广西儒学文献叙录·第一篇》，上海：上海古籍出版社，2022年，第36~37页。

② 孙先英、周欣：《广西儒学文献叙录·第二篇》，上海：上海古籍出版社，2022年，第219页。

③ （清）余心孺：《詅痴梦草》，四库禁毁书丛刊编纂委员会：《四库禁毁书丛刊补编》第八四册，北京：北京出版社，2005年，第30页。

"人心亦天地也，宇宙统属一心"①，论述可谓通达。

编辑型，即编撰和纂辑的作品，可分为辑撰、编纂、纂录等，话语体系较为繁杂，通常包含了多种思想。如明吴邦柱辑撰的《尊孔录》，此书实为先秦人物名录，为研究儒学史提供了极大便利。又如陈宏谋购得旧本《传家集》，并以之为底本，参考晋闽版本，编撰《司马文正公传家集》；同时，他又在明人马峦所著司马光《年谱》的基础之上，广收博取司马氏文集、本传、行状、碑志等文献，详加考订，编纂而成《司马文正公年谱》。再如《陈文恭公年谱》，此书由陈钟珂编辑，陈兰森校订，将有关陈宏谋的资料按年整合，编次完备，可为研究陈宏谋之助。

学术型，是指对儒学文献展开研究的学术作品。以刘榘编录、杨凤朝辑、曹驯增补的《文庙祀位考略》为例，此书采集、编录历代文庙之史，搜集包括阙里文献在内的各种书籍，考证入庙标准、祀位名次与升配罢黜等事宜，详述孔子等人的生平事迹和从祀封爵的时间。又如钟章元《孔圣事迹辨》《百八弟子考》二书，对孔子及其弟子事迹进行了细致考察。再如祁永膺所撰的《墨斋存稿》，此书辑录了祁氏对儒家经典的见解，共分六卷：卷一有《儒有一家之学说》《性理学义疏证》等篇；卷二载录《周礼遗官考证诸文》篇；卷三载录《郑君诂经用方言疏证》《诂训传笺注解名义疏》篇；卷四载录《汉制考补遗》等篇；卷五载录《马援立铜柱以分汉界论》等篇；卷六载录《拟朱子白鹿洞赋》《董生明春秋颂》等篇。所收论著都在原始儒学文献的基础上，展开了作者本人对四书五经、官制、礼制、历法等方面的阐释与研究，研究性质分明。

四、因循性阐释、衍义性阐释和修正性阐释

阐释是广西学术最早产生的形式之一，它开始于东汉时期苍梧陈氏的

---

① （清）余心儒：《詅痴梦草》，四库禁毁书丛刊编纂委员会：《四库禁毁书丛刊补编》第八四册，北京：北京出版社，2005年，第30页。

《春秋》学。自此之后，历经魏晋南北朝隋唐宋元明清，广西的古典阐释学①大兴，出现了以注、笺、训、义、日课等命名的作品，广西学术基本上形成了一个具有深刻性、丰富性和独特性的经典阐释传统，其基本模式有因循性阐释、衍义性阐释、修正性阐释三种。

（一）因循性阐释

"因循性阐释，是指那种更加尊重经典文本之'原义'与作者之'本意'的阐释文字。"②从现存广西儒学文献的书名来看，因循性阐释著作数量最多，超过一百部，其名目主要有注、解、说、笺、训、义疏、日课、浅引、分节和脉络等，而故、微、音义、诠等名则未见。

注，本义为灌注，是以疏通解说方式为主的一种解经方法，在广西儒学文献中又有注解、注释、注疏、翼注、评注、辑注等称号，名目繁多，但它们各有不同侧重点。"注解"既有对字词的训诂，又有对句意文意的疏解。以卿彬《洛书洪范解》为例，全书由《洛书衍九畴解》与《洪范注》两部分组成。《洪范注》含洪范原文、蔡沈注、自注三个部分，《洛书衍九畴解》落款永瞻卿彬识，前附《洛书衍九畴之图》。《洛书衍九畴之图》以九畴之序配洛书之数，并各如其方位，皇极居中配五，五行配一在北，五福六极配九在南，八政配三在东，稽疑配七在西，五事配二在西南，五纪配四在东南，三德配六在西北，庶征配八在东北，图式承蔡沈之意而简略，其后接《洛书衍九畴解》，与周敦颐《太极图说》体例略似。《洛书衍九畴解》之意，是用洛书之数推演解释九畴之序与整体意蕴。③"注释"格外看重字词训释。以文立缙的《尚书注释》为代表，此书即侧重对《尚书》字词的训诂和解

---

① 中国古典阐释学，指的是以删定、传述、笺注、考证、点评等为主的传统阐释路径。可参见李砾：《阐释和跨文化阐释》，广州：广东人民出版社，2006 年。

② 李春青：《论经典传注的阐释学意义》，《社会科学文摘》2021 年第 2 期，第110 页。

③ 孙先英、周欣：《广西儒学文献叙录·第一篇》，上海：上海古籍出版社，2022 年，第 53~54 页。

释。"注疏"强调注释疏通，特别重视凝滞之处的训释。以谢济世《学庸注疏》为例，此书是谢氏在新疆所作，"分章释义遵古本而不遵程朱"①，指摘前贤挂漏瑕疵之处，后因被人告发，书版销毁，书遂不存。"翼注"是对已有注解作出补充的阐释方式。以郑献甫《愚一录四书翼注》为代表，此书即为对朱注的补充扩展。"评注"是将评点和注释相结合的一种阐释方式。以许载琳《吕新吾呻吟语评注》为例，此书是对晚明学者吕坤的《呻吟语》进行评点注释的作品。"辑注"是指集中前人注释，间附汇集者个人注解的方式。以《孔子年谱辑注》为例，此书通过采辑罗泌、王应麟、宋濂、阎若璩、毛奇龄、钱大昕、姚鼐等人的注解，对江永《孔子年谱》的疏失之处进行补注和辨析。②

解，判别分析之意，又称解谊、解诂。在广西儒学文献中，有杂解、纂解、集解等名，诸如《易解》《易诗经解》《诗经草木解》《律吕参解》《中庸解》《四书会解》《大学两关经传要解》等书，皆属此类。如苏懿谐《大学两关经传要解》，此书收藏孔咸容《爽心》、王步青《四书朱子本义汇参》、邓柱澜《四书引解》、汪鲤翔《四书题镜》、张甄陶《四书翼注》《补录正修以下要解》等六篇，是对上述五位经师和朱熹《大学章句》的进一步解读。③"杂解"，即作品解说之内容、范围并不统一，如庞希睿的《仪礼杂解》。"纂解"，即编集材料并对其进行解析的一种阐释方式，如潘成章的《五经纂解》。"集解"，为集合前人关于某部书的解释或加上个人见解的一种阐释方式，以博采众长为特点，如刘圣文的《四书集解》、王师说的《礼记集观》、龙启瑞的《尔雅经注集证》等。

说，犹解也，即是对经书内容的解说。说和经相辅相成，既代表一种

---

① （清）谢济世著，黄南津等校注：《梅庄杂著》卷一《进〈学庸注疏〉疏》，南宁：广西人民出版社，2001年，第16页。

② 参见本书第一章第五节之"古代广西学者对儒学文献的整理"。

③ 广西壮族自治区图书馆、广西壮族自治区桂林图书馆合编：《广西文献名录》，南宁：广西人民出版社，2009年，第47页。

体例，同时也表示一种名目，如全赐的《心极说》，此书探讨安身立命问题，可从全氏的学术渊源及书名推知。又有"纂说"之名，即收集材料并解说的一种方式，如况澄的《两论纂说》，此书将《论语》分为上下两篇，前十篇为上论，后十篇为下论，故合称两论，并汇集《论语》诸说，阐明一己之见。

笺，即标识、笺识，是对旧注考辨订正、重作新注的成书方法，亦有笺注或校笺等名。以谢济世《论孟笺》为例，此书作于谢氏复任御使时，大抵补《箧匦十经》之缺漏，不承袭朱子之说，与毛奇龄志趣暗合①。

训，犹说也，即用相对易晓的词语解释原典。古人以训解、训说为题，其皆成书之通称。以刘定逌的《三难通解训言述》②为例，此篇将《论语》三言"其言之不作，则为之也难"（《宪问篇》）；"群居终日，言不及义，好行小慧，难矣哉"（《卫灵公篇》）；"饱食终日，无所用心，难矣哉"（《阳货篇》）称为"三难"，并做了充分发挥，言语通俗易懂。如教育学生时说："圣人见得此种病症深入膏肓，法语之言激厉他不得，巽语之言鼓舞他不得，只轻轻以一难字拨动他，唤醒他，立下一剂极简便的良方，苦口之良药，待他本人徐徐咽下，滴入心头，猛然有觉，自呻自吟，自怨自艾，陡然发出一身大汗而愈。"③直以平易文字鼓励学生做"有体有用之完人"④。

义疏，"义"者谊也，义理之意，即解释经典原意；"疏"即疏通之意，坚持疏不破注的解读原则，强调学有宗主，即使注文有错，也得凑合其说，虽然允许对旧注有所发挥，但不能另立新说。义疏，又有讲义、了义、大义、释义、说意、训义、要义、剩义、疑义、广义、通义、精义、

① 蒙起鹏：《广西近代经籍志》卷一"经部"，南宁：南宁大成印书馆，1934年，第3页。
② 参见本书第二章第七节之"刘定逌的'完人'说"。
③ 黄君钜、黄诚沅纂修：《武缘县图经》卷八"文献略下·杂记"，宣统三年（1911年）铅印增补光绪本，第15页。
④ 黄君钜、黄诚沅纂修：《武缘县图经》卷八"文献略下·杂记"，宣统三年（1911年）铅印增补光绪本，第14页。

衍义、真义、参义、象义、宗义、述义、本义、感义、口义等名。"讲义",即讲解经文之义,广西儒学文献中有《易经讲义》《周易讲义》《尚书讲义》《中庸讲义》《论语讲义》等著作。"了义",则是概略讲解经义的一种方式,如广西儒学文献中的《易经了义》即为此类。"大义",指的是勾勒或讲解原书的精要之处,以广西儒学文献中的《诗经大义》为代表。"释义",多为阐释义理之作,如广西儒学文献中的《读经释义》即是此类。"说意"亦为阐释义理之作,如《诗经说意》之类是。"训义",训释义理之意,如《五经训义》之类是。至如直讲、串讲、讲旨、约旨、秘旨、要旨、意旨等名目,大体类似,像广西儒学文献中的《大学中庸直讲》《四书串讲》《四书讲旨》《四书约旨》《葩经约旨歌》《四书秘旨》《五经要旨》《礼经意旨》等著,都可归为义疏之作。

日课,每日课程之意,这种书名多为发蒙之作,如苏懿谐的《两关日课》一书,实乃讲解"致知""诚意"的训蒙之书。浅引,即抛砖引玉之意,为经解之作的特殊名称,赖汝松的《中庸浅引》即是,此书为解释《中庸》的作品。分节,即分章析节之意,与章句有异曲同工之妙。广西儒学文献中的分节作品以高熊徵的《小学分节》一书为代表,《四库全书总目》称其"随章案节,略为分解"①,体制殊为明晰。脉络,即条分节解,贯穿疏通之意,与分节略同,林先梁的《中庸脉络》一书即是代表。

(二)衍义性阐释

"所谓衍义性阐释,就是指那种以阐释对象为基点,但具有超越于阐释对象之上的明显创造性的阐释模式。"②《易·系辞》:"大衍之数五

---

① (清)永瑢等:《四库全书总目》卷九十五子部五"儒家类存目一",北京:中华书局,1965年,第804页。

② 李春青:《论经典传注的阐释学意义》,《社会科学文摘》2021年第2期,第110页。

十。"①"衍"有推衍、漫衍之义。郑玄注："衍，演也。"②高亨注："先秦人称算卦为衍，汉人称算卦为演，衍与演古字通也。"③"衍义"的含义也随着衍字意义的演变而发生变化。大体来说，它经历了由扩充解释的注释旧法到成为一种经典阐释范式的转变。作为一种阐释方式，它发挥未尽之意，所衍对象范围相当广泛，无论儒家经典，抑或道家、佛家、艺术、数术、方技等书，皆能敷衍。这类著述在广西儒学文献中较少，目前所见只有明人全赐的《衍易》《衍乐》和清人朱世杰的《论说衍说》三部书。《衍易》推衍《周易》而成，由于此书早已散佚，具体内容无法得知，但从其书名及诸目录书中尚可窥见一二。《衍乐》亦佚，但在全赐为其师黄佐所作的《乐典序》中可略窥全氏对乐的看法：

> 古之雅乐象德出治，同和敦化，与天地参，非圣王弗能作也。孔子圣而无位，删诗定乐，教颜渊为邦曰："乐则《韶》《舞》，放郑声。"继往开来，厥功大矣哉！我泰泉夫子凤志礼乐，自督学弃官归养，征起，累迁至大司成，其教胄子，盖行古之道也。其著《乐典》也，盖留心于《韶》者二十余年矣。尝梦孔子授以图书，指示知崇礼卑如太极状，因悟乐本于太极，函三为一；五声协五行，即河图也；八音合八卦，即洛书也。乃综核群籍，以《周礼·大司乐》为主，证以《乐记》，暨朱子、蔡氏诸编，登歌下管，参诸诗书，无一不合。羽水知崇，徵火礼卑，西汉以前知音者类能道之，于是立乐，均述乐义，详载名物度数，而阐明其理。合《大司乐》《乐记》《诗乐》共三十六卷，有扩前哲所未发者焉。赐也受而卒业，乃知《楚辞》《咸池》

---

① （魏）王弼、（晋）韩康伯注，（唐）孔颖达正义：《周易正义》卷第七《系辞上》，阮元校刻：《十三经注疏》，北京：中华书局，2009年，第165页。

② （魏）王弼、（晋）韩康伯注，（唐）孔颖达疏，于天宝点校：《宋本周易注疏》，北京：中华书局，2018年，第543页。

③ 高亨：《周易大传今注》，济南：齐鲁书社，2009年，第468页。

《承云》《九韶》为有虞之乐，信然矣。《箫韶》十六管，合钟磬之悬，同用四清声为清角。周人七律益三清声为清徵，而韦昭误解以为七音，殊不知七音乃五声兼二变，伏羲纪元声即有之，非待周而后益也。朱子钟律，蕤宾重上生者，月律也，与《月令》同；蔡氏《新书》蕤宾下生大吕，则乐均也，与《史记》同。黄钟以下生者倍，始于丑三分二，而三之则得林钟之实，凡律生吕皆如之。林钟以上生者四，始于寅九分八，而三之则得太簇之实，凡吕生律皆如之，此则朱、蔡之所未及也。横渠以喉、齿、牙、舌、唇调宫、商、角、徵、羽，转声而不变字，为善歌。今证诸黄帝五钟，宫与角、徵常显诸仁，而商、羽则藏诸用。歌奏合则羽比于角，徵流于商，以反为文，则归其宫焉。是知仁礼义统于圣象，夫臣民事物从其君矣，此又横渠之所未及，非妙于审声以知音者乎？明道以八十四声，分清浊，取中声，而上下之。今证诸《韶》，本六府三事，宫羽之中声为清角，商羽之中声为流徵，移宫换羽，角必返宫。以水和土，以土和火，以火化金，以金治木，木复返土，五行合和以正德、厚生、利用，故能降天神、出地祇、格人鬼而九成焉。是天地四时，人之七始，皆自中声往返，又明道之所未及者，非妙于审音以知乐者乎？盖夫子务躬行而心得，一动一静，通于德性而知天地。言而履之，礼也；行而乐之，乐也。故能合生气之和以和志，道五常之行以成行。夫遗行以语知，犹去足而存目也；离器以语道，犹逃儒以入墨也。世之近理乱真者，虚谈而已。详载名物度数，而理存焉。理不可伪，则妙不可测。故曰：天则不言而信，神则不怒而威。其惟泰泉夫子与是书行，则宫倡商和，而《韶》可兴。彼《宋史》所志，蔡元定所谓夹钟紧五混宫于商者，俗乐郑声，自不容于世矣。欲赞一辞，则赐也恶乎敢。嘉靖二十三年岁次甲辰季春吉旦。①

①　(明)全赐：《书乐典目录后》，黄佐：《乐典》，《四库全书存目丛书》经部第182册，济南：齐鲁书社，1997年，第295~296页。

则《衍乐》一书大抵也用太极、五行、八卦等推衍五声八音的渊源、含义及其道德意义。至于《论说衍说》，此书为衍说《论语》的作品。

（三）修正性阐释

修正性阐释是"古代经典传注的另一阐释模式，其基本特征是既有章句训诂的形式，随文释义，又有衍义性的阐发，表面上是挖掘文本本义和作者原意，实际上乃是对阐释对象加以修正，从而建构一种新的意义系统"①。在广西儒学文献中，此类著述主要是考证类作品，以卿彬②的《周易贯义》为代表。此书的解说从象数入手，阐述前人未发明的义理，归至于《系辞》，然后分释《说卦》《序卦》《杂卦》。正文先列《周易》原文，注则先分注后总约，分注用双行小字注释，每句先用黑体大字引作标题，以发"象象之精义"；总约则归纳"全卦旨归"。《系辞》《说卦》《序卦》《杂卦》解释也采用先分后总的方式，其目的即在于从宏观上理解一卦六爻的整体涵义，并进而理解六十四卦三百八十四爻的整体涵义。对于解卦所涉的"易学"图象，卿彬也一改传统"易学"或附于篇前或附于篇后的惯例，随传文附图，便于读者理解检索。注释时，卿彬注重博采汉晋魏唐元明诸家注，最后以《周易折衷》为宪章，以求得一贯之义。卿彬认为羲文周孔之《易》中贯穿着同一个"易理"，因此以我之心即可以上求羲文周孔之心，也就能够理解"易学"的一贯之理，所以其释《周易贯义》之名为："天地万物备于《易》，而皆贯以一心。然不敢曰一贯，故称《贯义》云。"③又说："释文串通各家之谈，综而贯之，故名《周易贯义》。"④为论述此一贯之理，卿彬专

---

① 李春青：《论经典传注的阐释学意义》，《社会科学文摘》2021 年第 2 期，第110 页。

② 卿氏生平参见本书余论。

③ （清）佚名撰，王钟翰点校：《清史列传》卷六十七，北京：中华书局，1987年，第 5396 页。

④ 广西壮族自治区图书馆、广西壮族自治区桂林图书馆合编：《广西文献名录》，南宁：广西人民出版社，2009 年，第 686 页。

门绘制了上下枢纽图以彰显其意。此书兼采汉宋，详于考据，修正前贤释《易》之不纯处，始终如一地论证着卿氏自己的学《易》所得，极具新意。

总的来看，注、解、说、笺、训、义疏、日课、浅引、分节、脉络和衍义等诸多书名代表了不同的阐释方式，其阐释思想也随之不同，体现出作者的选择、撰述目的和学术旨趣也各不相同①。因此，书名有助于推测广西儒学文献的整体学术方法、学术思想、学术价值取向以及学术趣味等。但如果对书名所代表的意义混淆或含糊不清，就会出现知识性错误，从而错判书籍的体例、性质和内容等重要信息。所以，只有正确把握广西儒学文献的名目及其阐释方式，才能正确理解它的实际状况和价值所在，才能更好地对它加以吸收和利用。

第二节　广西儒学文献的著录

所谓著录，即记载、记录，文献著录则是指"在编制文献目录时，对文献内容和形式特征进行分析、选择和记录的过程"②。著录广西儒学文献的著述，主要包括专书、专章或专节著录广西儒学文献的作品，也包括极少量在生平介绍中提及广西儒学文献的作品，乃至在行文中偶尔涉及广西儒学文献的作品。

本书所录得的三百七十九部著述，从著录文献的来源看，有书目类文献、史志类文献、文集三种；从著录的性质看，有官方和私家著录两种形式；从著录的方法看，可分为基本著录法、提要著录法和叙录著录

---

① 李春青：《论经典传注的阐释学意义》，《社会科学文摘》2021 年第 2 期，第 109~110 页。

② 张玉麟编著：《中文文献编目》，北京：中国科学院文献情报中心，1989 年，第 21 页。

法三种。

一、著录文献的来源

文献著录来源即文献记录的信息源。从现在掌握的广西儒学文献来看，它们的著录来源主要有书目类文献、史志类文献和文集类文献三种。

（一）书目类文献

书目类文献指的是以收集或论述书籍为主要对象的目录类文献，"目谓篇目，录则合篇目及叙言之也"①。这一类文献著录了最多的广西儒学作品。以著录范围而言，目录又可分为全国性目录和地方性目录，广西儒学文献的著录以地方性目录为主，但以全国性目录影响为大。

所谓地方性目录，指的是以著录广西地方文献为主要对象的目录，如《广西省述作目录》《广西近代经籍志》《广西文献概述》《广西地方文献目录》《广西历代文人著述目录 广西历代文人著述馆藏联合目录》《广西古代近代要籍题解》《广西地方史志文献联合目录》《广西历代文献提要》《广西文献名录》《明代桂人著述稀见本补录》《广西历代经籍志》等书录，它们收录有《尚书注释》《周易图书疏》《禹贡地理考略》《三难通解训言述》《两论纂说》《是君是臣录》《初学源例编》《慕盦治心诗钞·慕盦治心韵语》《家礼四训约要》等众多广西儒学文献。其中，有些文献仅一本地方性目录有载，如刘世灯《尚书讲义》、张星焕《著垣家训》、蒋励常《岳麓制艺》、周鸣礼《醉菊山庄时文》、黄金衔《滇南治略》、植增高《易经讲义》、王师说《礼记集观》、陈开祯《易经精义撮要》等书见于《广西省述作目录》；谢济世《论孟笺》、俞廷举《名言》、刘象恒《灌水褒贞录》、颜有光《教士学规》《治家琐谈》、张秉铨《宣化常平义仓章程》、蒋伯琨《简要格言》《居家要略》等书则见于《广西近代经籍志》。

---

① 余嘉锡：《目录学发微 古书通例》，北京：商务印书馆，2011年，第23页。

所谓全国性目录，指的是所收文献不以一地一时而以整个国家历代所有资料为来源的目录，如《文渊阁书目》《晁氏宝文堂分类书目》《万卷堂书目》《国史经籍志》《脉望馆书目》《澹生堂藏书目》《徐氏家藏书目》《千顷堂书目》《经义考》《天禄琳琅书目》《四库全书总目》《天一阁书目》《四库未收书目提要》《郑堂读书记》《经籍访古志》《滂喜斋藏书记》《八千卷楼书目》《艺风藏书记》《木犀轩藏书题记及书录》《贩书偶记》《续修四库全书总目提要》《藏园群书经眼录》《中国丛书综录》《中国古籍善本书目》《中国丛书广录》《别宥斋藏书目录》等书目，它们收有陈钦、陈元、士燮、范瑗、契嵩、林勋、周琦、吴廷举、吕景蒙、李璧、冯承芳、李仲僎、徐养正、张翀、曹学程、王启元、龙文光、高熊徵、余心孺、陈宏谋、卿彬、黄定宜、苏懿谐、陆锡璞、苏宗经、郑献甫、朱琦、苏凤文、龙启瑞、吴祖昌、冯祖绳、刘名誉、龙继栋、祁永膺等人的一种或多种广西儒学文献①。

除了上述较为系统地典藏广西儒学文献的书目之外，广西壮族自治区内一些图书馆亦有部分零星收藏书录，桂林图书馆及其藏书目录就是其中的代表。桂林图书馆历史悠久，对广西的文化影响十分深远。此馆始建于宣统元年（1909年），由广西提学使李翰芬奏建，委托广西教育总会办理，会长唐钟元、陈治伟募款筹建。1919年附属于省立第二师范学校，改名为广西省第二师范附属图书馆。1928年，改名为广西省第一图书馆。1937年，并入广西省政府图书馆。1940年，改名为广西省立桂林图书馆。1950年，定名为广西图书馆。1953年，改名为广西省第一图书馆。1958年，改名为广西壮族自治区第一图书馆。1980年改为现名广西壮族自治区桂林图书馆②。1942年，广西省立桂林图书馆编辑发行了《广西省立桂林图书馆

---

① 所收具体书目详见孙先英、周欣：《广西儒学文献叙录》，上海：上海古籍出版社，2022年。

② 广西壮族自治区桂林图书馆、广西壮族自治区桂林古籍保护中心编：《广西壮族自治区桂林图书馆珍贵古籍图录·序》，南宁：广西人民出版社，2016年，第1页。

目录》，此目录以广西省立桂林图书馆藏书为内容，采用王云五的中外图书统一分类法编辑，原计划出三册：第一册为方志、广西述作目录；第二册是哲学类、宗教类目录；第三册包括社会科学、语文、自然科学、应用技术，以及美术文学、史地等目录。前两册已经印行，第三册则因日寇侵入广西而未及付梓①。不过即使此本目录残缺，陈宏谋、郑献甫等人的诸多儒学作品却依然见载。2019 年，国家图书馆出版社出版了《广西壮族自治区桂林图书馆古籍普查登记目录》一书，龙启瑞等一大批广西名儒的作品被登记在册。

著录于地方性目录的绝大多数广西儒学文献，其影响也大多局限于一时一地。然而，少数被全国性目录所记载的广西儒学文献，它们的影响却是广泛而持久的，不过，这些作品的著录并不都是因为学术成就，还掺杂着其他诸如经济、政治等因素的考量。比如陈钦的《陈氏春秋》、陈元的《左氏同异》、林勋的《本政书》、周琦的《东溪日谈录》、王启元的《清署经谈》、张翀的《浑然子》、朱琦的《读缁衣集传》等著述，它们被著录主要是由于作品本身的真知灼见，为时人所认可，学术影响较大。但是，像陆锡璞的《礼记精义钞略》《仪礼精义钞略》《周官经义钞略》等书，它们被著录则是因为其节要经书的体制，而凭借经书的政治性和经典性被一些官方书目收录。又如陈宏谋的《大学衍义辑要》《大学衍义补辑要》等著述，被著录主要是由于它们为读书人应考提供了一部简洁明了之作，省去了他们反复查书的时间，故而受到当时知识分子的追捧而被大量刊印，随之被广泛著录。至于谢济世的《学庸注疏》《论孟笺》等著述为《清实录》《清史列传》《清史稿》《清稗类钞》等清代史料所记录，则单纯是因为牵涉到乾隆时期的文字狱②。

①　壮族百科辞典编纂委员会编：《壮族百科辞典》，南宁：广西人民出版社，1993 年，第 561 页。

②　可参见本书第一章第四节之"广西儒学文献的存佚情况"。

（二）史志类文献

史志类文献主要是指史书①和地方志，二者之中皆有艺文志(略)。除陈钦《陈氏春秋》、陈元《左氏同异》《春秋训诂》、士燮《春秋经注》《公羊穀梁注》等小部分作品在《汉书》《后汉书》《三国志》《通志》《文献通考》《续文献通考》《续通志》等官方史书的艺文志(略)中载录外，大量的广西儒学文献都被记录在地方志的艺文里。像《(嘉庆)广西通志》中的"艺文略"、《(光绪)郁州州志》中的"艺文编"、《(民国)陆川县志》中的"艺文类"、《(民国)贺县志》中的"著述"、《(民国)贵县志》中的"著述汇载"等，保存了张文熙的《敉宁录》、钟辉廷的《敬至圣说》、庞希睿的《周易讲义》、林勋的《本政书》、梁汝阳的《传习录辨疑》等绝大部分的广西儒学文献。以《(嘉庆)广西通志》"艺文略"为例，此略共十卷，"记自汉至清嘉庆初年历代有关广西的著述，分上下两部分。艺文上记历代广西籍人士的著述目录，按经史子集四部分类，共计二百四十七种；艺文下记历代有关广西的主要著述目录，分传记、事记、地记、杂记、志乘、奏疏、诗文七类，共二百五十九种"②，基本上著录了嘉庆之前的绝大部分广西儒学文献。不过，此略对所收文献存佚情况的记录较为简单，多是书名、时代、作者、卷数的记载，解题或序说则较少。

值得一提的是，许多广西儒学文献仅见于某一本旧修方志的艺文中，如全赐的《心极说》仅见于《(民国)灵川县志》，龙文光的《四书制艺》仅见于《(同治)新建县志》，周履泰的《定阳学制偶存》仅见于《(民国)灵川县志》，李维坊《续葬论》仅见于《(民国)上林县志》，蓝芹《戒讼戒赌论》和蓝芳《敦宗睦族论》仅见于《(光绪)庆远府志》，地方志对广西儒学文献著录的重要性不言而喻。

---

① 此处所言史书，不包括目录类和地理类。下同。
② (清)谢启昆修，胡虔纂，广西师范大学历史系中国历史文献研究室点校：《广西通志·序》，南宁：广西人民出版社，1988年，第16页。

　　另外，史志文献中的宦绩、选举、乡贤、人物、土司、列传、名胜古迹、资料介绍等分目也涉及了一些广西儒学文献，如清李璇所撰的《易诗经解》仅在各地方志的生平介绍中有所提及，陈继昌的《礼学须知》也仅见于相关生平事迹的介绍文献中①，而《广西近代经籍志》《广西省述作目录》《广西历代文人著述目录　广西历代文人著述馆藏联合目录》《广西文献名录》等广西地方目录书则无著录；苏懿谐《畴图体要》《学庸弦诵》《大学两关经传要解》《两关日课》《为人录》《民彝汇翼、续编》、卿彬《周易贯义》《律吕参解》等书，仅在《清国史》《清史列传》的相关传记中有所著录；无名氏所撰《乡约条规》，更是全国孤本，被全文收录于中华书局出版的《太平天国革命时期广西农民起义资料》中。此外《雍正上谕》《清代文字狱档》等清代历史文献，记载了谢济世的《古本大学注》《中庸大义疏》《学庸注疏》《论孟笺》《易在》《箧匪十经》、陆生楠的《读通鉴论》、高熊徵的《鄚雪斋文集》《安南志纪要》《平滇三策》、陆显仁的《格物广义》《四书原道》《易经评义》等书被收缴销毁的过程，反过来也载录了这些著作。

　　（三）文集类文献

　　文集类文献包括总集和别集。总集以汪森的《粤西文载》为代表，此书著录广西儒学文献的方式主要为生平介绍，专章专节则较少。别集主要包括朱琦《怡志堂文集》、龙启瑞《经德堂文集》、郑献甫《补学轩文集》等个人文集，其中的序、跋等文章记录了不少广西儒学文献。

　　总集类中，《粤西文载》对广西儒学文献的著录最为重要。《粤西文载》为清初汪森所编，共七十五卷，收录了从汉到明的广西文章。其中卷六十八至七十一为广西本土"人物小传"，每一小传内容包括姓名、生卒年、籍贯、履历、成就等，最后附上简短评价，这些评价或引用名人名言或陈述一己之言，再配合传主著述结尾。比如"陈邦俦"的介绍："字宋卿，全州

------

① 详见孙先英、周欣：《广西儒学文献叙录·第二篇》，上海：上海古籍出版社，2022年，第311页。

人。正德甲戌进士，历官主客司主事，提督会同馆。时憸人胡士绅贿通阉监，公上言裁抑之，由是落职。杜门三纪，讲明心学。弟邦修及后进有声者，皆出其门。内外台省疏荐凡二十上，公不起。卒，从祀乡贤。督学殷公武卿扁其堂曰'正学清操'。所著有《太极图辩解》《率性编》《静斋漫稿》《算集》共二十余卷。"①卷七十二为"列女小传"，卷七十三至七十四为"墓志铭"，卷七十五为"祭文"，这些传记文章中也提及了许多儒学著述。《粤西文载》所提及的儒学文献，如陈邦偁《太极图辩解》、张茂梧《易经了义》、陈宣《礼经意旨》、唐瑄《诗经说意》等，后来全部被谢启昆的《广西通志》收录。

广西不少文人别集中的序、跋等文章里也提及了一些儒学文献，如蒋琦龄《空青水碧斋文集》，提及了蒋励常《养正编》、蒋伯琨《简要格言》《居家要略》等文献；蒋启敳的《训俗迩言》附录于《问梅轩文稿偶存》；蒙会甡《周易图书疏》、颜有光《治家琐谈》②、俞廷举《名言》见于郑献甫《补学轩文集》；陈宏谋《豫章书院学约》见于《培远堂偶存稿》《先文恭公年谱》；陈宏谋《课士直解》见于《文恭公文集》《培远堂全集》《陈榕门先生遗书》；朱应荣《朱约斋先生时文》，则仅见于龙启瑞《经德堂文集》，广西各大书目均未著录。以《空青水碧斋诗文集》中的《〈简要格言〉序》一文为例，此序记载说：

> 家封翁伯琨先生，五世同居，为时义门。先生植品治家，事事皆可法则。曾著《居家要略》一书，前辈张南松先生服其天分之高。辛丑，余乞假在籍，先生复以所辑《简要格言》见示，受而读焉。始叹先生之学之醇，持之固有其本，而非第天分之高已。格言夥矣，先生唯

---

① (清)汪森编，黄盛陆等校点：《粤西文载校点(五)》卷七十，南宁：广西人民出版社，1990年，第237页。

② 蒙起鹏《广西近代经籍志·子部》第一〇页著录为："《治家琐谈教士学规》，颜有光撰，未见。"误将两书混为一谈。

取切于身心日用者录之，诚哉其简而要也。夫非知之艰，行之艰，先生于先民法语，固身体而力行之，而后举是编以惠人。故所录不多，实已括持躬涉世之全。否则空谈高远无裨实用，纵等身书奚取焉？然则是编也要矣，而非简也。愿与有志之士共勖之。①

一篇序言而涉及两书，书之内容大概可知，别集对文献著录的重要性由此足见。

二、著录文献的性质分析

（一）官方文献著录

官方文献，指的是官方组织或出资的书，主要包括目录专书、史书和方志三类。在古代，它们的编纂大都是官方行为。目录专书和史书多为朝廷敕修，而方志一般由地方行政长官负责、挂名修撰，并指派官员或聘用有学识的人员负责编纂。以明代嘉靖本《广西通志》的修撰为例，嘉靖己丑（1529 年）林富总督两广，第二年委托提学黄佐总理其事，梧州府同知舒柏、周钺及诸生严肃、李承简、李廷礼、莫遗贤、廖绍禋等人修纂，署名林富修，黄佐纂。《左氏同异》《春秋经注》等广西儒学文献都见录其内。另外，如苏时学的《易经注解》和刘榘的《读易札记》等绝大多数作品都著录在《(嘉庆)广西通志》《广西省述作目录》等官修书中。

（二）私家文献著录

私家文献，指的是非官方组织或出资的书籍，主要包括个人藏书目录和别集两类。

---

① （清）蒋琦龄著，蒋世玢等点校：《空青水碧斋诗文集》卷四《〈简要格言〉序》，南宁：广西人民出版社，2001 年，第 87 页。

广西藏书之风盛于清代。谢良琦①《醉白堂诗文集》文集卷三有《积书楼记》一篇，此文详细记载了他的藏书活动，堪称古代广西藏书记录的典型。全文如下：

> 积书楼潇湘谢石臞所建，以藏其先后所得书者也。石臞性嗜书，所至辄购书，既得书则尽日夜读不厌，既久得书益多，或舟车行李不能尽随，则藏之，随者盖十之一二焉。石臞今年生四十七年矣，其诗歌古文辞颇见重于世，然嗜书益笃，至于目为之翳犹不止，其求书也日益急。常叹今之人不能读书，亦不肯读书，间读书则又求所神奇怪异之书，而不能屈首于寻常之书，故往往读书之弊至，等于不读书。何也？世无神奇怪异之书，而止有其寻常之书，故虽读书卒不肯读书也。今考石臞之所读书，则皆寻常之书焉。经则专经而外，《易》《书》《春秋》《礼》《语》《孟》《周礼》《左传》之书，《周礼》《左传》多不尽读，则节取之以为书。史则班、马之书，史而外，《国语》《国策》《离骚》《楚辞》《老子》《庄子》之书，班、马书多不尽读，亦节取之以为书。文则自选唐宋八家之书之文；又自谜周、秦、汉、魏、唐、宋诸家之书之文，又自结绳以来迄于近代之书之中可歌、可咏、可喜、可感、可涕，或一篇或一节，皆掠取之以为文，采撷之以为故实，以为吾之书。而诸书之中之《水经往》《山海经》又皆书之有法度者焉。七书虽猥杂，昭代尚之士之讲武者习焉，则又不独采撷之而全识之，虽不尽读，亦异乎汎汎然止涉其流者也。诗则汉、魏之书所载乐府、古诗及安世房中之歌，既遍观焉，不尽读则选而取之陶诗、李诗、杜诗、唐诸家诗、诗余及残编断简之书之诗之一字一句可传者。内典则《楞严》《金刚》之书其最可读者也。凡此诸书，读之率五百遍，览之亦数百

① 谢良琦（1624—1671 年），字仲韩，一字献庵，号石臞，人称醉白堂先生。明末清初广西全州龙水桥渡村人。崇祯十五年（1642 年）举人。入清后历任淳安、蠡县县令，颇有政声。与王世祯等人游，诗文见重于当时。著有《醉白堂诗文集》。

遍，丹铅数易焉，既损折则卷帙亦再易，丹铅又数易焉。此皆石臞自随之书也，其他得而览之、藏之以备考订之书，皆不记，记其大者。廿一史纲鉴、性理诸经注疏、《会典》《通典》《通志》《通考》《一统志》诸书，其约略举之而不尽者，则亦不必尽之也。若此者，世以为神奇怪异之书乎？抑以为寻常之书乎？

石臞今年幸罢官卧邸中，时时读书，使幸而无罪归，得终其读书之志，则终其身于书，藏与随盖无异焉。楼建于醉白堂之后，藏者藏之，随者藏其副本。庚戌三月二十七日石臞自记。

尝闻达者之言曰："积金以贻子孙，子孙未必能守；积书以贻子孙，子孙未必能读。"嗟呼！积金固矣，积书何害？夫人之有书，如饥者之得食焉，行者之得归焉。非甚不肖，未有望焉而避去者也。然而望焉而避去者则间亦有之矣。要其极散不过于散。夫祖父之所积，子孙能散之，则虽积金无害，而况于书乎？往仆在江南，见故家有零落者，其子孙鬻书以自给，始未尝不慨叹。及得其书，则其先之人丹铅宛然，读之得其义理，辄不禁想见其人，思识其子孙，然后知其家之贫，或即此书英华色泽不甘湮没之故，而其人之当传或正在此时也。不然，何故家不贫，何物不堪鬻，何鬻不可怜，而独慨叹于一书？吾悔之矣。由是观之，积书何害，散且听之，而遥度其不能读乎？今仆积书如此，而又无子，读与散幸都无虑。顾吾乡之俗，见人有所为，不论是非辄笑，笑不已则必举成言以相证，虽所在皆然，而吾族为尤甚。仆知异日必有引达者之言以相讥者，故先出一语正之。然达者之言守金则亦未为达，必曰："子孙未必能散或庶几乎？"呜呼，难矣！谁知之矣。①

谢氏的藏书无非还是传统经史子集中常见的书籍，但在其收藏思想中

---

① （清）谢良琦著，熊柱等点校：《醉白堂诗文集》卷三《积书楼记》，南宁：广西人民出版社，2001年，第178～179页。

却可以窥见他专经、博览、熟记的治学方法，也可以看见许多诸如经书的节取作品、《金刚经》《一统志》等书目的记载，以及各种书籍的收入卖出等流通活动，这些都是藏书记录的珍贵意义所在。

除了谢良琦之外，谢赐履三子谢庭瑜曾构楼数椽，藏书数万卷①；陈宏谋家中有书楼②；龙启瑞有藏书处曰"经德堂"，《经德堂藏书录自序》称藏书四千余卷③；其余胡德林、吕璜、郑献甫、唐景崧、关冕钧等粤西士人亦皆有丰富的藏书④。以上藏书家们的藏书活动时见于著作中，但撰写藏书目录的活动却少之又少，以至于现在能查知的广西私家目录屈指可数。其中有代表性的两家一为临桂况氏，一为象州郑氏。临桂况氏为藏书世家，今桂林图书馆藏《况氏丛书》稿本一百四十余册，内有"家藏书目""家藏诗目""书目随钞""诗丛目录"，共计八册。据吕立忠和周碧蓉统计，藏书有数千种之巨⑤。象州郑献甫为一代硕儒，藏书亦十分丰富，陈澧所写的传记⑥与《清儒学案》都记载说郑氏有《家记》四卷、《家藏书目解题》四卷⑦。可惜的是，每位藏书家的私人目录所记载的广西儒学文献并不多，需要尽量将诸多私人藏书目录汇集才能窥见广西儒学文献的大略。

"别集"因个人撰述之性质，大多属于私家文献，不被官府或社会重

---

① 参见《桥渡谢氏族谱》卷12，转引自吕余生主编：《桂北文化研究》，南京：广西人民出版社，1999年，第237页。

② （清）陈宏谋著，郭志高、李达林整理：《陈宏谋家书》，桂林：广西师范大学出版社，1997年，第218页。

③ （清）龙启瑞：《经德堂文集》卷二《经德堂藏书录自序》，《清代诗文集汇编》第六五五册，上海：上海古籍出版社，2010年，第277页。

④ 详见丁辉、陈心蓉：《中国进士藏书家考略》，合肥：黄山书社，2017年，第324~325页。

⑤ 吕立忠、周碧蓉：《清代广西文人藏书初探》，《河池学院学报》2005年第3期，第46页。

⑥ 参见陈澧：《东塾集》卷五《五品卿衔刑部主事郑君传》，光绪十八年（1892年）菊坡精舍刻本，第1~4页。

⑦ 徐世昌等编纂，沈芝盈、梁运华点校：《清儒学案》卷一百七十五"东塾学案下"，北京：中华书局，2008年，第6766页。

视。尤其是地方性文人不具备全国影响者，其著作往往被忽略。如上文所述之蒋伯琨《简要格言》(见《空青水碧斋诗文集》卷四《〈简要格言〉序》)和《居家要略》(见《空青水碧斋诗文集》卷四《〈简要格言〉序》)，以及朱应荣《朱约斋先生时文》(见《经德堂文集》卷二《朱约斋先生时文序》)就因为被忽视而不知下落，但幸见录于其他尚有迹可循的私人文集之内，书名得以保留至今。

纵观广西儒学文献，官方文献著录多于私家文献著录，这说明在很长的历史阶段中，受限于经济，广西的私人藏书活动并不活跃。

三、著录的方法

现今掌握的广西儒学文献有近四百种，体例可谓多样，但从著录的方法来看，则只有"基本著录法""提要著录法""叙录著录法"三种。

(一)基本著录法

所谓"基本著录法"，指的是仅仅著录书名、作者、出版年限、收藏情况等基本信息的方法。此法一般不涉及书籍内容的介绍。谢启昆《广西通志》中的《艺文略》，以及广西统计局所编的《广西省述作目录》，堪称基本著录法的代表。

谢启昆《广西通志》卷首有《叙例》一篇，详细说明了他们对《艺文略》体例的看法：

> 刘《略》班《志》，艺文著录之祖。宋孝王《关中风俗》具载艺文，(其例不载前朝。《明史·艺文志》只录明代经籍，用宋例也。)又地志著录之祖。明人撰志乘者不知艺文体裁，猥以诗文充之，卷帙繁芜，殊乖雅正。(明周复俊续宋人《成都文类》，易名曰《全蜀艺文志》，则谬误不独在志乘矣。)范成大《吴郡志》以诗文分注各条之下，(如诗文为山水，作者即散附山水中。)其例最善。今遵用之。《艺文》专载粤西

人作述，以正著录之体。至游宦粤西者，据所见闻，专为纪载，别为下编。①

除了辨别艺文和地志的体裁外，谢氏等人还对作述和单篇诗文作了区别，即将前者收录于艺文志，将后者附录于方志其他部分的相应题材下。单纯收入作述而不收入零篇散帙的做法，保证了《(嘉庆)广西通志·艺文略》著录体系的完善，因此使得其中著录的广西儒学作品条理有序。其著录方法以蒋良骐《下学录》为例说明："《下学录》，国朝蒋良骐。一卷。见《全州志》。存。《州志》：蒋良骐，字千之。著有《下学录》《京门草》《伤神杂咏》《覆釜纪游》诸集。详《列传》。"②此条参配蒋良骐列传，已将书籍和作者的基础信息交代清楚，显属于基本著录法无疑。

《广西省述作目录》一书编于20世纪30年代，文献收录范围和标准则是"举凡广西人或纯广西人团体之各种撰著、译述、纂辑、笺注，其已成定本者，悉为甄录。至与广西特别有关者，如《三管英灵集》等，虽非广西人所编定，亦为登列，以资探讨"③。此书收录了汉至民国时期的广西著作，按类分为"总类""哲学""宗教""语文学""自然科学""应用艺术""艺术""文学""地史"九大类三十九小目，每一类以表格形式进行展示，表格包括类目、作品、作者(作者又包括姓名、性别、籍贯和时代思想内容)、出版时期、现在价格、发售处、备注等几项内容，备注又注明版本。其中，儒学文献分布在"经部""伦理修身""儒家及杂家""教育"等目，如龙

---

① (清)谢启昆修，胡虔纂，广西师范大学历史系中国历史文献研究室点校：《广西通志》卷首"广西通志叙例"，南宁：广西人民出版社，1988年，第10~11页。
② (清)谢启昆修，胡虔纂，广西师范大学历史系中国历史文献研究室点校：《广西通志》卷二百零七"艺文略·子部"，南宁：广西人民出版社，1988年，第5457页。
③ 广西统计局编：《广西省述作目录》"编例"，杭州：杭州古籍书店，民国二十三年(1934年)，第1页。

文光①《孝经秋订》，载录为"经部，《孝经秋订》，龙文光，男。柳州，明"，"出版时期""现在价格""发售处"三项内容空白，"备注"为"绝本"②。

另外，广西地方志如《(光绪)容县志》《(民国)贵县志》等书中的诸多艺文所载书目也大多采用此法。类似这种"基本载录法"的还有《广西地方文献目录》《广西地方史志文献联合目录》《广西历代文人著述目录 广西历代文人著述馆藏联合目录》《广西文献资料索引》《桂人著述稀见本补录》等。

（二）提要著录法

提要，即提纲挈领介绍内容，所介绍之内容大概包括作者的生卒年、字号、事迹、学术成就等信息。著录广西儒学文献的目录书中，《经义考》《四库全书总目》《续修四库全书总目提要》《广西近代经籍志》之类即是。以《四库全书总目》中的契嵩《镡津集》(此书包含《巽说》《中庸解》《辅教编》)提要为例：

> 《镡津集》二十二卷 浙江鲍士恭家藏本。宋释契嵩撰。契嵩姓李氏，字仲灵，藤州镡津人。庆历间居杭州灵隐寺。皇祐间入京师，两作《万言书》上之。仁宗赐号"明教大师"，寻还山而卒。契嵩博通内典，而不自参悟其义谛。乃恃气求胜，哓哓然与儒者争。尝作《原教》《孝论》十余篇，明儒释之一贯，以与当时辟佛者抗。又作《非韩》三十篇，以力诋韩愈。又作《论原》四十篇，反复强辨，务欲援儒以入墨。以儒理论之，固为偏驳；即以彼法论之，亦嗔痴之念太重，非所谓解脱缠缚，空种种人我相者。第就文论文，则笔力雄伟，论端锋起，实能自畅其说，亦缁徒之健于文者也。是编为明弘治己未嘉兴僧如卺所

---

① 龙氏生平简介详见本书余论。
② 广西统计局编：《广西省述作目录》"总类·经部"，杭州：杭州古籍书店，民国二十三年(1934年)，第1页。

刊。凡文十九卷、诗二卷。附他人所作序赞诗题疏一卷。卷首有陈舜俞所撰《行业记》，称契嵩所著，自《定祖图》而下为《嘉祐集》《治平集》，凡百余卷。盖兼宗门语录言之。此集仅载诗文，故止有此数。王士祯《居易录》称其诗多秀句，而云集止十三卷。是所见篇帙更少，不及此本之完备矣。①

此段文字对于契嵩的生平事迹和学术著作及后人评价等信息描摹清晰，可称作标准的提要写法。

尤其值得关注的是 1934 年出版的蒙起鹏所著之《广西近代经籍志》，此书是专门收录广西文献的提要式目录著作。它共裒辑了清代至民国百余年间的四百五十余种广西文献，依照《四库全书总目》，按传统的经、史、子、集四部编排，凡七卷。所录之书，先列书名及撰者，再注刊刻及存世情况，最后大段介绍作者身世及书籍内容，或加他书对该书的评价。其中，作者身世写成小传样式，详细记录姓名、籍贯、世次，实在无可考证者即阙而不论，大部分小传都是化用他书原文，小部分则全用李元度《国朝先正事略》；书籍内容也加考证按语以作标识。如《广西近代经籍志》所收的《诗经大义》，提要中首列书名，下面小字列"闵光彄撰　未见"，接着另起一行为生平小传，后附龙启瑞《复闵鹤子书》和朱琦《诗经大义后序》的评价②。可以说，蒙氏此书对于挖掘整理广西古代学术文献有着至关重要的作用。

其他如彭子龙《广西历代经籍志》一书，仿照《温州经籍志》之义例，可视为辑录体提要③。如对明代吴廷举《春秋繁露节解》的解题，首先著录书

---

① （清）永瑢等：《四库全书总目》卷一百五十二"别集类五"，北京：中华书局，1965 年，第 1313 页。

② 蒙起鹏编纂：《广西近代经籍志》卷一，南宁：南宁大成印书馆，1934 年，第 8~10 页。

③ 即辑录诸家评论和相关资料的提要。

名、朝代、作者；其次标明卷数为"四卷"，罗列《经义考》《中国古籍善本书目》《万卷堂书目》《广西地方史志文献联合目录》的不同记载；再次表明不同版本及其存佚状况，"王邦才刻本藏天津图书馆，民国抄本藏桂林图书馆，《经义考》载'未见'，《(嘉庆)广西通志》《(光绪)广西通志》载'存'，《广西省述作目录》载'本局存抄本'"，兼及考证各版本之间的流传过程和优劣异同；接着辑录了明熊一溁《重刊春秋繁露节解引》、明吴廷举《春秋繁露节解序》、明张泰徵《重刊繁露祷雨直解序》、明宋应昌《春秋繁露祷雨直解跋》、明卢点《春秋繁露祷雨直解跋》等文，通过这些序跋题识文字，揭示该书的著作内容、学术旨归、价值取向、学术评价等；最后附上作者案语，案语对吴廷举及《春秋繁露节解》的相关争议问题进行考证①。

(三)叙录著录法

所谓叙录，即是用以叙述成书过程、版本情形、收藏流传情况等信息的目录记载体例，与提要大同小异。但是，叙录的目的与提要不同，叙录的重点也与提要不太一致，这些差别在祝尚书《宋人别集叙录》里表现得尤为突出。还以契嵩《镡津文集》为例，《宋人别集叙录》介绍此书时，首先叙述契嵩的生平，接着便敷陈《镡津文集》的编撰以及宋元明清版本的流布情况，与《四库全书总目》相比，它更重视版本流传，而少作学术评价。此条叙录如下：

> 契嵩(一〇〇七——一〇七二)，字仲灵，号潜子，俗姓李，赐号明
> 教大师，藤州镡津(今广西藤县)人。七岁出家，久住南屏，后隐于钱
> 塘灵隐大桐坞永安精舍。陈俞舜《镡津明教大师行业记》(《镡津文集》
> 卷首，又见《都官集》卷八)曰："所著书，自《定祖图》而下，谓之《嘉

---

① 彭子龙编著：《广西历代经籍志(汉—明)》，桂林：广西师范大学出版社，2016年，第32~38页。

祐集》，又有《治平集》，凡百余卷，总六十有余万言。其甥沙门法灯（按'灯'或作'澄'）克奉藏之，以信后世云。"契嵩生前尝携其部分著作赴京师，献于仁宗，仁宗叹爱，又得欧阳修称赏。释惠洪《嘉祐集序》述之曰：

> 师自东来，始居处无常。晚居余杭之佛日山，退老于灵峰永安精舍。……因却关著书，以考正其祖宗所以来之迹，为十二卷，《辅教编》三卷，又列《定祖图》一面。书成，携之京师，因内翰王公素献之于仁宗皇帝，又为书以先之。上读其书，至"臣固为道不为名，为法不为身"，叹爱久之，旌以"明教大师"之号，赐其书入藏书。既送中书，时魏国韩公琦览之，以示欧阳文忠公。修公以文章自任，以师表天下，又以护宗，不喜吾教。及见其文，乃谓魏公曰："不意僧中有此郎也！黎明当一识之。"师闻，因往见之，文忠与语终日，遂大称赏其学赡道明。由是师之声德益振寰宇。事竟，遂买舟东下，终老于山林。

释文莹《湘山野录》卷下曰："杨公济蟠收全集，公济深伏其才，答嵩诗有'千年犹可照吴邦'之句。"然至绍兴初，其大部分原稿藏姑苏吴山诸僧舍，又被人窃移他所，僧怀悟力求之，仅得三十余万言，约为原有之半，余皆散佚。怀悟以其所得次为十八卷，又辑古律及山游唱和诗共一百二十四首，分之为二，"总成二十卷，题曰《镡津文集》，示不忘其本也"（怀悟《镡津文集序》）。是编为后来各本之祖。《四库提要》谓陈舜俞记契嵩所作凡百余卷，"盖兼宗门语录言之，此集仅载诗文，故止有此数"。然据怀悟所述，当时搜求甚艰，有所亡佚似无可疑。

怀悟《集序》谓《辅教集》（即《辅教编》）曾屡经镂板，盛传于世。契嵩当年赴京师献仁宗之《辅教编》，即为刊本。然怀悟编成全集后曾否付梓不详。今唯知南宋光宗时有全集刻本，其板元初尚存（详后），初印本则久无著录（按《滂喜斋藏书记》卷三著录旧刻残本《镡津集》二卷,谓"即非宋刻,亦明椠之出于宋刻者也"。该残本今藏台湾"故宫博物院",台湾版《沈氏研易楼善本图录》著录为"宋板"。未见,其鉴定根据不详)。

《镡津文集》今以元至元十九年(一二八二)宋刻重修本为最古。该本唯日本米泽文库庋藏一部,凡二十卷,"每半叶十行,每行十八字。白口,单边,有界。版心署'嵩几'及叶数。卷首有总目录,卷一首'镡津文集卷第一',第二行'藤州镡津沙门契嵩撰'。卷一并有陈舜俞撰《明教大师行业记》。卷末有至元十九年壬午仲夏住东禅大藏等觉禅寺住持比丘子成撰跋文一篇,据此则知此本版木,原收入于福州东禅等觉大藏,有破损缺失,宣授江淮诸路释教都总摄永福大师捐赀资刊,补修完备。今补修部分与原版有别。原版宋讳'桓'、'敦',字皆缺笔"(《日本汉籍录》)。据讳字,则此本原版当刻于宋光宗时,至元为重修本。森立之《经籍访古志》著录宋板一部,青蒙文库藏,有普门院印记,或为另一本,不详。

日本内阁文库今犹藏有元至大二年(一三〇九)刻本,傅增湘《经眼录》卷一三记之曰:

《镡津文集》二十卷,宋释契嵩撰。元刊本,中版式,十二行二十四字,细黑口,左右双阑。每卷后列捐赀助刊人姓名一行或数行。前屏山居士李之全(按:"全",元释正传刊本作"仝")序,次高安沙门释德洪序,卷尾有至大己酉(二年)比丘永中重刊此集疏,又法珊跋,又林之奇跋,又至大仰山比丘希陵跋。永中跋录后:

《镡津集》诸方板行已久,惟传之未广,因细其字画,重新锓梓。工食之费,荷好事者助以成之,其名衔具题各卷之末。惟冀义天开朗,性海宏深,庶有补于见闻,抑普资于教化者矣。至大己酉孟春,吴城西幻住庵比丘永中谨志。

按:此书写刻工丽方整,极似宋刊。然考《经籍访古志》,求古楼宋刊本为十行十八字,与此版式固不同也。

《日本汉籍录》谓"此本卷十五至卷十七,为日本室町时期人所补写"。又永中跋称"诸方板行已久",则是集宋刊似非止一种。

今北京图书馆亦藏有元刊一部,乃元释正传、弥满等所刻。凡二十卷,文十八卷,诗二卷,卷二〇末附他人所作序诗赞跋,存卷首、总目及卷一至十七。前有李之仝序,释德洪题识及序。每半叶十二行,每行二十四字,细黑口,左右双边。此本刊印年代不详,观其版式与至大本同,又有李之仝(或作"全")序,当即翻刻至大本。

又据元人吴澄《镡津文集后题》及《跋》(《吴文正集》卷六三),疏山僧半山、云住尝将是集"重绣诸梓以传"。其本久无著录。可见契嵩文集元代颇盛行,沙门屡为之锓板。

元板至明初已毁,嘉禾释门又重刊之。释原旭洪武甲子(十七年,一三八四)《宋明教大师镡津集重刊疏》曰:"自昔兵变以来,书板磨灭,后之学者无所见闻。兹欲重刻吴中,所费繁夥,于是缀疏仰谒群贤同道学者,睹兹胜事,得无慨然赞助者乎!"永乐三年(一四〇五),释弘宗题重刊疏后,称"松雨老和尚(原旭)为琦首座制疏重刊宋明教大师文集于云间,既已化行,开至二十余板矣,适琦公疾作,不克成其事。兹以天全叡首座愍邪法增盛,发坚固志,继其芳猷"云云。至永乐八年(一四一〇),杭州径山禅寺住持沙门文琇作《重刊镡津文集后序》,称嘉禾天宁首座天全叡公施衣资重梓流行,"板既成,请叙其后"。则是刻乃释琦发端于洪武中,至永乐八年方竣工,前后历两代沙门、二十余年。是本"十行十八字,黑口,四周双阑。目后有'永乐戊子季冬并周子名'小字二行。各卷后有助刻人名"(《藏园群书经眼录》卷一三)。永乐本今唯湖南省图书馆藏一部。是本与元刊本之明显区别,是由二十卷增至二十二卷(详后)。

永乐刊板后约九十年,即弘治十三年(一四九九),时旧板已将漫灭,于是嘉禾释如卺又兴役重刊。"以其语深,难便初学,如卺又作点句、音释";"旧板微有误处,则校也"(如卺《镡津集引》)。此刻每半叶十行，行十九字，黑口，四周双边。全帙凡二十二卷，文十九卷，诗二卷，末卷为他人所作序诗赞题(参《静嘉堂秘籍志》卷三三、《中国善本书提要》)。据著录，弘治本今国内犹藏六部，日本静嘉堂文库、大仓文化财团各藏一部。《四库全书》即收录弘治本，《四部丛刊三编》亦据弘治本影印，故弘治本今为通行善本。

莫氏《郘亭知见传本书目》卷一三谓弘治本乃永乐本之重刊本。按弘治本卷二《辅教编中》"教不可泥"篇"大圣人之道，正而已矣"句下，"其人正人之"至"谓知乎权乎"一段为双行小字，注曰："已上十六行，正文也，旧板脱误，今补之。"此即如鲞所谓"旧板微有误处，则校也"之例。然其不轻改底本，旧板即有脱文，亦以小字补之，故罗振常谓弘治本"仍是永乐本面目"，"如抽去弘治序，则即可认为永乐本矣"(《善本书所见录》卷四)。

今试以怀悟二十卷原编本与元刊二十卷残本(总目完好)、弘治二十二卷本比较，则各本次第即可大体明了。

怀悟原编本今虽不可复睹，然其《镡津文集序》尝详述其编次，曰：

师之著述不得其传，而散落多矣。如《天竺慈云法师行业曲记》，长水暹、勤二师碑志，《行道舍利述》，《匡山暹道者碑》，《定祖图序》，皆余自获石刻而模传之，今总以入《藏正宗记》。……今以令举(陈俞舜)所撰《行业记》标之为卷首，贵在见乎师之世系嗣祖出世去留之迹，奇节伟行高才胜德迈世之风焉。乃以《辅教编》上、中、下为前三卷，以师所著之文，志在通会儒释，以诱士夫，镜本识心，穷理见性，而寂其妒谤是非之声也。又以《真谛无圣论》缀于《辅教编》内《坛经赞》后，以显师之志在乎弘赞吾佛大圣人无上胜妙幽远渊旷之道，不存乎文字语言，其所谓教外别传之旨，殆见乎斯作矣。……今自《论原》而下至于赞辞，约为十二卷，次前成一十五卷，昔题名《嘉祐集》者是也。其《非韩文》，昔自分三十章，今约为三卷，次前成一十八卷。又得古、律及山游倡和诗共一百二十四首，分之为二，总成二十卷，题曰《镡津文集》，示不忘其本也。

以怀悟编次较之元残本、弘治本，知怀悟编次与后代刻本有所不同。怀悟获自石刻、编入《藏正宗记》之碑、记、序等，元残本以下皆已编入文集。又，元残本、弘治本在卷一一《答王仲正秘书书》下注曰："以上七书先自为卷。"又在卷一一《与石门月禅师》下注："自此原各为卷。"所谓"先""原"者，当指宋刊本，盖即怀悟编次。要之，元刊残本虽卷数与怀悟本同，而收文及卷次分合则已异，盖尝经后人重新厘定。所憾不能校日本米泽文库所藏宋刻元修本，不知该本编次如何？又，据怀悟所述，所编实即《嘉祐集》加《非韩文》，以及所辑诗歌，则《治平集》似多已散佚，益知前引《四库提要》所谓诗文"止有此数"恐不确。

再以元刊残本总目与弘治本相校，知两本所收诗文全同。弘治本多两卷，一是将元本卷十"书启"分作二卷(自《答王正仲秘书书》以下另为一卷)；一是将元本卷二〇"诗叙赞跋"后他人所作序诗赞跋另割为一卷。可见弘治本虽卷数与元刊二十卷本不同，而两本内涵则无异。就文字而言，元本略胜，弘治本偶有讹误，如卷二《广原教》最后一段"方天下不可无儒，无百家者，不可无佛"三句，元本"无百家者"作"不可无老"，显然弘治本误。亦有元本、弘治本同误者，如弘治本卷一四《题钱唐西湖诠上人荷香亭壁》，末署"熙宁乙酉季冬二十五"，元本同，而熙宁无"乙酉"，当是己酉(熙宁二年)之误。

弘治刻本之后，万历三十五年(一六〇七)，嘉兴楞严寺经房刻十九卷、卷首一卷本，每半叶十行二十字，白口，四周双边。清光绪二十八年(一九〇二)，扬州藏经院又重刻十九卷本。两本今皆有著录。日本明历二年(一六五六，《和刻书目》谓"江户前期")，荒木利兵卫亦尝据万历本翻刻。十九卷本，乃是将杂著、书、启、状并为三卷，编为卷八至十。卷十八为"山游唱和诗"，卷十九为"附录诸师著述"。①

在近四千字的《镡津文集》介绍中，契嵩个人信息介绍不到五百字，海内外版本流传情况则占了巨量篇幅，这篇文字足以说明叙录体的特点。不过，总的来说，绝大多数广西儒学文献是以基本载录法和提要法著录的，叙录较少，这是广西儒学文献记录方式的基本情况。

第三节　广西儒学文献的刊刻

本节所说的刊刻，是就书籍的版本而言，主要以印本和写本为主，包括了官刻、家刻和坊刻三个系统。

一、印本和写本

根据成书方式，广西儒学文献可分为印本和写本两大类，印本又包括刻本、拓印本、石印本、活字本、影印本等；写本包括稿本、钞本等。

（一）印本

刻本，是雕版印刷的本子②。广西刻书起于何时，尚未见确切的文献记载，刻于北宋绍圣三年（1096 年）王叔和的《脉经》应是目前知道的最早的一部广西版刻书③，而儒学文献则以契嵩的《镡津集》为最早。此书的编纂刊刻过程大体如下：释怀悟将陈舜俞所作《明教大师行业记》标为卷首，

---

① 祝尚书：《宋人别集叙录》卷第四"镡津文集二十二卷"，北京：中华书局，1999 年，第 180~187 页。

② 杜泽逊：《文献学概要（修订本）》，北京：中华书局，2018 年，第 107 页。

③ 陈相因、刘汉忠：《广西刻书考略（上）》，《广西地方志》2000 年第 4 期，第 52 页。

后以《辅教编》之《原教》《劝书》《广原教》《孝论》《坛经赞》为前三卷，又以《真谛无圣论》缀于《坛经赞》后，自文章《论原》而下至于赞、辞，约为十二卷，加之前三卷共十五卷，皆为前《嘉祐集》之面目；又得周格非所收集的《非韩》，分为三卷，又以所辑诗一百二十四首编为二卷，合计为二十卷，且附怀悟《序》，于绍兴四年（1134 年）编成该书并刊之使流行。因契嵩为镡津人，故题名此书为《镡津文集》。至明后，广西儒学文献的刻本才逐渐多起来。

拓印本。所谓拓印，是将石碑或器物上铭刻的文字或图案复印到纸张上的一种办法①。广西儒学文献中的拓印本仅有《桂林孔庙释奠牲币服器图说碑》。是碑为宋人所刻，开头首收"释奠牲币服器图"七个大字；接着为碑图的说明文字，由于历史久远，字迹变得漫漶不清；最后为羊、猪石刻画像，羊、猪身体各部位都有文字注明。反页为文字解说，脱落、模糊处较多。更收录大尊、山尊、壶尊、爵、簋、簠等礼器石刻图像共十九幅，每个礼器下，都用文字注明径长、足高、器重。另有冕服的文字说明，也有脱落。此拓本桂林图书馆有藏②。

石印本。用石材制版印刷成的书本③。陈宏谋的著作近代多用石印，如《五种遗规》，有宣统二年（1910 年）学部图书局石印本；《陈文恭公手札》（属于《培远堂手札节要》的两卷本系统④），有宣统二年上海扫叶山房的石印本。明人张翀的《浑然子》亦有上海文明书局 1922 年的石印本。

活字本。所谓活字印刷，即"每个字一个字模，制版时用一块底盘，把活字一个个检出排上，然后压平固定，即可刷印，印完拆版，字模可再

---

① 吴永贵主编：《中国出版史（上册·古代卷）》，长沙：湖南大学出版社，2008年，第 140 页。

② 参见本书第一章第一节之"撰著、辑撰和编撰等"。

③ 杜泽逊：《文献学概要（修订本）》，北京：中华书局，2018 年，第 109 页。

④ 孙先英、周欣：《广西儒学文献叙录·第二篇》，上海：上海古籍出版社，2022 年，第 413 页。

排他版"①的印刷方法。活字有木活字、泥活字、铅活字等，广西儒学文献中的活字本多为木活字本。如明徐养正的《范运吉传》，有1935年木活字排印本，林集虚所辑，收入《黎照庐丛书》；清陆锡璞的《诗经精义汇钞》，有道光十八年(1838年)平南武城书院活字本，八册，北大图书馆、吉林大学图书馆有藏。

影印本。影印是对原版的拍照处理，它是再生性保护的有效手段。广西儒学文献的影印近年来为多，以刘汉忠等人为代表的柳州市地方志编纂委员会办公室用功颇深，《柳州乡贤著述影印丛刊》是其成绩的具体展现。如明张翀的《浑然子》，2005年柳州市地方志编纂委员会办公室影印发行明隆庆四年(1570年)刻本《鹤楼集》(集中包含《浑然子》一书)，该刻本藏于日本内阁文库，为海外孤本；又如明王启元的《清署经谈》，柳州市地方志编纂委员会办公室影印发行天启三年(1623年)序刊本，2005年由香港京华出版社出版；明周琦的《东溪日谈录》，柳州市地方志编纂委员会办公室主持影印，所采用的底本为嘉靖刻本，大十六开本，精装，2012年由广西民族出版社出版。其他零散影印本亦不时可见，如《帝鉴图说》，齐鲁书社1996年版《四库全书存目丛书》第二八二册影印本以纯忠堂刻本为底本；清人余心孺的《性理管窥》，2005年被影印收入《四库禁毁书丛刊补编》第八四册。不过，大体来说，影印本不是很多，印本最多的还是刻本。

（二）写本

写本即缮写而成的本子，又叫抄本。广西儒学文献的写本最早出现于东汉末年，汉陈钦《陈氏春秋》、陈元《左氏同异》《春秋训诂》、三国士燮《公羊穀梁注》《春秋经注》等作品，均以写本的形式流传。宋代广西出现雕版书后，写抄本书籍逐渐让位给雕版书本，但写抄本直至元明清乃至民国时期也未曾消亡，各个朝代都有一些本子流传于世。

---

① 杜泽逊：《文献学概要(修订本)》，北京：中华书局，2018年，第108页。

　　这些以写抄本形式流传的著述，有的因社会需求量小，或因财力有限始终未能付刻；有的曾长期以写抄本形式流传，到了某个时期，其价值忽被后人认识，因而得以付梓并广泛流传；有的则是原刻本已不传而仅存抄本。此外，还有一些与刻本并行流传的写抄本，如周琦的《东溪日谈录》在弘治年间完稿后，以写抄本形式流传，至嘉靖十六年(1537 年)才由吕景蒙在颍州州判任上，将从湛若水处得到的《东溪日谈录》写抄本付刊，后《四库全书》收录的就是该刻本的传抄本。这类刻本与写抄本并行的文献，约占广西儒学文献总数的 1%。

　　民国时期，广西统计局向社会广泛征集得到的广西籍作者著作，其中有不少是写抄本，如吴廷举的《春秋繁露节解》、张翀的《浑然子》、曹学程的《忠谏录》、封培绪的《圣功集》、金熙坊的《周易类象》《春秋属比录》、龚延寿的《周易史证》《周易拟象》《周易史证样本》《文庙圣贤典型》等。今藏于北京故宫博物院图书馆、广西图书馆、桂林图书馆的广西籍作者的古代著作中，也有为数不少的稿本及据刻本抄写的写抄本，如苏懿谐的《传心显义》就是一部以写抄本传世的珍贵孤本著作。可以说，这是一批很有价值的本子，亟须发掘。以桂林图书馆为例，广西古籍藏书属桂林图书馆馆藏最多，其书目则涵盖了哲学、政治、法律、文化、教育、语言文字、文学、艺术、历史、地理、宗教、等诸多门类，其中不乏写本中的珍本和孤本。桂图更有"10 部古籍入选《国家珍贵古籍名录》，74 部古籍入选《广西壮族自治区珍贵古籍名录》"①的成绩，挖掘意义十分重大。

　　广西儒学文献的写本又分两种情形。一是明确记载为"稿本"或"抄本"的，如《乾乾篇》《周易观玩》《葩经念本》《读缁衣集传》《春秋属辞比事记补》《孝经刊误节训》《大学两关经传要解》《五子要语》《墨斋存稿》《救时权略》《圣功集》《邹鲁求仁绎》等，共约五十部；二是表明"未刊"的，如《易

---

　　① 广西壮族自治区桂林图书馆、广西壮族自治区桂林古籍保护中心编：《广西壮族自治区桂林图书馆珍贵古籍图录·凡例》，南宁：广西人民出版社，2016 年，第 4页。

理溯源》《大易掌镜》《易经精义撮要》《禹贡地理考略》《洪范图说》《春秋释地考证》《四书串讲》《十三经地名韵编今释》《矗芷堂说经质疑》《侍养要义》《堂北负暄录》《有志轩家训》《家塾散记》《学案姓氏小传》《忠孝节义传》等，共约二十部，这些未刊刻之书，大多以写本形式存放于家。如上文所述，民国时期广西统计局征集到的金熙坊的《春秋偶语》《周易类象》《羲轩丹易》《洪范图说》等儒学文献的一批稿本、手抄本作品，现大多存于广西壮族自治区图书馆、桂林图书馆。

未知版本制作方式的著述，略有《衍易》《尚书注释》《葩经约旨歌》《丧礼仪节》《四书会解》《心极说》《率性庐录》《牧民要略》《仕镜编》《忠孝经便蒙诗训》《著垣家训》《敦宗睦族论》《斗山书院学规十则》《道学渊源》《灌水褒贞录》等，共约一百二十六部，约占总数 34%。其实，这类文献虽未明确标注版本形式，只含糊记载"存于家""未传于世""佚"等字样，但大半也都是以写本的形式存在过。

综上所述，写本和未知版本形式的广西儒学文献数量加起来超过总数的一半，这表明广西儒学文献多半未盛行于世，当然学术影响也就有限了。

二、官刻本、家刻本和坊刻本

按刻书单位分，广西儒学文献主要分为官刻本、家刻本、坊刻本三种①。

（一）官刻本

所谓官刻本，即古代官府机构刻印的书本②，包括朝廷各级官府及其附属机构出资并组织所刊刻的书本，官办书院本、署刻本、局刻本等都是。

---

① 　三种刻本的辑录主要根据《广西通志》《广西通志·出版志》等书。
② 　李晓钟主编：《书刊发行辞典》，长沙：湖南出版社，1993 年，第 241 页。

　　两宋时期的广西儒学文献，契嵩《巽说》《中庸解》《辅教论》、林勋《本政书》《本政书比较》等，都没有明确记录为官刻。元代能查到的被载录的儒学文献是唐朝的《心法纂图》，但此书的版本信息则未著录。

　　明代广西学术进入发展期①，刻书活动逐渐多了起来，如成化间广西右参议林同刊陈淳《北溪先生字义》、张芝《伊洛微言》；嘉靖三年（1524年）李中刻《二程全书》，嘉靖七年刘士奇知梧州刊刻《定性书》，嘉靖十四年布政使万潮刻《宋丞相崔清献公言行录》，嘉靖三十三年广西按察佥事督学政王宗沐刊蒋冕《湘皋集》，嘉靖三十五年王宗沐又刻《欧阳南野集》；崇祯十四年（1641年）左州州署刻梁方图《家礼四训约要》等。在明代官刻的广西儒学文献中，数目最多的种类是科举卷子，达十二份之多②，这是明代广西官刻儒学文献的显著特点。

　　清代是广西学术的成熟期③，广西的刻书活动也变得发达起来，官刻本尤多，如学政官献瑶曾刊印《四经性理精义》《近思录》等书；巡抚刘长佑、涂宗瀛建学塾，刊《孝经》、小学诸书；巡抚马丕瑶在桂林创办桂垣书局，从光绪十六年（1890年）至光绪三十二年（1906年）的十六七年时间里，先后刻印《近思录》《阳明先生集要三编》《在官法戒录》等书。广西儒学文献的清代官刻本，仍以科举卷子和政府公文为多，二者总数约为三十本。除此之外，则有一些学规学约类作品如《乡约条规》《教士条规》《塾规二十四条》《学校条规》《广西学务提要》等为官刻本。

（二）家刻本

　　家刻本，指私家出资所刻之书。广西家刻本出现于明朝，嘉靖三十五年（1556年）全州进士赵孟豪与族侄赵良重合刻《瑞芝轩诗集》，随后马平进士、大理寺少卿张翀刻印《鹤楼集》十二卷，遗憾的是，它们的原刻本都

---

①　参见本书第三章第一节之"发展于明"。
②　具体卷子详见本书附录《广西儒学文献一览表》。
③　参见本书第三章第一节之"成熟于清"。

没有流传至今①。自此之后，家刻本在粤西广泛流传开来。广西儒学文献的家刻本又可分为自刻、亲朋好友等他人所刻和塾刻三种。

所谓自刻，即是作者自己刊刻的书。宋代自刻二部，是林勋的《本政书》和《本政书比较》。明代自刻以吴廷举《胡子粹言》《薛子粹言》等为代表。清代自刻本最多，以刘名誉《慕盦治心诗钞·慕盦治心韵语》《初学源例篇》《论语注解辨订》等为代表。自刻本的作者通常为高产学者。

他人所刻，主要是亲朋好友、门生故吏等出资刊刻的书。大概有以下诸书：契嵩和尚的《巽说》《中庸》《辅教论》，三者首先为释怀悟所刻；周琦的《东溪日谈录》，此书为乡后学吕景蒙校刻；张翀的《浑然子》，此书始刻于嘉靖四十三年（1564 年），为都匀士人所刻；曹学程的《忠谏录》，曹鉴、曹銮重刊；高熊徵的《孝经刊误节训》《小学分节》，高氏后人刊刻并题名为《郢雪斋纂稿》；卿彬的《周易贯义》，此书为其外甥刘象恒所刻；黄体正《带江园诗草》（含《带江园时文》），黄榜书校刻；苏宗经的《女子遗规》《坊表录》，其子苏玉霖所刻；《全州蒋氏丛刻》，此为蒋琦龄所刻祖父蒋励常的《十室遗语》《养正编》、父亲蒋启敩的《教士汇编》《训俗迩言》等书的合集，共九十余卷；郑献甫的《愚一录易说》《四书翼注论文》《愚一录》《补学轩制艺》《补学轩批选时文读本》，它们皆为弟子林肇元所刻；周必超的《分青山房课艺》，其子周璜编次刊刻；《金子范杂著》，北流范瑛、范瑞昌编辑刊刻金熙坊《易经偶语》《春秋属比录》等著述所成；刘榘的《文庙祀位考略》，其子刘名誉所刻；赵润生的《庭训录》，为其子赵炳麟所刻。

塾刻本，指家塾刻本，如清蒙艺德撰《教学指南论》，《广西省述作目录》著录为"塾刊"，塾刻本广西儒学文献的数量最少。

也有著录为"家刊""家刻"字样的本子，但并未注明究竟为谁所刻。如王维新《乐律辨正》，道光时期家刊，曾流行于世，《（光绪）容县志》载

---

① 广西壮族自治区地方志编纂委员会编：《广西通志·出版志》，南宁：广西人民出版社，1999 年，第 25 页。

"存,已梓",《广西省述作目录》载"家刊",《广西近代经籍志》载"未见",今不见。蒋启迪《易解》,《广西省述作目录》载有道光家刊本 。祁永膺《荀氏易异文疏证》,《广西省述作目录》载有光绪家刻本。莫如贤的《琼林籍》,《广西省述作目录》标为"家刊",曾流传于世,后不知下落,今不见。

总体而言,家刻本一般都有明确记载的书堂号,如培远堂、登善堂和万年松馆。"培远堂",此为陈宏谋之书斋名,由张廷玉赐予,后来陈宏谋用作刻书的名号,凡他本人或后辈所刊刻之书,都冠以"培远堂"字,如《培远堂文集》《培远堂手札节要》。登善堂刻书坊,临桂况氏家族所有,曾刻况祥麟《红葵斋笔记》《六书管见》、况澄《两论纂说》等十余种著作。万年松馆,永福人李琪华所有,曾刻《博爱录》,此书为光绪三十三年(1907年)印。

由于一些大部头书籍的刊刻费用不菲,所以个人著述若想刊刻行世并非易事。因此,身处官宦之家或世家大族的作者,其作品被刊刻从而行世的几率会更大,而且所刊书籍的装帧也会更好,这些书籍因此更容易留存。四库馆臣所谓"自编则多所爱惜"①,说的就是此理。

(三)坊刻本

坊刻本,书坊所刻之书。广西儒学文献的坊刻本较少,大致有以下代表②:吴廷举《春秋繁露节解》,嘉庆二十一年(1816年)至道光间畲香书屋刊本;张居正、吕调阳辑撰《帝鉴图说》,嘉庆二十四年(1819年)纯忠堂刻本;曹学程《忠谏录》,乾隆十七年(1752年)忠孝堂刻本,书前牌记镌"乾隆十五年重镌""忠孝堂藏板";陈宏谋《大学衍义辑要》道光二十二年(1842年)宝恕堂刻本、同治四年(1865年)明德堂刻本、同治十年(1871

---

① (清)永瑢等:《四库全书总目》卷一百四十八"集部总叙",北京:中华书局,1965年,第1267页。
② 以下诸书刻本详见孙先英、周欣:《广西儒学文献叙录》,上海:上海古籍出版社,2022年。

年）合州同善堂重刻本等，《大学衍义补辑要》有道光二十年（1840 年）宝恕堂刻本、道光二十七年（1847 年）来鹿堂刻本、同治四年（1865 年）明德堂刻本、同治十年合州同善堂等刊本等，《五种遗规》有乾隆三十年（1765 年）吴门穆大展局刻本、乾隆七年（1742 年）汇文堂刻本、道光二年（1822 年）同文堂刻本等，《培远堂手札节存》有同治十一年（1872 年）尊道堂刻本（即顾悦廷据费丙章本刊印的三卷本）等；陈宏谋、陈兰森《四书考辑要》，有乾隆三十五年（1770 年）吴门穆大展局刻本、光绪桂林蒋存远堂宾兴局刻本等；陆锡璞《书经精义汇钞》有道光二十年大盛堂刊本，《诗经精义汇钞》有道光十八年（1838 年）黔省熊大盛堂刻本、桂林汤三新堂刻平南武城书院印本等；郑献甫《四书翼注论文》有咸丰十一年（1861）采菽堂刊本，《愚一录》有光绪二年（1876 年）黔南节署本；黄金衔《治丽箴言》，有光绪十九年（1901 年）昆明长春坊明文堂刻本；米瑞光《训蒙五伦编》，光绪二十八年（1902 年）玉林杨云锦楼刻印本；无名氏《贤良词》，有宣统三年（1911 年）全州楚善堂刻本。

另外，有一些广西儒学文献的相关著录仅仅简单记载为"刊刻"或"刊"字样，而版刻单位则语焉不详，这类刻本如今大多散佚，如《廉书》，曾有同治刻本传世，后来《广西省述作目录》载曰"绝本"①，今佚。还有一些广西儒学著述的版刻比较复杂，而载录所反映出来的版刻情况比上述所论更为波折，比如陈宏谋的《五种遗规》，最初由培远堂所刻，为家刻本，后随着影响的扩大，又有官刻本、坊刻本，而且越到后来，特别是民国时期，又发展成了以官刻为主的流通趋势。

总体来看，广西儒学文献的家刻本、官刻本最多，坊刻本次之。官刻本文献主要是学规学制、科举试卷和地方政府有关道德建设方面的文件，这类书籍和家刻类书籍一样，出版即终版，但由于受到重视而多被保存下来。与此相对应的是综合性出版单位，即书坊，由书坊所刊之书经常一版

---

① 广西统计局编：《广西省述作目录》"哲学·儒家及杂家"，杭州：杭州古籍书店，民国二十三年（1934 年），第 23 页。

再版，可因为所刊书籍的重要性不及世家大族的家刻文献与官方刊印的官刻文献，所以坊刻本纵然流通渠道广，但受限于自身微弱的影响，数量终究不丰。

三、著述类型的刊刻情况分析

经过上述分析，各类型的广西儒学文献刊刻情况可统计制表 1 如下：

表 1　　　　　　　　　广西儒学文献刊刻表①

类别	—	易类	书类	诗类	礼类	春秋类	孝经类	乐类	四书类	群经总义类
儒经	总数	32	7	6	11	11	4	4	32	18
	刊刻数	7	1	1	6	3	1	0	14	8
	合计	125/41								

类别	—	理论思想类	政教文献类	礼制教化类	学规学约类	课文制艺类	杂说杂考杂论类
儒论	总数	31	29	64	21	17	7
	刊刻数	17	8	23	13	9	3
	合计	169/73					

类别	—	孔门史志类	孔庙典礼类	学术渊源类	名儒先贤类	循良忠孝节义类	乡贤名宦类	科举试卷类
儒史	总数	5	8	6	7	19	4	36
	刊刻数	3	2	2	3	13	4	36
	合计	85/63						

---

　① 此表所依资料主要有两部分：一是《广西近代经籍志》《广西省述作目录》《广西地方史志文献联合目录》《广西历代经籍志（汉—明）》等目录书及广西各地方志；二是笔者走访各图书馆并订正上述诸书记载所得到的数据资料，以《广西儒学文献叙录》为代表。本书诸表资料依据皆同，下不赘述。

据表1，可以从以下三个方面进行比较：

1. 小类刊刻数与小类总数的对比。在"儒经"这一大类中，易类刊刻数占比易类总数的21%、书类占比14%、诗类16%、礼类占比54%、春秋类占比27%、孝经类占比25%、乐类占比0%、四书类占比43%、群经总义类占比44%，而以礼类占比为最高。其中，陆锡璞《礼记精义钞略》《仪礼精义钞略》《周官经义钞略》就占三部，这三部是对《七经经义》的节要撰辑，都受到了朝廷的肯定，因而得以流传。在"儒论"这一大类中，理论思想类刊刻数占比理论思想类总数的54%、政教文献类占比27%、礼制教化类占比35%、学规学约类占比61%、课文制艺类占比52%、杂说杂考杂论类占比42%，而以学规学约类占比为最高。其中的一个原因是一些学规学约被收入了地方史志文献中，从而被保存刊刻了下来，如莫振国的《教士条规》、唐仁的《学规》、陈宏谋的《豫章学规》等。在"儒史类"文献中，孔门史志类刊刻数占比孔门史志类总数的60%、孔庙典礼类占比25%、学术渊源类占比33%、名儒先贤类占比42%、循良忠孝节义类占比68%、乡贤名宦类占比100%、科举试卷类占比100%。占比高达100%的"乡贤名宦类"和"科举试卷类"都是政府规定需要保存的文献资料，因此版刻并保存下来就不难理解了。

2. 小类刊刻数与大类刊刻总数的对比。整个儒经的刊刻数四十一，易类刊刻数占比17%、书2%、诗类2%、礼类15%、春秋类7%、孝经类2%、乐类0%、四书类35%、群经总义类20%，四书类占比最高。儒论总的刊刻数七十三部，理论思想类刊刻数占比24%、政教文献类10%、礼制教化类32%、学规学约类18%、课文制艺类12%、杂说杂考杂论类4%，礼制教化类占比最高。儒史刊刻数六十三部，孔门史志类刊刻数占比4%、孔庙典礼类3%、学术渊源类3%、名儒先贤类4%、循良忠孝节义类21%、乡贤名宦类7%、科举试卷类58%，科举试卷占比类最高。这说明刊刻在当时是一件费时费事且投入资金巨大的工作，只有政府组织，刊刻工作才较有保障。

3. 大类刊刻数与大类总数的对比。录得的一百二十五部儒经，刊刻了四十一部，占比为 33%；录得的儒论共一百六十九部，刊刻七十三部，占比为 43%；录得的儒史八十五部，刊刻六十三部，占比为 74%，其中"乡贤名宦""科举文献"之类的政府性文献就占了一大半，占比之高亦在情理之中。

本书录得广西儒学文献总数为三百七十九部，载录了刊刻的文献总共一百七十七部，占比为 47%，不到总数的一半。因为大部分广西儒学文献是以写本或未知状态形式出现在相关文献记载中的，所以这个结果产生的原因多种多样。其中最为重要的就是经济，许多作者因无法承担出书费用而放弃刊刻。另外一个较为重要的原因则是作者的版权保护意识不够，致使大量著述无人问津，稿本沦为废纸，最后湮没在时间中。

以刊刻文献的朝代而言，清代刊刻数量最多，元代无。历朝刊刻占比，宋代总计六部，刊刻六部，占比 100%；元代著录一部，没有刊刻，占比 0%；明代著录七十五部，刊刻三十一部，占比 41%；清代著录为二百九十部，刊刻一百四十部，占比 48%。可以看出，清代作者群体数量呈现出前所未有扩大的趋势，但刊刻书籍占比却较宋代大幅下降，这主要还是因为刻书资金的缺乏。宋代刻书者为官员和高僧，经费较为丰盈，且此时的儒学作品总数少，易于刊刻；而清代刊书者中有不少是学者或教师，他们俸禄微薄，除养家糊口外，所剩无几，加上庞大数量的儒学作品竞争，双重压力之下，自然没有余力出书。

第四节 广西儒学文献的存佚及馆藏

一、广西儒学文献的存佚情况

从汉到清，广西儒学文献由于没有得到较多的重视和保护，很多已经下落不明。以贵县为例，根据民国学者统计，"（贵县）古代著述，宋有《怀泽志》，明有《东津手稿》，原书不存，通志仅载其目。清代著述梁志所收，亦仅二十种，则前贤著作散佚者多矣"①，情况严重性由此可见。因而，对广西儒学文献的存佚情况进行摸底排查的工作亟须开展。笔者根据现有资料，制表 2 如下：

表 2　　　　　　　　　　**广西儒学文献历朝存佚表**

朝代	总数	存	未见	佚
汉	3	0	0	3
三国两晋南北朝	4	0	0	4
宋	6	4	0	2
元	1	0	0	1
明	75	24	9	42
清	290	146	80	64
总计	379	174	89	116

目前所见之广西儒学文献共有三百七十九部，总存一百七十四部，汉代、三国至两晋南北朝无一幸存，存占比为 0%；宋存四部，存占比约为 2%；元代亦无幸存；明存二十四部，存占比约为 14%；清存一百四十六部，存占比为 84%。未见共八十九部，汉、三国、宋、元都未载录未见著述，占比为 0%，明约占 10%，清约占 90%。佚失一百一十六部，汉约占 3%，三国至两晋南北朝约占 3%，宋约占 2%，元约占 1%，明约占 36%，清约占 55%。对以上数据分析可知，广西儒学文献的散佚数量随着时代发展而呈现出增加趋势，这样的遗失情形能从侧面反衬出清代是广西学术上的重要时期。

"经学（儒经）类""儒论类""儒史类"三类广西儒学文献的存佚情况详见表 3：

————————

① 欧仰羲修，梁崇鼎等纂：《贵县志》卷十二"学艺"，台北：成文出版社，1967年，第 741 页。

表 3 　　　　　　　　广西儒学文献类目存佚表

大类	小目	总数	存	未见	佚
儒经文献	易类	32	11	10	11
	书	7	2	2	3
	诗 类	6	2	1	3
	礼 类	11	6	2	3
	春秋类	11	4	1	6
	孝经类	4	2	1	1
	乐类	4	0	2	2
	四书类	32	11	8	13
	群经总义类	18	6	5	7
	小计	125	44	32	49
儒论文献	理论思想类	31	15	2	14
	政教文献类	29	10	11	8
	礼制教化类	64	20	24	20
	学规学约类	21	12	6	3
	课文制艺类	17	8	3	6
	杂说杂考杂论类	7	3	1	3
	小计	169	68	47	54
儒史文献	孔门史志类	5	3	1	1
	孔庙典礼类	8	5	2	1
	学术渊源类	6	1	1	4
	名儒先贤传类	7	3	1	3
	循良忠孝节义类	19	10	5	4
	乡贤名宦类	4	4	0	0
	科举试卷类	36	36	0	0
	小计	85	62	10	13
总 数	—	379	174	89	116

从表3可知，"儒经类"一百二十五部作品佚失率最高，接近2/5，"儒论类""儒史类"次之。从小类的总数看其存佚情况，"儒经"类中，易类存目占比为34%，未见占比32%，佚失占比34%。需要说明的是，载录为"未见"的书目多半也都亡佚，如此，则易类大半恐已遗失，广西儒学文献整体情况亦同。书类存目占比29%，未见占比29%，佚失占比42%。诗类存目占比33%，未见占比17%，佚失占比50%。礼类存目占比55%，未见占比18%，佚失占比27%。春秋类存目占比36%，未见占比9%，佚失占比55%。孝经类存目占比50%，未见占比25%，佚失占比25%。乐类存木占比0%，未见占比50%，佚失占比50%。四书类存目占比34%，未见占比25%，佚失占比41%。群经总义类存目占比33%，未见占比28%，佚失占比39%。存比最高的是礼类，其次是孝经类，都超过了一半，损失最大的是乐类，100%佚失。

"儒论类"中，理论思想类存目占比48%，未见占比7%，佚失占比45%。政教文献类存目占比34%，未见占比38%，佚失占比28%。礼制教化类存目占比31%，未见占比38%，佚失占比31%。学规学约类存目占比57%，未见占比29%，佚失占比14%。课文制艺类存目占比47%，未见占比18%，佚失占比35%。杂说杂考杂论类存目占比43%，未见占比14%，佚失占比43%。在"儒论类"中，学规学约类存目最多，最少的是礼制教化类存目。

"儒史类"中，孔门史志类存目占比60%，未见占比20%，佚失占比20%。孔庙典礼类存目占比63%，未见占比25%，佚失占比12%。学术渊源类存目占比17%，未见占比17%，佚失占比66%。名儒先贤传类存目占比43%，未见占比14%，佚失占比43%。循良忠孝节义类存目占比53%，未见占比26%，佚失占比21%。乡贤名宦类和科举试卷类100%存。

从存佚总数看，"儒经类"存目总数四十四部，易类存目占比为25%，书类5%，诗类5%，礼类13%，春秋9%，孝经5%，乐类0%，四书25%，群经总义类13%，易类和四书类存目占比最高，都达到了1/4。"儒论类"存目总数六十八部，理论思想类存目占比 22%，政教文献类 15%，礼制教化类 29%，学规学约类 18%，课文制艺类 12%，杂说杂考杂论类 4%，礼制教化类存目占比最高。"儒史类"存目总数为六十二部，孔门史志类存目占比 5%，孔庙典礼类 8%，学术渊源类 2%，名儒先贤传类 5%，循良忠孝节义类 16%，乡贤名宦类 6%，科举试卷类最高，达到了 58%。

在儒经一百二十五部著述中，存目占比 35%，未见占比 26%，佚失占比 39%；儒论一百六十九部著述，存目占比 40%，未见占比 28%，佚失占比 32%；儒史共八十五部，存目占比 73%，未见占比 12 %，佚失占比 15%。由以上的书目类型统计分析可知，儒史类文献保存最多，因为它们大都是政府所保存的公文或材料，如"乡贤名宦类""科举试卷类""学规学约类"等，所以更易留存。这充分说明在古代，刻书和藏书是一种国家行为，也是有财力和文化传承意识的大户的家族行为，如陈宏谋著作的保存与"培远堂"刻书密不可分，其他如全州蒋氏、临桂况氏等亦皆如此。

所见之三百七十九部广西儒学文献，存者占比 46%，未见者占比 24%，佚失者占比 30%，呈现出述作多而留存少、家刻多而坊刻少、抄本多而刻本少、国家书目著录少等特点。自汉至清末两千余年，广西儒学作品的留存数量本应庞大，但就目前所见资料而言，却不甚丰富。究其原因，则不外乎著述本身和外在客观两方面。

就著述本身而论，广西儒学文献大多以写本形式存于家中，这就使得其收藏流传过程很容易中断，从而使得著作下落不明。如清代桂平人覃图书的《七经精义》，此书大致作于嘉庆朝，曾藏于覃家，未行于世，到了民国，《广西省述作目录》就已经不知它的存佚。这一现象十分普遍。

就外在客观而论，腐蚀(主要是水和虫)、兵火、文字狱等灾害直接导致了广西儒学文献的物理毁坏。下面具体说明：

第一，腐蚀令文献保存工作变得棘手。广西地处亚热带，气候湿热，虫蛀霉烂之害频发，广西巡抚谢启昆就曾感叹："岭南屋柱多为虫蠹，入夜则啮声刮，通宵搅人眠，书籍蟫蛀尤甚，故其地无百年之室，无五十年之书。"①清末词家况周颐也说："粤西……地又卑湿，零笺散楮，不十数年，辄蠹朽不可收拾，幸而获存，什陌之一耳。"②黄旭初更是指出，因"南方卑湿，藏书不易，零篇断简，偃仰蟫鱼之侧，不旋踵而湮没渐灭矣"，使得"毕集一省之著作，乃不能与他省一县一郡比"③。这些都说明恶劣的自然条件使得广西地区保存文献十分艰难。

第二，兵火致使许多著作烟消云散。广西地区历来为南国要塞，战略地位突出，兵燹频繁，如清末举人蒙经感慨说："吾藤之有志由来已久，嗣因兵燹频经，蠹鱼常蚀，残篇断简几附销亡，而能爱护之，保存之，以至于今者，盖已如希世之珍矣。"④可见兵燹的危害之大。兹列举数部毁于兵火的广西儒学文献，以见大概情形：庞希睿的《周易讲义》《仪礼杂解》，并散佚于明季烽火，明末毁于火；黄体正"所著《带江园杂著草》六卷、《诗草》六卷、续刻二卷。晚年择存，俱删为四卷，小简、时文各一卷……皆先后梓行，后毁于兵"⑤；覃武保《四书性理录》毁于太平天国战乱，亡佚；郑献甫《愚一录》初稿毁于兵乱。

第三，文字狱导致版销书毁。以谢济世为例，乾隆七年(1742年)湖广总督孙嘉淦奏："遵查谢济世所注经书，立说浅陋固滞，不足以欺世盗名，毋庸逐条指渎。谨将原板查毁，并通饬收毁已印之本。"⑥此次共查毁谢济世所著经书一百五十四本、刊板二百三十七块，故谢氏虽著有《易在》《论

① (清)谢启昆修，胡虔纂，广西师范大学历史系中国历史文献研究室点校：《广西通志》，南宁：广西人民出版社，1988年，第2776页。
② (清)况周颐：《粤西词见叙录》，《粤西词见》，光绪二十二年丙申(1896年)刻本。
③ 黄旭初：《广西乡贤丛书序》，《广西乡贤丛书》，民国三十三年(1944年)排印本，第1页。
④ (清)边其晋修，胡毓璠纂：《藤县志》，台北：成文出版社，1968年，第1页。
⑤ (清)黄榜书：《带江园时文》卷首，黄占梅等修，程大璋等纂：《桂平县志》卷四十五"纪文 书目"，台北：台湾成文出版社，1968年，第2001~2002页。
⑥ 李世愉主编：《清史论丛二〇〇九年号》，北京：中国广播电视出版社，2008年，第309页。

孟笺》《箧匪十经》《学庸注疏》数书，但它们却无一传世。又如余心孺的《性理管窥》，此书亦曾因"语多狂瞽""多有违碍，不应存留，签出进呈请毁在案"①，后被编入《四库禁毁书丛刊补编》。再如陆显仁所著之《格物广义》，因其所论舛驳不纯，语多悖谬，乾隆皇帝竟下令："其书板、书本自应销毁，并书名亦不必存。"②不过即使如此残酷，广西的禁毁书祸仍然称不上严重，乾隆四十年（1775 年）三月二十七日广西巡抚熊学鹏奏报广西查缴禁书的情形，乾隆皇帝谕中竟有"粤西此等事少，不必过求"③之言，文字狱毁书之烈可见一斑。

　　由此可见，广西儒学文献的保存状况不容乐观。所以，我们亟须对流落民间的稿本抄本进行调查和收集，亟须对存于图书馆的广西儒学文献进行整理，这样才能更好地保护和利用好广西地方文献。类似的工作成绩和研究成果虽然已有《广西近代经籍志》《广西省述作目录》《广西地方史志文献联合目录》等，但它们所涉及的广西儒学文献数量仍然十分有限，且研究力度仍待加深，故整理广西儒学文献的工作就显得十分必要且迫切了。

二、广西儒学文献的收录及馆藏

　　如上文分析所见，广西儒学文献的保存状况堪忧。凝聚着广西先哲智慧的著作，每一部（篇）的散佚都令人扼腕叹息。基于此，笔者在调查广西儒学文献的存佚情况时，一并将它们的收录及馆藏作了统计，制表 4 如下：

---

　　① 中国第一历史档案馆编：《纂修四库全书档案》，上海：上海古籍出版社，1997 年，第 723 页。
　　② 上海书店出版社编：《止将〈格物广义〉销毁谕》，《清代文字狱档（增订本）》，上海：上海书店出版社，2011 年，第 429 页。
　　③ 南炳文、白新良主编：《清史纪事本末（第 5 卷乾隆朝）》，上海：上海大学出版社，2006 年，第 1761 页。

表4　　　　　　　　　　广西儒学文献的收录及馆藏表

序号	书名	朝代	作者	收录	馆　藏
1	巽说	宋	契嵩	《四库全书》《四部丛刊》《大正藏》《中华大藏经》《嘉兴藏》《宋人小集四十二种》《宋四十名家小集》等	国家图书馆、中国科学院、中央党校、武汉大学图书馆、华东师范大学、上海中医学院图书馆、天津师范、桂林图书馆、湖南图书馆藏，日本静嘉堂文库、日本东京大学、京都大学、日本内阁文库、日本德岛中学附属图书馆、日本米泽文库等
2	中庸解	宋	契嵩	《四库全书》《四部丛刊》《大正藏》《中华大藏经》《嘉兴藏》《宋人小集四十二种》《宋四十名家小集》等	国家图书馆、中国科学院、中央党校、武汉大学图书馆、华东师范大学、上海中医学院图书馆、天津师范、桂林图书馆、湖南图书馆藏，日本静嘉堂文库、日本东京大学、京都大学、日本内阁文库、日本德岛中学附属图书馆、日本米泽文库等
3	辅教编	宋	契嵩	《毗卢藏》《碛砂藏》《永乐北藏》《卍正藏经》《佛光经典丛书》《禅学典籍丛刊》等	国家图书馆、北京大学图书馆、南京图书馆、贵州图书馆、桂林图书馆，日本酒田市立光丘文库、日本京都大学人文科学研究所、东洋文库、东京大学总图书馆、牧野文库、高知大学小岛文库、大阪大学怀德堂文库、东京都立中央图书馆诸桥文库、新潟大学佐野文库等
4	桂林孔庙释奠牲币服器图说碑	宋	佚名	《(嘉庆)广西通志》	桂林图书馆

续表

序号	书名	朝代	作者	收录	馆　藏
5	乾乾篇	明	龙文光	—	福建省图书馆
6	东溪日谈录	明	周琦	《四库全书》《柳州乡贤著述影印丛刊》《广西历代文献集成》等	广西壮族自治区图书馆、桂林图书馆，日本名古屋市蓬左文库；吉林省图书馆存残本
7	儒正谈	明	周琦	《四库全书》《柳州乡贤著述影印丛刊》《广西历代文献集成》等	广西壮族自治区图书馆、桂林图书馆，日本名古屋市蓬左文库；吉林省图书馆存残本
8	春秋繁露节解	明	吴廷举		天津图书馆、广西壮族自治区统计局、桂林图书馆等
9	胡子粹言	明	吴廷举	《居业录》	国家图书馆、南开大学图书馆等
10	薛子粹言	明	吴廷举	—	国家图书馆、日本内阁文库所
11	二程先生粹言	明	徐养正	《山东省珍贵古籍名录》《中国古籍善本书目》	曲阜孔府文物档案馆、天一阁博物馆
12	范运吉传	明	徐养正	《藜照庐丛书》《滇南碑传集》	国家图书馆、北京大学图书馆
13	浑然子	明	张翀	《四库全书存目丛书》	日本内阁文库，桂林图书馆、广西统计局
14	清署经谈	明	王启元	《岭南思想家文献丛书》	台湾"中央研究院历史语言研究所"
15	帝鉴图说	明	张居正 吕调阳	《四库全书存目丛书》	国家图书馆、山东省图书馆、上海图书馆、上海博物馆、北京人学图书馆、大津图书馆、广西壮族自治区图书馆、广西师范大学等

续表

序号	书名	朝代	作者	收录	馆　藏
16	忠谏录	明	曹学程	—	国家图书馆、北京大学图书馆、燕京大学、广西统计局等
17	广西乡试录等	明	官府编刊	—	宁波天一阁、桂林图书馆
18	宦游家训	清	封昌熊	—	桂林图书馆、广西统计局、容县图书馆等
19	周易贯义	清	卿彬	—	桂林图书馆、广西壮族自治区图书馆
20	周易观玩	清	唐仁	—	桂林图书馆
21	学校条规	清	唐仁	《(道光)庆远府志》	桂林图书馆、广西壮族自治区图书馆等
22	愚一录易说	清	郑献甫	《广西历代文献集成》	桂林图书馆、广西壮族自治区图书馆、自治区博物馆
23	四书翼注论文	清	郑献甫	《广西历代文献集成》	广西壮族自治区图书馆、桂林图书馆、广西壮族自治区博物馆、东莞图书馆、贵州师范大学图书馆
24	愚一录	清	郑献甫	《广西历代文献集成》	广西壮族自治区图书馆、桂林图书馆、广西师范大学图书馆、贵州省图书馆
25	补学轩制艺	清	郑献甫	《广西历代文献集成》	广西壮族自治区图书馆、桂林图书馆、广西师范大学图书馆、贵州省图书馆
26	补学轩批选时文读本	清	郑献甫	《广西历代文献集成》	广西壮族自治区图书馆、桂林图书馆、广西师范大学图书馆、贵州省图书馆

续表

序号	书名	朝代	作者	收录	馆　藏
27	周易类象	清	金熙坊	—	广西通志局、桂林图书馆、广西壮族自治区图书馆
28	羲轩丹易	清	金熙坊	—	桂林图书馆、广西壮族自治区图书馆
29	易经偶语	清	金熙坊	《金子范杂著》	国家图书馆
30	春秋属比录	清	金熙坊	《金子范杂著》	国家图书馆、广西统计局、广西壮族自治区图书馆、桂林图书馆
31	春秋偶语	清	金熙坊	—	广西统计局
32	周易拟象	清	龚延寿	—	桂林图书馆、广西壮族自治区统计局、广西修志局
33	周易史证	清	龚延寿	—	桂林图书馆、广西统计局
34	周易史证样本	清	龚延寿	—	广西修志局、广西统计局、桂林图书馆
35	文庙圣贤典型	清	龚延寿	—	桂林图书馆、广西修志局
36	书经精义汇钞	清	陆锡璞	—	故宫博物院、广西桂林图书馆、贵州省图书馆
37	诗经精义汇钞	清	陆锡璞	—	中国科学院图书馆、国家图书馆、故宫图书馆、北大图书馆、社科院图书馆、吉林大学图书馆、江苏图书馆、重庆图书馆、复旦图书馆，日本内阁文库等
38	礼记精义钞略	清	陆锡璞	—	国家图书馆、桂林图书馆、天津图书馆、贵州图书馆
39	仪礼精义钞略	清	陆锡璞	—	故宫图书馆、乐平市图书馆

序号	书名	朝代	作者	收录	馆　　藏
40	周官经义钞略	清	陆锡璞	—	天津图书馆、故宫图书馆
41	春秋精义钞略	清	陆锡璞	—	天津图书馆、故宫图书馆
42	葩经念本	清	苏懿谐	—	桂林图书馆
43	孝经刊误合本	清	苏懿谐	—	桂林图书馆、广西统计局
44	学庸弦诵	清	苏懿谐	—	广西统计局、桂林图书馆
45	大学两关经传要解	清	苏懿谐	—	桂林图书馆
46	两关日课	清	苏懿谐	—	广西统计局
47	古今自讼录	清	苏懿谐	—	故宫图书馆
48	防维录	清	苏懿谐	—	故宫图书馆
49	为人录	清	苏懿谐	—	桂林图书馆、广西统计局
50	开节录	清	苏懿谐	—	桂林图书馆、广西统计局
51	民彝汇翼、续编	清	苏懿谐	—	广西统计局、桂林图书馆
52	传心显义	清	苏懿谐	—	故宫图书馆
53	迪知录	清	苏懿谐	—	广西统计局、桂林图书馆
54	清华家传	清	苏懿谐	—	桂林图书馆
55	邹鲁求仁绎	清	苏懿谐	—	故宫博物院图书馆
56	尼徒从政录	清	苏懿谐	—	故宫博物院图书馆

序号	书名	朝代	作者	收录	馆　藏
57	读缁衣集传	清	朱琦	—	中国科学院图书馆
58	王制通论	清	程大璋	《半帆楼丛书》	北京大学图书馆、北京师范大学图书馆等
59	王制义按	清	程大璋	《半帆楼丛书》《白坚堂丛书》	北京大学图书馆、北京师范大学图书馆、桂林图书馆图、广西统计局
60	花矼经述	清	况祥麟	—	桂林图书馆
61	春秋属辞比事记补	清	况澄	《况氏丛书》	桂林图书馆
62	癸亥四书课文稿	清	况澄	—	桂林图书馆
63	孝经刊误节训	清	高熊徵	—	桂林图书馆
64	小学分节	清	高熊徵	—	哈佛大学汉和图书馆
65	井陉政略	清	高熊徵	《郢雪斋纂稿》	广西修志局、桂林图书馆
66	五种遗规	清	陈宏谋	《清经世文》《营田辑要》《湖海文传》《牧令书》《牧令书辑要》《切问斋文抄》等	国家图书馆、山东省图书馆、广西社科院、桂林图书馆、广西壮族自治区图书、广西通志馆、广西博物馆、桂林文物管理委员会、广西师范大学图书馆、广西统计局等
67	吕子节录	清	陈宏谋	《培远堂偶存稿》《培远堂全集》《陈榕门先生遗书》	江苏图书馆、桂林图书馆、广西壮族自治区图书馆、国家图书馆、上海图书馆等

续表

序号	书名	朝代	作者	收录	馆　藏
68	大学衍义辑要	清	陈宏谋	《四库全书存目丛书》《培远堂全集》等	清华大学图书馆、黑龙江图书馆、南京图书馆、云南大学图书馆、江苏图书馆、中山大学图书馆、香港中文大学图书馆、广西师范大学图书馆、北京师范大学图书馆、天津图书馆、辽宁图书馆、吉林大学图书馆、内蒙古自治区图书馆、山东省图书馆、东京大学东洋文化研究所、湖北大学图书馆、彭州文物管理所、成都市图书馆、温江区图书馆、吉林大学图书馆、东北师范大学图书馆、天一阁博物馆等
69	大学衍义补辑要	清	陈宏谋	《四库全书存目丛书》《培远堂全集》等	国家图书馆、天津图书馆、内蒙古自治区图书馆、山东省图书馆、辽宁图书馆、长春图书馆、吉林大学、黑龙江图书馆、东北师范大学图书馆、上海图书馆、南京图书馆、南京师范大学图书馆、天一阁博物馆、中山大学图书馆、成都市图书馆、温江图书馆、彭州文物管理所、广西壮族自治区图书馆、桂林图书馆、广西师范大学、图书馆、东京大学东洋文化研究所图书馆、普林斯顿大学葛思德东方图书馆等

续表

序号	书名	朝代	作者	收录	馆藏
70	培远堂文檄	清	陈宏谋	《培远堂全集》等	国家图书馆、桂林图书馆、广西壮族自治区图书馆、广西博物馆、广西统计局、广西通志馆、广西师范大学图书馆、桂林文物管理委员会等
71	豫章书院学约	清	陈宏谋	《培远堂偶存稿》《先文恭公年谱》	桂林图书馆、广西壮族自治区图书馆等
72	课士直解	清	陈宏谋	《文恭公文集》《培远堂全集》《陈榕门先生遗书》等	桂林图书馆、广西壮族自治区图书馆、广西博物馆、广西统计局、广西师范大学图书馆、桂林文物管理委员会、国家图书馆等
73	培远堂手札节存	清	陈宏谋	《陈榕门先生遗书》等	国家图书馆、桂林图书馆、广西壮族自治区图书馆、云南图书馆等
74	桂林相国陈文恭公家书手迹	清	陈宏谋	—	广西壮族自治区图书馆、桂林图书馆等
75	司马文正公传家集	清	陈宏谋	《陈榕门先生遗书》等	桂林图书馆、广西师范大学图书馆
76	司马文正公年谱	清	陈宏谋	《陈榕门先生遗书》等	桂林图书馆、广西师范大学图书馆
77	四书考辑要	清	陈宏谋 陈兰森	—	广西壮族自治区图书馆、桂林图书馆、广西统计局、万州区师专图书馆、东莞图书馆、日本内阁文库、日本国会图书馆、山西大学图书馆、贵州省图书馆、云南大学图书馆

续表

序号	书名	朝代	作者	收录	馆 藏
78	陈文恭公年谱	清	陈钟珂 陈兰森	《培远堂全集》《陈榕门先生遗书》等	广西壮族自治区图书馆、桂林图书馆
79	双节堂庸训应世补续编	清	陈兰森 节续	—	桂林图书馆
80	宰黔随录	清	龙光甸	—	桂林图书馆
81	防乍日录	清	龙光甸	—	桂林图书馆
82	尔雅经注集证	清	龙启瑞	《续修四库全书》《广西历代文献集成》《经德堂集》《清经解续编》	广西壮族自治区图书馆、桂林图书馆、北京大学图书馆等
83	是君是臣录	清	龙启瑞	《广西历代文献集成》	广西壮族自治区图书馆、桂林图书馆
84	视学须知	清	龙启瑞	《续修四库全书》《广西历代文献集成》	桂林图书馆
85	家塾课程	清	龙启瑞	《续修四库全书》《广西历代文献集成》《浙西村舍汇刻》《丛书集成新编》《中国近代教育史资料》等	广西壮族自治区图书馆、桂林图书馆等
86	十三经地名韵编今释	清	龙继栋	—	贵州省图书馆

续表

序号	书名	朝代	作者	收录	馆 藏
87	十室遗语	清	蒋励常	《全州蒋氏丛刻》	广西壮族自治区图书馆、桂林图书馆
88	养正编	清	蒋励常	《全州蒋氏丛刻》	广西壮族自治区图书馆、桂林图书馆
89	教士汇编	清	蒋启敭	《全州蒋氏丛刻》	广西壮族自治区图书馆、桂林图书馆
90	训俗迩言	清	蒋启敭	《全州蒋氏丛刻》	广西壮族自治区图书馆、桂林图书馆
91	三难通解训言述	清	刘定逌	《(民国)武鸣县志》	桂林图书馆
92	秀峰书院学规	清	刘定逌	《(民国)武鸣县志》	桂林图书馆
93	灵溪时文	清	刘定逌	—	桂林图书馆
94	文庙祀位考略	清	刘渠	《守经堂诗汇抄》	国家图书馆、上海图书馆、广西壮族自治区图书馆、桂林图书馆
95	论语注解辨订	清	刘名誉	《守经堂诗汇抄》	广西统计局、桂林图书馆
96	初学源例篇	清	刘名誉	《守经堂诗汇抄》	桂林图书馆
97	慕盦治心诗钞·慕盦治心韵语	清	刘名誉	《守经堂诗汇抄》	桂林图书馆、广西统计局
98	文庙丁祭礼乐辑要	清	曹驯	—	国家图书馆

续表

序号	书名	朝代	作者	收录	馆藏
99	墨斋存稿	清	祁永膺	—	桂林图书馆、广西壮族自治区图书馆
100	岭学祠诸先生事迹学术考	清	祁永膺	—	广西修志局、桂林图书馆
101	西粤二子文	清	唐一飞 庞屿	—	桂林图书馆
102	性理管窥	清	余心孺	《四库禁毁书丛刊补编》	国家图书馆
103	传习录辨疑	清	梁汝阳	—	广西壮族自治区图书馆
104	救贫捷法	清	冯祖绳	《中国荒政书集成》	云南省图书馆
105	路南州保甲编	清	冯祖绳	—	云南省图书馆
106	治丽箴言	清	黄金衔	—	云南图书馆
107	居家必读书	清	曾浤仁	—	桂林图书馆
108	庭训录	清	赵润生	—	广西壮族自治区图书馆、桂林图书馆、广西大学图书馆等
109	乡约条规	清	无名氏	《太平天国革命时期广西农民起义资料》	广西壮族自治区图书馆、桂林图书馆
110	训蒙五伦编	清	米瑞光	—	桂林图书馆
111	博爱录	清	李琪华	—	桂林图书馆
112	传家训	清	无名氏	—	桂林图书馆

续表

序号	书名	朝代	作者	收录	馆　藏
113	贤良祠	清	无名氏	—	桂林图书馆
114	教士条规	清	莫振国	《忻城县志》《忻城土司志》《庆远府志》《广西忻城莫氏土司官族文人诗文赏析》等	广西壮族自治区图书馆、桂林图书馆等
115	秀峰书院学规六条	清	陆奎勋	《陆堂文集》	国家图书馆、广西壮族自治区图书馆、桂林图书馆等
116	教学指南论	清	蒙艺德	《宾阳县志》（1987年版）	广西壮族自治区图书馆、桂林图书馆等
117	道乡书院学规四则	清	唐鉴	《平乐县志》《中国书院学规集成》等	广西壮族自治区图书馆、桂林图书馆等
118	塾规二十四条	清	池生春	—	桂林图书馆
119	学童心得	清	沈赞清	—	桂林图书馆
120	广西学务提要	清	李翰芬	—	北京师范大学图书馆、广西壮族自治区图书馆
121	带江园时文	清	黄体正	—	桂林图书馆
122	分青山房课艺	清	周必超	《分青山房全集》	桂林图书馆
123	勉勉锄室类稿	清	祁永膺	—	国家图书馆、天津图书馆、广西桂林图书馆、广西壮族自治区图书馆、广西修志局、东莞图书馆等

序号	书名	朝代	作者	收录	馆藏
124	孔子年谱辑注	清	黄定宜	—	国家图书馆、东京大学综合图书馆、扬州大学图书馆等
125	文庙上丁礼乐备考	清	吴祖昌	—	广东省立图书馆
126	孝女传	清	文兆甤	《(嘉庆)广西通志》(部分收录)	国家图书馆、天津图书馆、广西桂林图书馆、广西壮族自治区图书馆等
127	沈文节公传	清	谢煌	《昭忠录》	广西壮族自治区图书馆、桂林图书馆、广西师范大学图书馆、广西壮族自治区自治区博物馆
128	广西昭忠录	清	苏凤文	—	广西壮族自治区图书馆、桂林图书馆、广西师范大学图书馆、自治区博物馆
129	崇祀乡贤奏折禀稿	清	苏凤文	—	广西壮族自治区图书馆
130	坊表录	清	苏宗经	—	广西统计局、国家图书馆、中国历史博物馆、桂林图书馆、东莞图书馆
131	镡津忠义录	清	苏时学	—	藤县志办公室
132	浩气吟	清	赵炯等	—	广西壮族自治区图书馆、桂林图书馆
133	古贤名录	清	无名氏	—	桂林图书馆
134	平乐覃节妇诗传并郁林孝子周延琛事传不分卷	清	秦焕	—	桂林图书馆

序号	书名	朝代	作者	收录	馆 藏
135	崇祀乡贤名宦录	清	张联桂易绍	—	清华大学图书馆、桂林图书馆、广西民族学院图书馆
136	崇祀乡贤录	清	张联桂	—	桂林图书馆
137	乡贤录	清	无名氏	—	广西壮族自治区图书馆
138	横山陈氏砅卷	清	陈宏谋陈钟琛	《清代家集丛刊》	广西壮族自治区通志馆、广西壮族自治区图书馆、北京大学图书馆、桂林图书馆
139	横山陈氏砅卷	清	陈继昌	—	桂林图书馆
140	桂林周氏砅卷	清	周鼎	—	桂林图书馆
141	蒋奇淳周绍昌殿试卷	清	待考	—	桂林图书馆
142	广西道光同治光绪历科会试砅卷	清	官刊	—	桂林图书馆
143	广西乡试砅卷	清	官刊	—	桂林图书馆、广西壮族自治区博物馆
144	广西乡试砅卷	清	唐景崧等撰	—	桂林图书馆
145	广西试牍	清	官刊	—	桂林图书馆
146	广西试牍	清	钱福昌编刊	—	桂林图书馆
147	广西乡试录	清	程祖洛编刊	—	桂林图书馆

序号	书名	朝代	作者	收录	馆　　藏
148	广西乡试录（12份）	清	官刊	—	宁波天一阁博物馆、桂林图书馆
149	广西闱墨（11份）	清	官刊	—	桂林图书馆
150	广西乡试墨卷不分卷	清	阳贞吉编刊	—	桂林图书馆
151	广西咸同光绪选优贡及岁贡卷	清	官刊	—	桂林图书馆

　　根据表4统计，有明确馆藏信息的广西儒学文献共有一百五十一部（篇），被他书收录的广西儒学文献共有六十部（篇），约占馆藏总数的40%。从收录文献的性质来看，有国家和地方之分。国家层面的如四库系列，《四库全书》收录了宋契嵩的《镡说》《中庸解》、明周琦的《东溪日谈录》《儒正谈》等书；《四库全书存目丛书》收入明张翀的《浑然子》、清陈宏谋的《大学衍义辑要》《大学衍义补辑要》等书；《四库禁毁书丛刊补编》收录清余心孺的《性理管窥》；《续修四库全书》收有清龙启瑞的《尔雅经注集证》等书。地方层面的如地方政府组织修撰的文献，《广西历代文献集成》《柳州乡贤著述影印丛刊》《岭南思想家文献丛书》和各地方志等都是，它们收有张翀、周琦、王启元、刘定逌等人的儒学著作。从收录文献的种类来看，有综合性图书，如四库系列；有专科文献，如《大正藏》《中华大藏经》等佛教典籍，如专门收录家族文献的《清代家集丛刊》等。从收录文献的国家来看，以中国为主，日本等外国为辅，如日本的《卍正藏经》收有《辅教

编》。从馆藏单位来看，国家图书馆所藏广西儒学文献的数量少于广西地方图书馆；单种文献的馆藏单位数量又呈现出明显的分化趋势，如《帝鉴图说》《东溪日谈录》等书的馆藏单位远多于任何一部广西科举文献。这是目前广西儒学文献的收录及馆藏概况。

第五节　广西儒学文献的整理研究

黄永年先生在《古籍整理概论》中说："古籍整理者，是对原有的古籍作种种加工，而这些加工的目的是使古籍更便于今人以及后人阅读利用，这就是古籍整理的涵义，或者可以说是古籍整理的领域。超越这个领域，如撰写讲述某种古籍的论文，以及撰写对于某种古籍的研究专著，尽管学术价值很高，也不算古籍整理而只能算古籍研究。"[1]根据其定义，古籍整理工作分可分成点校、注解和刊印等项。广西儒学文献的整理工作亦不出此范围，下面分"古代广西学者对儒学文献的整理"和"近代以来广西儒学文献的整理"两部分来论述。

一、古代广西学者对儒学文献的整理

古代广西学者对儒学文献的整理方式较为传统，大致分为注解、考证[2]、编纂、刊印四种方式。前三种方式都为二次创作，融合了古籍整理者的思想，第四种方式则以保留古籍原本内容为主要特色。

（一）注解

注解是历代学者整理古籍的常用方法，至于为什么需要一代又一代的

---

[1]　黄永年：《古籍整理概论》，上海：上海书店出版社，2001年，第5页。
[2]　一般来说，古书注解都有考证订误的思辨性质。本节所说的考证，指的是专门以考订辨误为工作方法的整理方式。它们的整理成果通常以辨订、考证、质疑等为名。

人进行注解工作，张舜徽先生曾在《中国文献学》里采用陈澧的话来解释："时有古今，犹地有东西南北。相隔远，则言语不通矣。地远则有翻译，时远则有训诂。有翻译，则能使别国如乡邻；有训诂，则能使古今如旦暮。"①可见注解对古籍的重要性。

　　古代广西学者对儒学文献的注解工作始于两汉，陈钦、陈元、陈坚卿祖孙三人的《春秋》整理早开先河。他们用《左传》去解《春秋》，不主张烦琐治学和死守家法，删繁就简，独具特色②。对此，《(嘉靖)广东通志》评价道："陈元独能以经学振起一时，诚岭海之儒宗也。"③民族学家徐松石也称赞说："岭南经学，实以二陈为始。"④可见陈氏对《春秋》的注解取得了巨大成就。其后，"六士"(士赐及士燮、士壹、士䵋、士武、士钦)沿着三陈的学术之路，继续展开了对《春秋》的注解工作，士燮的《春秋经注》即是代表，此书在全国亦有一定影响，故屈大均说："汉议郎陈元，以《春秋》《易》名家。其后有士燮者，生封川，与元同里，撰有《春秋左氏注》，陈国袁徽尝称其简练精微有师说。"⑤可惜的是，这些书都没有流传下来。从"三陈""六士"之后到漫长的南北朝、隋唐、宋元时期，广西学者对儒学文献的整理信息阙如，我们无法窥见注解成果。直到明清，广西学者对儒学文献的整理才又有了较为清晰的记录。此时的注解工作除了从《易经》《尚书》《诗经》《礼记》《春秋》等传统经书上展开之外，也扩大到对董仲舒、周敦颐、二程、朱熹、薛瑄、胡居仁、王阳明等子部儒家著作的解释疏通上，如许载琳的《吕新吾呻吟语评注》等书即是。

---

① 张舜徽：《中国文献学》，郑州：中州书画社，1982年，第168~169页。
② 陈氏学术成就，可参见本书第二章第一节"二陈的经学思想"。
③ (明)戴璟修，张岳纂：《广东通志初稿》卷十四，明嘉靖刻本，第9页。
④ 徐松石：《民族学研究著作五种》，广州：广东人民出版社，1993年，第168页。
⑤ (清)屈大均：《广东新语》卷十一"文语"，北京：中华书局，1985年，第320页。

（二）考证

通过考证完善古籍，推究书本内容真实情状，用可靠的材料来证明经义、解释文字，以至于纠正前人传注之谬、校订古籍之误的做法，实乃朴学长技。明代广西学者的考证式整理成果甚少，只有《孝经秋订》一书。清代的学术特色是考证，受时代风气影响，此时广西儒学文献中的辨订、考证、质疑类作品明显增多，如《文庙木主考辨》《孔圣事迹辨》《百八弟子考》《蒚茝堂说经质疑》《文庙上丁礼乐备考》《文庙祀位考略》《论语注解辨订》《文庙圣贤典型》等书都是，其中更以黄定宜①的成就为大，他的《孔子年谱辑注》一书堪称考证式广西儒学文献的代表。此书是黄氏对江永《乡党图考》的辨误订正。江永曾撰《乡党图考》十卷，卷首列《孔子先世图》及《孔子年谱》，卷二为《先世考》《始生至为委史乘田考》《母卒考》《学官至适周反鲁考》《适齐返鲁不仕考》《仕鲁考》《去鲁同游考》《归鲁至卒考》，实为孔子年谱的考证。江氏深谙礼学，对丧服礼制及辨证孔子无出妻之事等推断精审、议论透彻，然亦有疏漏处。黄定宜采辑"《路史·余论》、王应麟、宋濂、阎若璩、毛奇龄、钱大昕、姚鼐诸家之说"②补江氏舛误，考证精密，大大完善了江氏原作。

（三）编纂

编纂是指汇编资料的方式，包括节解、摘要等，常见于明清两代。广西学者编纂的儒学文献亦以明清两代为多，如明人的《胡子粹言》《薛子粹言》《春秋繁露节解》《丧礼仪节》和清人的《明鉴择要经世略》《朱子小学辑

---

① 黄定宜，生卒年不详，字半溪，又字畔溪，广西龙州人。嘉庆六年（1801年）辛酉科举人，仕南海知县，为官正直廉明，被誉为"黄青天"。道光八年（1828年）任阳春知县，后转钦州、廉州知州，性廉正，取法严介。著有《孔子年谱辑注》《半溪随笔》《读韩随笔》《祗勤堂诗集》等。

② 夏乃儒主编：《孔子辞典》，上海：上海辞书出版社，2008年，第303页。

略》等书。在广西学者对儒学文献的编纂方面，陈宏谋及其后人的成果最多、成就最大。纵观陈氏编纂之书，大多内容选择精要，结构安排合理，体例近乎完美，如《四书考辑要》《大学衍义辑要》《大学衍义补辑要》《吕子节录》《五种遗规》等，其中又以《五种遗规》的影响最为深远。

《五种遗规》的编纂初衷是给子侄辈提供一套简明易晓的启蒙课本。在这个目标指引下，此书"辑古今嘉言懿行"①，广收博取了自汉迄清八十位硕儒的教育著述，以宋、明、清三代居多。书中每篇开头均有陈宏谋所加按语，按语朴素恳切。此书汇取范围虽广，但它却并不是粗制滥造的媚时之作，而是经过了王步青、张少仪等名家的精心删汰。也正因为此书的编纂独具匠心，它的影响才日甚一日，以至于在民国时期成为学生修习的课本，甚至在日后的流传过程中更是出现了辑要本，如朱荫龙辑《五种遗规辑要》②、《五种遗规摘钞》③等。

（四）刊印

"刊版则易于流传"④，它是保存整理古籍最为直接有效的方式。广西学者对儒学文献的刊印最早可追溯到宋代。建炎三年（1129年）八月，广州州学教授林勋（贺州人）献《本政书》十三篇，该书有绍兴初年容州刊本⑤。后来陈亮从徐宗武处得到此书，大为赞叹，又进行了重刊，此书遂大行于世，被录于《宋史·艺文志》，可见刊印这种整理方式对古籍的流通至

① （清）赵尔巽等：《清史稿》卷三百七列传九十四，北京：中华书局，1977年，第10563页。

② 朱荫龙选辑：《五种遗规辑要》，桂林：桂林文化供应社，民国三十一年（1942年）。

③ 王绍曾等整理订补：《订补海源阁书目五种（下册）》，济南：齐鲁书社，2002年，第964页。

④ （清）永瑢等：《四库全书总目》卷一百四十八"集部总叙"，北京：中华书局，1965年，第1267页。

⑤ （宋）陈亮：《龙川集》卷一六《书林勋本政后》，《四库全书》第一一七一册，台北：台湾商务印书馆，1986年，第647页。

关重要。

到了明清两代，广西学者刊印的儒学文献明显增多，像明人曹学程的
《忠谏录》、清人高熊徵的《井陉政略》、清人封昌熊的《宦游家训》、清人
刘定逌的《三难通解训言述》《秀峰书院学规》等，都被刊刻而行世。这些被
刊印的儒学文献也大多因为流通而幸存于今。如上所述，本书统计的历代
刊刻之广西儒学文献总数为一百七十七部，而掌握的现存之广西儒学文献
总数为一百七十四部，刊印流通的整理之功不可谓不大。

二、近代以来广西儒学文献的整理

古代广西学者对儒学文献的整理成果，在近代都变成了广西儒学文献
的一部分，与之相对应的是，这些文献也被后人纳入整理工作。民国时期
的广西儒学文献整理工作比较简单，以编校出版为主，代表性成果是《广
西乡贤丛书》。这套丛书由黄旭初主持编纂，收有《陈榕门先生遗书》等儒
学著作，仅陈氏遗书就达10种94卷，它是"民国时期最大规模地对单一广
西历史名人著作的整理成果"①。除此之外，民营图书出版机构蒋国文堂也
于1923年刻印了《愚一录易说订·沈氏改正揲法》②。《愚一录易说》为郑
献甫所著《愚一录》考说《周易》的部分，清末民初学者海宁杭辛斋钞录考订
之，此书遂以《愚一录易说订》单行流布。

20世纪80年代以来，广西儒学文献的整理工作步入正轨，成绩显著，
大致来说，工作内容主要集中在影印、校注两个方面。

影印是古籍整理的基本方式，优点有二：可以保持旧本原貌；方便流
通③。以影印方式大规模整理广西儒学文献的做法流行于21世纪，《柳州

---

① 廖晓云：《新桂系时期广西地方文献的整理与编纂》，《图书馆界》2014年第4
期，第74页。
② 广西壮族自治区地方志编纂委员会编：《广西通志·出版志》，南宁：广西人
民出版社，1999年，第42页。
③ 全国古籍整理出版规划领导小组办公室编：《古籍整理出版十讲》，长沙：岳
麓书社，2002年，第261页。

乡贤著述影印丛刊》为其中的代表①。除此之外，桂林图书馆也开展了不少影印整理工作，《陈宏谋家书》《五种遗规》《坊表录》等一批古籍都被影印出版②。

校注的主要工作是点校、注释，目的在于提高文献质量并为读者提供易懂的读本。20世纪80年代以来，广西儒学文献的校注工作取得了一些成就。自1986年起，广西社会科学院文化研究所对广西壮族自治区图书馆、桂林图书馆等藏书单位进行了古籍普查，点校出版了《郑献甫集》等著述。1988年广西师范大学完成了《(嘉庆)广西通志》的点校。之后，莫乃群主持整理《桂苑书林丛书》，出版了《粤西三载》《百越先贤志》等校注。蒋钦挥则整理和出版了《全州历史文化丛书》，这套丛书标点了蒋冕《湘皋集》、蒋励常《岳麓文集》、蒋启敔《问梅轩诗草偶存》、蒋琦龄《空青水碧斋诗文集》、俞廷举《一园文集》、谢良琦《醉白堂诗文集》、谢济世《梅庄杂著》、赵炳麟《赵柏岩集》等全州名人文集。广西大学文学院从1996年以来致力于广西地方文献的整理，出版的《空青水碧斋文集》《镡津文集》等包含广西儒学文献在内的四十多部作品是其成绩的具体体现，其中又以林仲湘和邱小毛校注的《镡津文集》(2014年巴蜀书社出版)最具代表性。2016年，西南师范大学出版社也发行了《镡津文集》的点校本，整理者为纪雪娟。2017年，陈玄点校本《清署经谈》发行，收入景海峰主编《岭南思想家文献丛书》，至此，广西儒学文献的流通变得越来越广泛。

总之，目前可统计的三百七十九部(篇)广西儒学著作，现存一百七十四部(篇)③，而在这一百七十四部现存作品中，已经出版发行的不到三分之一，超过三分之二的广西儒学文献尚未得到整理。这类文献大都是写本，如苏懿谐的《范经念本》和金熙坊的《周易类象》等书，由此可知广西儒

---

① 参见本书第一章第三节之"印本和写本"。

② 广西壮族自治区桂林图书馆、广西壮族自治区桂林古籍保护中心编：《广西壮族自治区桂林图书馆珍贵古籍图录》，南宁：广西人民出版社，2016年，序言第3页。

③ 参见本书第一章第四节之"广西儒学文献的存佚情况"。

学文献的整理任务十分艰巨。然而，儒学文献研究关乎中华文化的传承以及当代人文社会科学的发展，欲使经典文献更好地为当代文化建设服务，精良文本的整理出版实为当务之急。有鉴于此，本书在对广西儒学文献清查统计的基础上，分析它的思想文化价值，力图对广西文化的发展和研究有所裨益。

第二章　广西儒学文献的学术思想

　　阅读目前所掌握的广西儒学文献可知，粤右学术发轫于西汉陈钦、陈元父子的《春秋》研究，其后吴国士燮亦治《春秋》，三人籍贯皆苍梧，是为苍梧经学。两晋南北朝隋唐时期，文献中难见关于广西儒学的只言片语。至两宋，理学渐兴，排佛思想盛行，契嵩著《巽说》《中庸解》《辅教编》，巧妙援佛入儒，提出了许多颇有新意的说法，得到欧阳修等人的赞赏。终于在明代，广西儒学取得长足进步，周琦的"复性说"、蒋冕的"天理即礼说"和王启元的"儒教说"等理论极大丰富了广西儒学精神。清代广西儒学除承袭明代之外，还发展出别具一格的思想，如蒋励常的"诚说"、刘定逌的"完人说"以及郑献甫的"求是说"等，它们都具有十足的粤西特色，都是广西儒学思想的重要组成部分。囿于篇幅，本章对上述诸儒的学术思想作个案研究，以期窥见广西儒学文献的思想概况。

第一节　二陈的经学思想

　　郑献甫说："吾乡词章之学，历代未甚著，而训故之学则汉末已大昌。"①指的就是苍梧陈钦、陈元的为代表的经学。陈钦(？—15年)，或作歆，西汉古文经学家，字子佚，或作子逸，广西苍梧人。汉成帝时，钦被

---

　　① （清）郑献甫：《郑献甫集中册·补学轩文集》卷二《厘定秀峰书院崇祀乡贤神主记》，南宁：广西人民出版社，2013年，第728页。

交州刺史以"茂才"身份荐举①到京师，在京师跟从黎阳人贾护习古文经学。《汉书·儒林传》记载：

> 汉兴北平侯张苍及梁太傅贾谊、京兆尹张敞、太中大夫刘公子皆修《春秋左氏传》。谊为《左氏传》训故，授赵人贯公，为河间献王博士，子长卿为荡阴令，授清河张禹长子。禹与萧望之同时为御史，数为望之言《左氏》，望之善之，上书数以称说。后望之为太子太傅，荐禹于宣帝，征禹待诏，未及问，会疾死。授尹更始，更始传子咸及翟方进、胡常。常授黎阳贾护季君，哀帝时待诏为郎，授苍梧陈钦子佚，以《左氏》授王莽，至将军。而刘歆从尹咸及翟方进受。由是言《左氏》者本之贾护、刘歆。②

哀帝时的贾护、刘歆乃是研究《左氏春秋》的著名学者。贾护的《左传》传自胡常，胡常传自尹更始，尹更始传自张禹，张禹传自贯长卿，贯长卿传自贯公，贯公传自贾谊，陈钦从学黎阳人贾护，可谓师从名儒。陈钦邃于《春秋》之学，著《陈氏春秋》。其学术主张开放包容，允许各派并存，反对"雷同相从，随声是非"③；主张简易，反对"分文析字，烦言碎辞"④。

---

① 陈钦通过科目荐举，历史上有三种说法：一是"孝廉"说，郝浴修《(康熙)广西通志》卷十二主此说；二是"贤良方正"说，金鉷修《(雍正)广西通志》卷七十、吴九龄《(乾隆)梧州府志》卷十七主此说；三是"茂才"说，吴九龄《(乾隆)梧州府志》卷十八主此说。根据陈钦到京后的经历(下文将再详述)看，唐志敬认为陈钦于西汉成帝建始年间被察举为茂才进京，其说较有信服力，今从之。

② (汉)班固著，(唐)颜师古注：《汉书》卷八十八，北京：中华书局，1962年，第3620页。

③ (汉)班固著，(唐)颜师古注：《汉书》卷三十六，北京：中华书局，1962年，第1970页。

④ (汉)班固著，(唐)颜师古注：《汉书》卷三十六，北京：中华书局，1962年，第1970页。

然而"烦言碎辞"之弊由来已久，甚至"一经说至百余万言"①，经学逐渐形成了解字说句的章句之学，经书真正的"微言大义"反倒被支离破碎的"细说"掩盖。陈钦用《左传》解释《春秋》，删繁就简，独标一格，在当时影响甚大，与刘歆同时而别自名家，更"以左氏授王莽"，被王莽任为厌难将军，但后来被莽逼迫自杀。

陈元，生卒年不详，字长孙，陈钦之子。"少传父业，为之训诂，锐精覃思"②，是与桓谭、杜林、郑兴齐名的古文经学大师。他在京城以授《春秋左氏》之学为业，对提升《左传》在东汉的地位起到了至关重要的作用。当时东汉甫建，光武欲重建博士制度，于是召集有影响的学术人物齐聚京师，史载：

> 及光武中兴，爱好经术，未及下车，而先访儒雅，采求阙文，补缀漏逸。先是四方学士多怀协图书，遁逃林薮。自是莫不抱负坟策，云会京师，范升、陈元、郑兴、杜林、卫宏、刘昆、桓荣之徒，继踵而集。于是立《五经》博士，各以家法教授，《易》有施、孟、梁丘、京氏，《尚书》欧阳、大小夏侯，《诗》齐、鲁、韩，《礼》大小戴，《春秋》严、颜，凡十四博士，太常差次总领焉。③

之后，建武二年(26年)，尚书令韩歆提出设立《费直易》《左氏传》博士。建武四年(28年)正月，光武帝命群臣讨论，令范升、韩歆及太中大夫许淑等相互辩难。范升出于学术话语权和利害关系排斥古文经学，《后汉书·范升传》载范升奏书：

---

① （汉）班固著，（唐）颜师古注：《汉书》卷八十八，北京：中华书局，1962年，第3620页。
② （南朝宋）范晔撰，（唐）李贤等注：《后汉书》卷三十六，北京：中华书局，1965年，第1230页。
③ （南朝宋）范晔撰，（唐）李贤等注：《后汉书》卷七十九，北京：中华书局，1965年，第2545页。

　　臣闻主不稽古，无以承天；臣不述旧，无以奉君。陛下愍学微缺，劳心经艺，情存博闻，故异端竞进。近有司请置《京氏易》博士，群下执事，莫能据正。《京氏》既立，《费氏》怨望，《左氏春秋》复以比类，亦希置立。《京》《费》已行，次复《高氏》，《春秋》之家，又有《驺》《夹》。如令《左氏》《费氏》得置博士，《高氏》《驺》《夹》，《五经》奇异，并复求立，各有所执，乖戾分争。从之则失道，不从则失人，将恐陛下必有猒倦之听。①

范升纵论"《左氏》之失凡十四事"及"《左氏春秋》不可录三十一事"②，提出"稽古"与"述旧"的观点，认为一切取舍均应"疑先帝之所疑，信先帝之所信"③，所以主张遵从先帝政令，不立《左传》博士。

　　针对范升提出的四十五事，陈元予以反驳说：

　　　　臣元窃见博士范升等所议奏《左氏春秋》不可立，乃太史公违戾凡四十五事。案升等所言，前后相违，皆断截小文，媟黩微辞，以年数小差，掇为巨谬，遗脱纤微，指为大尤，抉瑕擿衅，掩其弘美，所谓"小辩破言，小言破道"者也。升等又曰："先帝不以《左氏》为经，故不置博士，后主所宜因袭。"臣愚以为若先帝所行而后主必行者，则盘庚不当迁于殷，周公不当营洛邑，陛下不当都山东也。往者，孝武皇帝好《公羊》，卫太子好《穀梁》，有诏诏太子受《公羊》，不得受《穀梁》。孝宣皇帝在人间时，闻卫太子好《穀梁》，于是独学之。及即位，为石渠论而《穀梁氏》兴，至今与《公羊》并存。此先帝后帝各有所立，

---

　　① （南朝宋）范晔撰，（唐）李贤等注：《后汉书》卷三十六，北京：中华书局，1965年，第1228页。
　　② （南朝宋）范晔撰，（唐）李贤等注：《后汉书》卷三十六，北京：中华书局，1965年，第1229页。
　　③ （南朝宋）范晔撰，（唐）李贤等注：《后汉书》卷三十六，北京：中华书局，1965年，第1228页。

不必其相因也。孔子曰："纯，俭，吾从众；至于拜下，则违之。"夫明者独见，不惑于朱紫，听者独闻，不谬于清浊，故离朱不为巧眩移目，师旷不为新声易耳。方今干戈少弭，戎事略戢，留思圣艺，眷顾儒雅，采孔子下拜之义，卒渊圣独见之旨，分明白黑，建立《左氏》，解释先圣之积结，涤汰学者之累惑，使基业垂于万世，后进无复狐疑，则天下幸甚。①

陈元的意见十分尖锐强烈，他认为，"先帝后帝各有所立，不必相因也"，并且列举了大量的历史事实，说明有为的国君必定因时制宜，决不会墨守成规，如盘庚之迁于殷，周公之营洛邑，汉光武帝自己亦因形势之不同而把国都从长安迁至洛阳。甚至，汉宣帝一反武帝"不得受《穀梁》"之诏，而躬学《穀梁》，于是"《穀梁氏》兴，至今与《公羊》并存"。显然，陈元以学者客观的态度去研读《左传》，其所得出的结论更加符合事实。陈元与范升互相辩难达十余次之多，"更相非折"②，最后陈元辩胜，《左氏》学因此获得光武帝认可。陈元也被任为博士，"帝卒立《左氏》学，太常选博士四人，元为第一"③。

 此次辩论影响深远。作为辩论主角的陈元，不仅在辩论中展示了自己过人的学识，而且显示了他"最明《左传》"④的功力。虽然陈元著述今已亡佚，但从许慎、孔颖达等经学大师对他的称赞中，即可明白他的成绩。而且陈元的成果早已融入其他经学巨著，我们在研读后世经学家的《左传》笺

---

 ① （南朝宋）范晔撰，（唐）李贤等注：《后汉书》卷三十六，北京：中华书局，1965年，第1231~1232页。
 ② （南朝宋）范晔撰，（唐）李贤等注：《后汉书》卷七十九，北京：中华书局，1965年，第2582页。
 ③ （南朝宋）范晔撰，（唐）李贤等注：《后汉书》卷三十六，北京：中华书局，1965年，第1233页。
 ④ （唐）魏徵等：《隋书》卷三十二《经籍志》，北京：中华书局，1973年，第933页。

注时，更不应忘记陈元的贡献。

关于二陈对广西文化的影响，赵岐曾评价说："元传《左氏》，远在苍梧，即钦也。"①他们父子二人为偏远的广西带来了经学，可视为广西经学的创立者，更对后世粤西儒者产生了深远的影响。像士燮就是受其影响的名儒之一，燮所著之《春秋经注》《公羊穀梁注》，袁徽尝赞叹"简练精微"②，足见陈氏影响之邃。李绂曾说："大江以南，经学自陈长孙先生始，《左氏》借其言得立学，南方学者，当百世祀之而不祧者也。先生苍梧人，于梧士尤亲切。属梧州徐守辟书院课士，来请名，因题曰传经，俾梧士知兴起焉。"③谢启昆在《祀汉经师陈君记》中说："粤西自昔称荒服，然汉时陈君父子崛起苍梧，传左氏绝学。南方州郡经学之盛，未有先于粤西者。"④沈秉成也说："陈祭酒父子起苍梧，治《春秋》，请立左氏学，文章烂然，风节清亮，大江以南治经学者，莫之或先。"⑤当代桂学研究大家胡大雷先生更直言说："中义的'桂学'概念，有标志性的即渊源于汉代的陈钦、士燮的经学。"⑥是皆可明陈氏父子之学术成就。

第二节　契嵩的儒佛会通思想

契嵩(1007—1072 年)，俗姓李，字仲灵，别号潜子，赐号明教大师，

---

① （宋）王象之编著，赵一生点校：《舆地纪胜》卷九十四，杭州：浙江古籍出版社，2012 年，第 2307 页。

② （晋）陈寿撰，（南朝宋）裴松之注，（南朝宋）裴松之注：《三国志》卷四十九，北京：中华书局，1982 年，第 1191 页。

③ （清）蒯光焕、李百龄修，罗勷等纂，黄玉柱、王鈵绅续修，王栋续纂：《苍梧县志》卷七李绂《传经书院记》，同治十三年（1874 年）刻本。

④ （清）谢启昆修，胡虔纂，广西师范大学历史系中国历史文献研究室点校：《广西通志》卷一百三十三"建置略八"，南宁：广西人民出版社，1988 年，第 3820 页。

⑤ （清）沈秉成修，苏宗经、羊复礼纂：《广西通志辑要》"沈秉成序"，台北：成文出版社，1967 年，第 4 页。

⑥ 胡大雷、张利群：《桂学综论》，桂林：漓江出版社，2020 年，第 1 页。

广西镡津(今藤县)人。著有《辅教编》《中庸解》《巽说》《嘉祐集》等。

契嵩生活的北宋初期，恢复儒学、重建道德信仰的复古思潮兴起，影响到佛教在中国的生存根基。在此背景下，不少信佛的儒生以儒家名著为中心而立论，借佛教心性义理之说，详细阐释儒学道理。同时，佛教人士也往往因此借用《周易》《中庸》《孝经》等儒家经典，谋求儒学思想与佛教义谛的会通和合，力图阐发出佛家本身的心性论，从而为佛家在中国找到一席之地①。契嵩的《巽说》《中庸解》《辅教论》就是彼时的产物，而《辅教论》更成为其儒佛会通观的代表之作。对于此观点，契嵩主要有以下四点认知。

首先，契嵩认为儒佛"笃于怀亲"的认识是一致的，只不过出发点不相同罢了。《孝经》中说："身体发肤受之父母，不敢毁伤，孝之始也；立身行道，扬名于后世，以显父母，孝之终也。"②这是儒家对于孝的解释。然而佛教主张出家、断发："二三子祝发，方事于吾道，逮其父母命之，以佛子辞而不往"③，这岂不是不孝吗？为了弥合矛盾，契嵩提出了"诚"的概念。在契嵩看来，儒佛对孝的分歧只是表面现象，实质上两家均以"诚"为贵。契嵩说：

> 孝有可见也，有不可见也。不可见者，孝之理也；可见者，孝之行也。理也者，孝之所以出也；行也者，孝之所以形容也。修其形容，而其中不修，则事父母不笃，惠人不诚。修其中，而形容亦修，岂惟事父母而惠人，是亦振天地而感鬼神也。天地与孝同理也，鬼神与孝同灵也。故天地鬼神，不可以不孝求，不可以诈孝欺。佛曰：

①　李冰：《契嵩〈中庸解〉研究》，福建师范大学硕士论文，2014 年，第 6 页。

②　(唐)李隆基注，(宋)邢昺注疏：《孝经注疏》卷第一《开宗明义章第一》，阮元校刻：《十三经注疏》，北京：中华书局，2009 年，第 5526 页。

③　(宋)契嵩著，张宏生释译：《辅教编》卷下《明孝章第一》，高雄：佛光文化事业有限公司，1996 年，第 166 页。

"孝顺至道之法。"儒曰："夫孝，置之而塞乎天地，溥之而横乎四海，施之后世而无朝夕。"故曰："夫孝，天之经也，地之义也，民之行也。"至哉大矣！孝之为道也夫！是故，吾之圣人，欲人为善也，必先诚其性，而然后发诸其行也。孝行者，养亲之谓也。行不以诚，则其养有时而匮也。夫以诚而孝之，其事亲也全，其惠人恤物也均。孝也者，效也；诚也者，成也。成者，成其道也；效者，效其孝也。为孝而无效，非孝也；为诚而无成，非诚也。是故圣人之孝，以诚为贵也。儒不曰乎："君子诚之为贵。"①

契嵩认为儒佛不是你死我活，一方必须打倒另一方的关系，而是相互之间有许多的会通之处，各自发展又相互借鉴，共同为人心的治理、道德水准的提高作出相应贡献。虽然两家的实现途径不一样，但在强调善始善终这方面，二者都是一致的，即都通过"诚"来致孝。从这个意义上来说，孝可充当儒佛会通的基点，所以契嵩著《孝论》，先借孝来阐述他的"儒佛一贯"说。

然而，儒"笃于怀亲"实基于爱，佛"笃于怀亲"却基于戒。儒家主张现实，但佛家主张人的前世、今生和来世在人道、畜生道之间轮回，这就又有了抵牾。所谓：

圣人以精神乘变化，而交为人畜，更古今，混然茫乎。而世俗未始自觉，故其视今牛羊，唯恐其是昔之父母精神之所来也，故戒于杀，不使暴一微物，笃于怀亲也。谕今父母，则必于其道，唯恐其更生而陷神乎异类也。故其追父母于既往，则逮乎七世；为父母虑其未然，则逮乎更生。虽谲然骇世，而在道然也。天下苟以其不杀劝，则好生恶杀之训，犹可以移风易俗也。天下苟以其陷神为父母虑，犹可

---

① （宋）契嵩著，张宏生释译：《辅教编》卷下《原孝章第三》，高雄：佛光文化事业有限公司，1996年，第170~171页。

以广乎孝子慎终追远之心也。况其于变化，而得其实者也。校夫世之谓孝者，局一世而暗玄览，求于人而不求于神。是不为远，而孰为远乎？是不为大，而孰为大乎？经曰："应生孝顺心，爱护一切众生。"斯之谓也。①

也就是说佛家的孝源于恐惧之心，用的是轮回学说，与儒家源出亲爱不同。对此，契嵩又指出戒孝互摄，进而提出了"孝为戒先"的观点。关于"孝为戒先"，契嵩说道：

佛子情可正，而亲不可遗也。子亦闻吾先圣人，其始振也为大戒，即曰孝名为戒，盖以孝而为戒之端也。子与戒而欲亡孝，非戒也。夫孝也者，大戒之所先也。戒也者，众善之所以生也。为善微戒，善何生耶？为戒微孝，戒何自耶？故经曰："使我疾成于无上正真之道者，由孝德也。"②

又说：

天下之有为者，莫盛于生也。吾资父母以生，故先于父母也。天下之明德者，莫善于教也。吾资师以教，故先于师也。天下之妙事者，莫妙于道也。吾资道以用，故先于道也。夫道也者，神用之本也；师也者，教诰之本也；父母也者，形生之本也。是三本者，天下之大本也。白刃可冒也，饮食可无也，此不可忘也。吾之前圣也、后圣也，其成道树教，未始不先此三本者也。大戒曰：孝顺父母师僧，

①　(宋)契嵩著，张宏生释译：《辅教编》卷下《评孝章第四》，高雄：佛光文化事业有限公司，1996年，第173~174页。

②　(宋)契嵩著，张宏生释译：《辅教编》卷下《明孝章第一》，高雄：佛光文化事业有限公司，1996年，第166~167页。

孝顺至道之法。不其然哉！不其然哉！①

这两段论述利用儒佛都接受、重视的"善"与"三本"概念，完美缝合了爱戒各自生孝的分歧。

其次，契嵩提出"五戒""十善"。"曰人乘者，五戒之谓也。一曰不杀，谓当爱生，不可以己辄暴一物，不止不食其肉也。二曰不盗，谓不义不取，不止不攘他物也。三曰不邪淫，谓不乱非其匹偶也。四曰不妄语，谓不以言欺人。五曰不饮酒，谓不以醉乱其修心。"②"戒"和"善"是一个问题的两个方面，都居于爱，所以"五戒"能够配合契嵩所说的"十善"，从而相辅相成。所谓"十善"即：

> 曰天乘者，广于五戒，谓之十善也。一曰不杀、二曰不盗，三曰不邪淫，四曰不妄语。是四者，其义与五戒同也。五曰不绮语，谓不为饰非言。六曰不两舌，谓语人不背面。七曰不恶口，谓不骂，亦曰不道不义。八曰不嫉，谓无所妒忌。九曰不恚，谓不以忿恨宿于心。十曰不痴，谓不昧善恶。然谓兼修其十者，报之所以生天也。修前五者，资之所以为人也。脱天下皆以此各修，假令非生天，而人人足成善人。人皆善而世不治，未之有也。③

再次，儒家的五常仁义又与佛家的"五戒十善"是相通的。契嵩认为儒佛可以共生共存，通过自家教化都能使人向善，因此五常仁义与"五戒十善"二者名虽不同，但实际上却殊途同归：

---

① （宋）契嵩著，张宏生释译：《辅教编》卷下《孝本章第二》，高雄：佛光文化事业有限公司，1996年，第168页。
② （宋）契嵩著，张宏生释译：《辅教编》卷上《原教》，高雄：佛光文化事业有限公司，1996年，第22页。
③ （宋）契嵩著，张宏生释译：《辅教编》卷上《原教》，高雄：佛光文化事业有限公司，1996年，第22~23页。

　　五戒，始一曰不杀，次二曰不盗，次三曰不邪淫，次四曰不妄言，次五曰不饮酒。夫不杀，仁也；不盗，义也；不邪淫，礼也；不饮酒，智也；不妄言，信也。是五者修，则成其人，显其亲，不亦孝乎？是五者，有一不修，则弃其身，辱其亲，不亦不孝乎？夫五戒，有孝之蕴，而世俗不睹，忽之而未始谅也。①

　　以儒校之，则与其所谓五常仁义者，异号而一体耳。夫仁义者，先王一世之治迹也。以迹议之，而未始不异也。以理推之，而未始不同也。迹出于理，而理祖乎迹。迹，末也；理，本也。君子求本而措末可也。《语》曰："视其所以，观其所由，察其所安，人焉廋哉！人焉廋哉！"《孟子》曰："不揣其本，而齐其末，方寸之木，可使高于岑楼。"谓事必揣量其本，而齐等其末而后语之。苟以其一世之迹，而责其三世之谓，何异乎以十步之履，而诘其百步之履，曰：而何其迹之纷纷也，曷不为我之鲜乎？是岂知其所适之远近，所步之多少也！然圣人为教，而恢张异宜。言乎一世也，则当顺其人情，为治其形生之间；言乎三世也，则当正其人神，指缘业乎死生之外。神农志百药虽异，而同于疗病也；后稷标百谷虽殊，而同于膳人也。圣人为教不同，而同于为善也。②

　　最后，契嵩认为佛教是大孝，至广深奥，故在《孝出章第八》中开示：

　　孝出于善，而人皆有善心。不以佛道广之，则为善不大，而为孝小也。佛之为道也，视人之亲，犹己之亲也；卫物之生，犹己之生也。故其为善，则昆虫悉怀；为孝，则鬼神皆劝。资其孝而处世，则

---

　　①　（宋）契嵩著，张宏生释译：《辅教编》卷下《戒孝章第七》，高雄：佛光文化事业有限公司，1996年，第182页。
　　②　（宋）契嵩著，张宏生释译：《辅教编》卷上《原教》，高雄：佛光文化事业有限公司，1996年，第23~24页。

与世和平，而亡怨争也；资其善而出世，则与世大慈而劝其世也。是故君子之务道，不可不辨也；君子之务善，不可无品也。《中庸》曰："苟不至德，至道不凝焉。"如此之谓也。①

虽然儒佛都认为社会存在恶的一面，但在阐述恶的来源以及如何明心见性的修为上，契嵩则主张佛比儒高明，这是他作为佛教徒的身份立场所决定的。《新续高僧传》评价他的儒佛会通观说："闻者惊服，法会复昌。"②已经点破了契嵩的护教事实。不过，契嵩进一步明确了心性本质即万物本质的道理，还以《中庸》所论之"诚"汇通佛教之"诚"，这样的做法也为日后宋明理学的发展启迪了思路。

总之，契嵩开放地吸取儒家的理论来维护自身立场，同时又将佛教的辩证思维融入了儒家的思想体系。宋代儒者都或多或少受到契嵩的影响，而宋代理学的发展亦因此受益，像周濂溪"诚"和张横渠的"天道性命相贯通"思想，都在不同程度上受到了契嵩的启发。正如镡津后学苏时学所说："嵩公负奇志，怀书走京都。声名动天子，赐号居西湖。老证文字禅，慷慨逢欧苏。(嵩公上书万言，赐号，居灵隐。同时欧苏两文忠皆见推重。)"③其声势可见一斑。

第三节　周琦的理学思想

明初程朱理学定于一尊，强化了它作为封建统社会统治思想的地位④，

---

① （宋）契嵩著，张宏生释译：《辅教编》卷下《孝出章第八》，高雄：佛光文化事业有限公司，1996 年，第 171 页。

② 喻谦编著，李云点校：《新续高僧传》卷第三十三"护法篇第五之一"，北京：商务印书馆，2022 年，第 437 页。

③ （清）苏时学著，阳静校注：《宝墨楼诗册校注》卷六《明教禅师契嵩》，广西大学硕士论文，2001 年，第 84 页。

④ 侯外庐、邱汉生、张岂之主编：《宋明理学史（中）》，西安：西北大学出版社，2018 年，第 727 页。

故而明代多有阐述儒学思想的义理之作。柳州人周琦的《东溪日谈录》①就是其中一部，此书是周琦理学思想的集中体现，也是明代广西唯一一部系统阐述理学思想的著作。

周琦，生卒年不详，字廷玺，号东溪，广西马平人。天顺六年(1462年)举人，成化十七年(1481年)进士，官至南京户部员外郎。著有《东溪日谈录》《自斋行要》《史异》等。

周琦之学源自洛阳阎禹锡②，阎禹锡为薛瑄③弟子。周琦曾自道学术渊源说："吾师伊洛阎先生谓薛文清公曰：'先生崛起于数百年之后，心印濂洛，神会洙泗。学以复性为本，言以明性为先。'"④所以《儒林宗派》将陆坚、陆嘉鲤、周琦三人列为阎禹锡弟子，归入薛氏门派⑤。薛瑄的主要思想大致有二：理气相即无缝隙；性具有天地自然的本质⑥。周琦所著《东溪日谈录》的理学观也主要基于二者发生。

《东溪日谈录》成书于弘治年间，计有：性道谈二卷、理气谈一卷、祭祀谈二卷、学术谈一卷、出处谈一卷、物理谈一卷、经传谈三卷、著述谈一卷、史系谈二卷、儒正谈一卷、文词谈一卷、异端谈一卷、辟异谈一卷，共十三类，为日记体著作。这是一部"下学上达""体用兼该"之书，

---

① 此书具体内容可参见《宋明理学在广西的传播及其对少数民族文化的影响》及《广西儒学文献叙录》。

② 阎禹锡(1426—1476年)，字子与，河南洛阳人。薛瑄门人。正统九年(1444年)举人，官至监察御史。著有《自信集》《晦庵要语》等。

③ 薛瑄(1389—1464年)，字德温，号敬轩，谥文清，山西运城河津市人。永乐十九年(1421年)登进士第，《明儒学案》将其学列为《河东学案》。他恪守宋人矩矱，学"以复性为宗，濂、洛为鹄"，是明代前期著名的理学家，被清人誉为"明初理学之冠""明代道学之基"，著有《读书录》。

④ (明)周琦：《东溪日谈录》卷十五"薛河东之学"，《影印文渊阁四库全书》第七一四册，台北：台湾商务印书馆，1986年，第264页。

⑤ 详见(清)万斯同撰，王梓材增注：《儒林宗派》卷十四，民国四明张氏约园刻四明丛书本。

⑥ 参见侯外庐、邱汉生、张岂之主编：《宋明理学史(中)》，西安：西北大学出版社，2018年，第833~842页。

"性道谈"和"理气谈"两类辨析太极、动静、阴阳、五行、理气等概念，是为体；后十一类为形而下的人伦日用，是为用。在用之中，"祭祀谈"论述的是明以前的祭祀典礼，强调祭祀要合乎祭法和道德；"学术谈"论述治学的方法，强调性在心而理在书；"出处谈"主张"君子出处贵两得其道，立朝则当致君，出牧则当泽民，大遇当功铭鼎鼐，小遇当求无愧于心，退居林下亦当以道自守，使生重于乡，死祀于社，则两全矣"①，强调穷则独善其身，达则兼济天下；"物理谈"探讨了日、月、星辰、风雨、雷电等自然现象的产生及其原因；在"经传谈"和"著述谈"里，周琦认为"六经之在天下，如夜行有烛"，并分类阐述了《易》《书》《诗》《春秋》《大学》《论语》《中庸》《孟子》这些儒家经典的重要作用；在"史系谈"中，周琦用历史事例，探究了历朝兴衰更替的原因；"儒正谈"以周敦颐、程颢、程颐、张载、邵雍、杨时、游酢、谢良佐、罗从彦、李侗、胡安国、胡寅、胡宏、朱熹（及其门人）、张栻、吕祖谦、陆九渊、真德秀、魏了翁、许衡、吴澄、刘因、薛瑄等人为正宗一脉，分析了理学大师们的学术特点及其成就，并强调理学的为己之学和实学特性，反对世俗本末倒置，不重心性修养，而唯以科举利禄计；"文词谈"则继承程朱"文以载道"观，强调文章的传道价值，即要求文章"必关世教，发义理"②，主张取法周、张、程、朱，反对老庄韩柳；"异端谈"主张以孔孟之道为正统，批判墨、老、杨朱和佛学；"辟异谈"多叙述怪异之事，并将这些与仁义、天理联系在一起，不免牵强。

周琦在此书的具体论证中将学理、经史诠释与历史经验紧密结合起来，力求将理论与现实政治一一印证。全书虽偏重于"内圣"，但最终目的还是在经世致用的"外王"上。由此可见，周琦在将理学由哲学转化成实践

---

① （明）周琦：《东溪日谈录》卷七"出处谈"，《影印文渊阁四库全书》第七一四册，台北：台湾商务印书馆，1986年，第180页。

② （明）周琦：《东溪日谈录》卷一六"文词谈"，《影印文渊阁四库全书》第七一四册，台北：台湾商务印书馆，1986年，第267页。

的过程中，治心与格物、价值与工具并重。这种体例安排，显然受到真德秀《大学衍义》的影响，周琦曾称赞《大学衍义》说："真景元之学悉见于《衍义》，其衍《大学》之义皆本诸圣贤心术，以示帝王治道。著前代之兴亡，亦后学之龟鉴。其为虑也不止在于当代，而实及于万世。"①可知《大学衍义》对周琦产生了十分深刻的影响。不过，就探讨的深度和系统性来看，《东溪日谈录》较同时代其他理学著作则尚为浅易。概括来说，此书的主体思想可分为三方面：一是对无极太极和理气关系等概念的阐释；二是"复性"说；三是实学。

关于太极，周琦认为太极是"天地万物之本源，至极而无以加之理"②，所谓"太极即理"。他从"太极之理大"与"太极之理小"两个方面解释太极何以为理：

> 太极之理大而天地之一始终一混沌者是一大阖辟，方其动而生阳，以为阴之根者，其气转旋不已，久渐轻浮，包裹于上下之间，以含乎阴浊未凝之气，天于是乎开；其静而生阴，以为阳之根者，其气渐凝于中，查滓坚实，寓于轻清，转旋气内，地于是乎辟，此太极为天地之根也。③

> 太极之理小而一岁一运为一屈一伸者是一小阖辟，其辟而生阳于静极之后，则冬至一阳左行，万物由之而出；其阖而生阴于动极之后，则夏至一阴右行，万物从之而入。④

① （明）周琦：《东溪日谈录》卷十五"儒正谈"，《影印文渊阁四库全书》第七一四册，台北：台湾商务印书馆，1986年，第262~263页。
② （明）周琦：《东溪日谈录》卷一"性道谈上"，《影印文渊阁四库全书》第七一四册，台北：台湾商务印书馆，1986年，第141页。
③ （明）周琦：《东溪日谈录》卷一"性道谈上"，《影印文渊阁四库全书》第七一四册，台北：台湾商务印书馆，1986年，第141页。
④ （明）周琦：《东溪日谈录》卷一"性道谈上"，《影印文渊阁四库全书》第七一四册，台北：台湾商务印书馆，1986年，第141页。

他认为，"太极之理大"，大在开天辟地，太极是天地产生的本源；而"太极之理小"，"小"在万物以及万物的一岁一生都由太极源起，万物化生实由太极产生。扩而充之，太极之理无处不在，无时不有。天地有太极，有此理，万物也含太极，也含此理，太极与万物是"一本"与"万殊"的关系。这种观点明显是对薛瑄"统体一太极，即万殊之一本；各具一太极，即一本之万殊。统体者，即大德之敦化；各具者，即小德之川流"①的嗣承。

关于无极，周琦则提出"盖无极即太极，太极即无极"②之说。他认为周子之"无极而太极"是指"虽无形体实为至理"③，"太极本无极"是指"理虽至极本无形体"④，前者是无形而有理，后者是有理而无形，二者都将太极认作至理。继而他说：

> 吾观夫天地何如其大，万物何如其众，天地万物之生何者而非太极。孔子止曰《易》有太极，周子加无极字以发之，朱子又以无声无臭发无极，言其无形体也，以造化枢纽、品汇根柢发太极，言其为天地万物之根也。然则先天地万物而不见其始，后天地万物而不见其穷，一至理而已，复何形体之有。⑤

周琦认为，天地之大，万物之众，都由太极化成。既然太极是天地万物之根源，那么它在天地万物出现之前就早已存在，在天地万物出现之后也不

---

① （清）黄宗羲著，沈芝盈点校：《明儒学案》卷七"河东学案上"，北京：中华书局，2008年，第114页。
② （明）周琦：《东溪日谈录》卷一"性道谈上"，《影印文渊阁四库全书》第七一四册，台北：台湾商务印书馆，1986年，第143页。
③ （明）周琦：《东溪日谈录》卷一"性道谈上"，《影印文渊阁四库全书》第七一四册，台北：台湾商务印书馆，1986年，第143页。
④ （明）周琦：《东溪日谈录》卷一"性道谈上"，《影印文渊阁四库全书》第七一四册，台北：台湾商务印书馆，1986年，第143页。
⑤ （明）周琦：《东溪日谈录》卷一"性道谈上"，《影印文渊阁四库全书》第七一四册，台北：台湾商务印书馆，1986年，第143页。

会穷尽，实为宇宙间一至理而已，所以关于它的形体之辩也没有任何意义了。

在理气关系上，周琦则提出了"理气一事"说，认为"天地间理气只是一事，浑融而无间杂"①，理气融为一体，不可分割。他反对先儒"论理气多分为二""理在一处，气又别在一处，有彼此有先后"的说法，认为"阴阳之一动一静，理气便在动静内，非二五之气先行，而无极之理后到，非无极之理先动，而二五之气后行"②。他说理是气的未发，气是理的已发，理中包含已动之气，气中包含未动之理，二者合为一体，不分彼此。此论实则沿袭了其师薛瑄的理气说。薛瑄认为："理气密匝匝地，真无毫发之缝隙。"③又认为："理气浑然而无间，若截理气为二则非矣。"④理气一体、理气无缝隙说都是薛瑄理气说的核心，周琦作为薛氏再传，恪守师说，显而易见。

不过，周琦并不是在所有问题上都墨守师说，一些论题也时有自己的发明。如在道器论上，薛瑄认为"器即寓乎道之中，道不离乎气之外。故曰道亦器也，器亦道也"⑤，将道器视为一体，道就是器，器就是道。但周琦并不赞同，认为："太极动静固生阴阳，阴阳即太极，然太极终究是形而上者之道，乃阴阳本然之体也；阴阳终是形而下者之器，乃太极动静之机也。太极主理，阴阳未动静之时；阴阳主气，太极已动静之时，当别理

---

①　(明)周琦：《东溪日谈录》卷一"性道谈上"，《影印文渊阁四库全书》第七一四册，台北：台湾商务印书馆，1986年，第145页。

②　(明)周琦：《东溪日谈录》卷一"性道谈上"，《影印文渊阁四库全书》第七一四册，台北：台湾商务印书馆，1986年，第145页。

③　(明)薛瑄著：《读书录》卷八，《影印文渊阁四库全书》第七一一册，台北：台湾商务印书馆，1986年，第671页。

④　(明)薛瑄著：《读书续录》卷一，《影印文渊阁四库全书》第七一一册，台北：台湾商务印书馆，1986年，第703页。

⑤　(明)薛瑄著：《读书录》卷八，《影印文渊阁四库全书》第七一一册，台北：台湾商务印书馆，1986年，第545页。

气轻重而言之耳。"①太极动静生阴阳，阴阳是太极已动的状态和结果，但离开太极，阴阳不可能存在，所以太极为形而上之道，为阴阳本然之体，阴阳则是形而下之道，为太极动静的征兆。于此可见周琦的个人思考。

周琦的复性说来源于薛瑄，主张"识得性善，求以复之"，他说："为学第一要识得性善，求以复之，便有著实功夫。"②此说包含两个要点：其一性善，其二复性。"性善"即性源自无极之真，无处不善，"人物之生，形属气，性属理。气属二五之精，理属无极之真"③。"复性"即复善性，"复"为回复之意，需转变不善的气质之性，重回本体之性。周琦强调"复性"是一个过程，其用功之法在"敬"，"性者小学之本源，敬者心学之功夫。天下之道孰能外性，外性则非吾之所谓道；天下之学孰能外敬，外敬则非吾之所谓学"④。"敬"则心存，"不敬则心不存……严之以敬，则邪僻不生；邪僻不生，则仁实仁、义实义、礼实礼、智实智，而吾之性不坏矣"⑤。"敬"又分内外两种途径。于内，它是一种自我约束和人性的自觉，"终日对越在天，所谓天者理而已。理无时而不在，故君子无时而不敬。终日对越在天，只是不丧其敬而已耳"⑥，可以通过"静"而获得，静坐中凝聚精神，去欲存养。同时，他认为"古人为学，惟安静笃实，所以承载得许多道理，今人于安静者，不谓之无用，便谓之迂疏，志不坚者未有不

① （明）周琦：《东溪日谈录》卷一"性道谈上"，《影印文渊阁四库全书》第七一四册，台北：台湾商务印书馆，1986年，第147页。
② （明）周琦：《东溪日谈录》卷六"学术谈"，《影印文渊阁四库全书》第七一四册，台北：台湾商务印书馆，1986年，第173页。
③ （明）周琦：《东溪日谈录》卷一"性道谈上"，《影印文渊阁四库全书》第七一四册，台北：台湾商务印书馆，1986年，第145页。
④ （明）周琦：《东溪日谈录》卷六"学术谈"，《影印文渊阁四库全书》第七一四册，台北：台湾商务印书馆，1986年，第174页。
⑤ （明）周琦：《东溪日谈录》卷六"学术谈"，《影印文渊阁四库全书》第七一四册，台北：台湾商务印书馆，1986年，第174页。
⑥ （明）周琦：《东溪日谈录》卷二"性道谈下"，《影印文渊阁四库全书》第七一四册，台北：台湾商务印书馆，1986年，第151页。

为之动摇矣。夫安静者，凝道之器也"①。将"静"作为体认天理、性道的重要修养方法，是"凝道之器"。于外，它外化为礼节仪表，"其学得之于心，然后应之于身。故晬于面、盎于背，头容直、手容恭、足容重也"②，一切洒扫应对人伦日常等都是，并由此洒扫应对进退之节延伸到实学主张。

实学为薛瑄理学的一大特色，它由复性的内在逻辑推演而来。薛瑄的复性论强调下学上达，重点是下学，即包括言行酬酢等生活俗事在内的外在日用功夫③。这自然也成为周琦理学思想的一大特色。周琦认为"实学"首先应该是为己之学，即内修之学，"体认性理，求之于心，践之于己"④，"体认天地万物之性是致知，紧要处何止在书，书只明此天地万物之性与圣贤复性之切。至于体认性善与工夫处，却又在人而不在书"⑤，"圣贤之学求于内，不求于外；求于本，不求于末"⑥。可以看出，"求实"也是"复性"的过程。如上文所述，在周琦看来，"复性"即是"著实功夫"，而"著实"的途径在于"敬"，"严之以敬，则邪僻不生，邪僻不生，则仁实仁、义实义、礼实礼、智实智，而吾之性不坏矣"⑦，这样"实学"就和"复性"联系在了一起。这样的逻辑与薛瑄如出一辙。至于实学生发的外在环境则无非功利之学和佛老学说。周琦反对科举、辞章等世俗之学，认为文字、科目、言语都是某些人猎

① （明）周琦：《东溪日谈录》卷六"学术谈"，《影印文渊阁四库全书》第七一四册，台北：台湾商务印书馆，1986年，第171页。
② （明）周琦：《东溪日谈录》卷六"学术谈"，《影印文渊阁四库全书》第七一四册，台北：台湾商务印书馆，1986年，第174页。
③ 侯外庐、邱汉生、张岂之主编：《宋明理学史（中）》，西安：西北大学出版社，2018年，第727页。
④ （明）周琦：《东溪日谈录》卷六"学术谈"，《影印文渊阁四库全书》第七一四册，台北：台湾商务印书馆，1986年，第170页。
⑤ （明）周琦：《东溪日谈录》卷六"学术谈"，《影印文渊阁四库全书》第七一四册，台北：台湾商务印书馆，1986年，第170页。
⑥ （明）周琦：《东溪日谈录》卷六"学术谈"，《影印文渊阁四库全书》第七一四册，台北：台湾商务印书馆，1986年，第170页。
⑦ （明）周琦：《东溪日谈录》卷六"学术谈"，《影印文渊阁四库全书》第七一四册，台北：台湾商务印书馆，1986年，第174页。

取功名的手段，不过是"务虚名，要虚功"①的末学；反对佛老的"空""虚"主张，认为实学应该是经世致用之学，如此则上可以"正道以辅其主"，下可以"实惠以及于民""立实功于世"。不过，周琦经世致用说的本质是贤人政治的翻本，这种忽略行政能力和技术的唯道德论选拔标准，显然不符合历史发展潮流。

《东溪日谈录》被《四库全书总目》《邵亭知见传本书目》等书著录，影响较大。

四库馆臣评论周琦说："一本濂洛之说，不失醇正。盖河东之学虽或失之拘谨，而笃实近理，故数传之后，尚能笃守师说，不至放言无忌也。"②《(嘉庆)广西通志》也评价说："学于河南阎禹锡，其所传有自来矣。"③是皆可明周琦的学术源流与崇尚。

第四节　蒋冕的理学思想

蒋冕(1462—1532 年)，字敬之、敬所，号湘皋，广西桂林人。曾祖蒋贯，官刑部员外郎。父亲蒋良曾任云南河西(今通海县)知县、广东都指挥使司副断事。蒋冕先妻陈舜英，陈章之女，陈南宾④后人。继妻陈氏，陈金⑤之长女。蒋冕十五岁时获乡试第一名(解元)，二十五岁时与其兄蒋界同榜登进士，入翰林院，选庶吉士，任编修。历官翰林院编修、吏部侍郎、礼部尚

---

① (明)周琦：《东溪日谈录》卷六"学术谈"，《影印文渊阁四库全书》第七一四册，台北：台湾商务印书馆，1986 年，第 170 页。

② (清)永瑢等：《四库全书总目》卷九十三"东溪日谈录十八卷"，北京：中华书局，1965 年，第 791~792 页。

③ (清)谢启昆修，胡虔纂，广西师范大学历史系中国历史文献研究室点校：《广西通志》卷二百六十一"列传六"，南宁：广西人民出版社，1988 年，第 6554 页。

④ 陈南宾，名光裕，湖南株洲茶陵县人。元末至正八年(1348 年)进士，曾为全州学正，遂定居全州。洪武十八年(1385 年)为国子助教，曾为朱元璋讲学，被朱元璋称为"此天下善讲书者也"，并将其姓名写殿柱上以褒之。

⑤ 陈金(1446—1529 年)，字汝砺，号西轩，湖北武汉武昌人。曾两任两广总督。

书、户部尚书、太子太傅、大学士。有《湘皋集》存世。

蒋冕的理学思想受吴伯璋和邱濬的影响较大。初，蒋冕在全州州学时，受到了全州教谕吴伯璋①的青睐。后来蒋冕到京师，又从学于父亲挚友邱濬，濬在《琼台先生诗话序》②和《送蒋生归省诗序》③中曾备述二人交往始末。蒋冕称邱濬"道德文章为天下宗师"④，"尝图先生小影置书馆中，朝夕瞻仰，以伸效颦之意"⑤，由此可知邱濬对蒋冕的影响十分巨大。在吴、邱二人的亲炙下，蒋冕开始钻研理学。由于蒋冕没有理学论述的专著，其思想散见于文章中，故本节提纲挈领，简要叙述他的几个核心思想，如心分体用、天理即礼、主静涵养、华夷之辨⑥。

关于心分体用。"心"是理学的一个核心范畴，程颢为心学先驱⑦，自此之后理学家尤其是陆王一派多有论及。蒋冕也阐述了他对"心"的看法，在《请讲学题本》中说："心体本静，而用则动，不系于此，必系于彼。声色货利，一或有动于中，妨政害事，其患将有不可胜言者。"⑧他认为心有体用之分，其体为静，其用为动，两者非静即动，这承继了朱熹的"心兼体用"说。朱子曾说："心有体用。未发之前是心之体，已发

① 详见(清)汪森编，黄盛陆等校点：《粤西文载校点(五)》卷六四"名宦小传"，南宁：广西人民出版社，1990年，第33页。
② 详见(明)邱濬：《琼台诗话》"序"，《四库全书存目丛书》集部第四一六册，济南：齐鲁书社，1997年，第544页。
③ 详见(明)邱濬：《重编琼台稿》卷十五《送蒋生归省诗序》，《影印文渊阁四库全书》第一二四八册，台北：台湾商务印书馆，1986年，第298页。
④ (明)蒋冕著，唐振真等点校：《湘皋集》卷二十《上琼台老先生第一书》，南宁：广西人民出版社，2001年，第212页。
⑤ (明)邱濬：《琼台诗话》"琼台先生小影赞"，《四库全书存目丛书》集部第四一六册，济南：齐鲁书社，1997年，第546页。
⑥ 参见孙先英：《宋明理学在广西的传播及其对少数民族文化的影响》，北京：中国社会科学出版社，2015年。
⑦ 冯友兰：《中国哲学史(下)》，北京：生活·读书·新知三联书店，2009年，第345页。
⑧ (明)蒋冕著，唐振真等点校：《湘皋集》卷十《请讲学题本》，南宁：广西人民出版社，2001年，第93页。

之际是心之用，如何指定说得！"①"未发""已发"即蒋冕所说的"静""动"。朱子又说："以'心之德'而专言之，则未发是体，已发是用；以'爱之理'而偏言之，则仁是体，恻隐是用。"②由此蒋冕提出养心说，主要针对君主而言，他指出为君者要涵养本心，也就是仁心，并进一步提出养心致治。在养心存善的方法论上，蒋冕提出读书穷理，"致力于本原"③，《请御经筵题本》一文中他解释说：

> 窃惟人君学与不学，系天下治忽。自古帝王欲成天下之治，未有不由于学者。然帝王之学，与书生异。惟在讲明义理，以辨忠邪；考究古今，以知治乱；心无不正，德无不修；一日万机，躬亲裁决，则太平功业自此可致矣。故我累朝列圣嗣位之初，必开经筵，又举日讲，百余年来继继承承，遵行不息。钦惟皇上昔在潜藩，日勤讲学尧、舜、孔子之道，固以得其大纲。今山陵未毕，圣学方殷……圣学由是而日新，圣治由是而日隆，实宗社万万年无疆之庆也。④

所谓"义理"即辨别忠奸、考察治乱得失，这就是帝王之学；其辨识"忠奸"、考察"治乱"的根据也就是儒家圣人先贤、尧舜孔子之道。蒋冕认为学习的前提是先知读书方法，知其法后再熟读各种经书，接着深入钻研其中大义。只有在穷尽书中大义后，才能积累事功。这其实就是朱熹所言的格物致知。当然，此观点也与邱濬一脉相承，邱濬所谓"四书五经，以及

---

① （宋）黎靖德编，王星贤点校：《朱子语类》卷五"性理二"，北京：中华书局，1986年，第90页。
② （宋）黎靖德编，王星贤点校：《朱子语类》卷二〇"论语二"，北京：中华书局，1986年，第466页。
③ （明）蒋冕著，唐振真等点校：《湘皋集》卷七《恳乞退休奏》，南宁：广西人民出版社，2001年，第68页。
④ （明）蒋冕著，唐振真等点校：《湘皋集》卷八《请御经筵题本》，南宁：广西人民出版社，2001年，第71页。

近世诸儒之书，穷理之具也……既穷理矣，由是而治心，由是而治身，以之正伦理，成治功"①即此意。

关于天理即礼。蒋冕在奏章中曾多次论"礼"，《再封还御批题奏》中他说"天地之常经，古今之通义，所谓礼也"②，但这"礼"是由圣人秉裁公道、根据人情所制定的，"圣人制礼虽原人情，而必裁以至公之道。情欲为而礼不可为，圣人不敢徇情而违礼。礼之所在，天下万世之公议在焉"③。礼是评价衡量万物最为客观公正的标准。这一思想也与邱濬一脉相承。邱濬在《学的》序中说："孔门教人，以仁为先，求仁之要，由礼而入，言礼则敬在其中矣。"④可知 "礼"是学孔入圣的关隘，由"礼"可至"仁"，进而可得圣学之要。"敬"是涵养方法，涵养目的则在于穷究"天理"，"言礼则敬在其中"，意即"礼"含"敬"，而持敬就能穷理，所以礼含理，天理即礼。蒋冕将此种思想发扬应用到朝堂之上，极力强调"礼"的不可违背性和绝对性，这在明世宗"大礼议"事件上表现得尤为典型⑤。蒋冕冒死强调"礼"的绝对性，并将理论与实际政治相结合，达到了体用合一之效，非空谈理学者所能为。

关于主静涵养。理学家们认为，要达到天人合一这一终极理想境界，就要体认和存养心性，而主静是实现这一境界的重要方法。蒋冕在《湘皋集》诸篇目中也阐述了他对主静涵养的看法，比如：

---

① （明）丘濬：《学的》，《四库全书存目丛书》子部第六册，济南：齐鲁书社，1995 年，第 606~607 页。

② （明）蒋冕著，唐振真等点校：《湘皋集》卷七《再封还御批题奏》，南宁：广西人民出版社，2001 年，第 70 页。

③ （明）蒋冕著，唐振真等点校：《湘皋集》卷七《再封还御批题奏》，南宁：广西人民出版社，2001 年，第 70 页。

④ （明）丘濬：《学的》，《四库全书存目丛书》子部第六册，济南：齐鲁书社，1995 年，第 607 页。

⑤ 详见(清)张廷玉等：《明史》卷一百九十列传第七十八，北京：中华书局，1974 年。

天地间固有或然之数也，而实有必然之理也。数虽存夫天，而理则在夫人。君子尽其理之在人者，而不诿诸数之在天者，则虽天地之大，气数亦将以吾之人事斡而回焉。此君子所以异于众人也。①

士不借夫涵育长养之功，不可以出为世用，古今未有能易之者。②

可以看出蒋冕认为涵养致士，主张事在人（能涵养之士）为。但如何涵养这个问题，蒋冕思考良久，方才得知主静这一方法，此方法亦受邱濬影响：

学既有日，先生（邱濬）因呼冕而告之曰："小子，知夫圣贤之学乎？所谓圣贤之学，无他焉，心而已矣。其所以求心之要亦无他焉，曰静而已矣。静以学焉，学以求诸心而无所放焉，学之道得矣。今夫静者，非处夫穷山深谷者也，非杜绝人事而不与之交接者也。使必处穷山深谷、杜绝人事而后学焉，则通都大道之中无一日可学也，无一人能学也，则学终不可为哉。是故，学不在外而在内，静不以境而以心。心在乎内，则虽日处尘寰可也，虽日接人事可也。由是于凡《易》《书》《诗》《春秋》《礼》《乐》之经，左氏、公、穀、孔、郑诸子之传，濂、洛、关、建诸儒之书，迁、固而降以及胜国之史，董、贾、韩、柳、苏而降以及夫当代名人才士之文，皆于是乎含其英而咀其华，大肆其力焉。凡夫所谓身心体认之实者，使皆有以得之，如此则圣贤之学在是矣。小子勉之！"冕退而识之，而向者之思皆涣然冰释矣。因谓先生之言，皆冕之药也。③

---

① （明）蒋冕著，唐振真等点校：《湘皋集》卷十四《送夏廷重分教玉林序》，南宁：广西人民出版社，2001年，第133页。
② （明）蒋冕著，唐振真等点校：《湘皋集》卷十四《送王信夫司教义宁序》，南宁：广西人民出版社，2001年，第133页。
③ （明）蒋冕著，唐振真等点校：《湘皋集》卷十八《静学斋记》，南宁：广西人民出版社，2001年，第189页。

邱濬认为圣人之学在于明心性，而心性修养的功夫则以静为主。只有心平气和，心无杂念，才能不受外界困扰，所以不论身处穷山深谷还是尘寰闹市，做到潜心致静就能契合天理。而主敬的具体途径不外乎读书，学圣贤之学，才能得到圣人之心。蒋冕对此十分推崇，将之视为"药"，不仅自己在日后的言行中严格遵守，也时常奉劝他人遵守。如在《送陈仲信丞淮阴驿序》中劝导陈仲信说："惇道秉义以求，不辱乎其先，固素志也。今也可不尤加之意耶！"①他劝仲信身居高位尤其要尊道重义，言语里都透露出敬畏的意思来。而陈仲信领略其意所指，马上"肃然改容，歌蒸民'小心翼翼，夙夜匪懈'之诗"②，宾主持敬，悟道甚欢。

关于华夷之辨。华夷之辨又称夷夏之辨，根源于《春秋》《尚书》等上古经典，伴随了中国古代历史的演进，历代大儒都发表过见解，蒋冕也毫不例外地曾谈论对此议题的看法，如：

> 今之所志于兵防夷情，尤致力焉。盖禹贡文教之揆，武卫之奋，周职方氏辨其邦国都鄙之人民虽四夷八蛮亦莫不然。所以别内外之限，严华夷之防，其为吾广生民虑也周且远矣。③

蒋冕认为文治武功以及周代职方氏辨别邦畿边鄙的做法，无非都是为了备战，这些都是用来分别内外、严防华夷的。蒋氏站在修方志须要加意文事武备的立场上，明确提出华夷有别，需要严防。在《桂林武学记》中他又详细论曰：

---

① （明）蒋冕著，唐振真等点校：《湘皋集》卷十六《送陈仲信丞淮阴驿序》，南宁：广西人民出版社，2001年，第169页。
② （明）蒋冕著，唐振真等点校：《湘皋集》卷十六《送陈仲信丞淮阴驿序》，南宁：广西人民出版社，2001年，第169页。
③ （明）蒋冕著，唐振真等点校：《湘皋集》卷十四《广西通志序》，南宁：广西人民出版社，2001年，第144页。

广西夷患非一朝一夕之故，是固不可一日而弛备也。况事有大于此者。唐之末造屯戍思乱，庞勋以匹夫乘之，倡戈横行，虽凶渠寻皆歼夷，然兵连不解，唐遂以亡。是唐虽亡于黄巢，而祸实基于桂林。此有识君子所以有"患常生于无备"之叹也。然则储将练兵严为之备，岂独可以消弭夷患而已哉？说者谓夷獠之在广西，譬诸虮虱丛生于丐者破衣败絮之中，扪之而日益多，有不可胜扪者。此诚未知先事备预之义。使诚知而备之，彼区区夷獠，视之真如虮虱在人指掌中行，殄灭之无遗育，曾何足齿而顾为是说哉？①

与严防华夷之说同一论调，蒋冕认为广西夷獠事关国家大计，并历数前代广西之乱扩展到国家的危害，提出建立武学以备战的主张，如此方能殄灭夷獠，天下太平。联系上文，可知蒋冕的华夷之辨有着强烈的现实需要，即明代广西处于战乱区域，民族间的争战频繁，如此才催生了他的这种思想。总的来看，他的华夷主张并没有太多的理论建构，而是着眼于实际应用，与他的体用思维和天理即礼的遂行密不可分，这在一定程度也体现了明代广西学术的实践性②。

蒋冕作为四朝元老，官至内阁首辅，政治影响力很大，《明史》赞曰"持正不挠，有匡弼功"③，四库馆臣称赞其"丰裁岳岳，在当时不愧名臣"④。冕兄昇，字诚之，号梅轩。与蒋冕同科进士。官至南京户部尚书。湛若水评价二人说："全州有二蒋者，同气而出，同榜而宾兴，同时而为

---

① （明）蒋冕著，唐振真等点校：《湘皋集》卷二十《桂林武学记》，南宁：广西人民出版社，2001年，第209页。

② 参见本书第三章第一节之"发展于明"。

③ （清）张廷玉等：《明史》卷一百九十列传第七十八，北京：中华书局，1974年，第5045页。

④ （清）永瑢等：《四库全书总目》卷一百七十五集部二十八"别集类存目二"《湘皋子》，北京：中华书局，1965年，第1564页。

公孤。其德性同温克，器识同深沉，其学同博雅。"①足见蒋氏风采。

第五节　张翀儒道兼融的杂家思想

张翀（？—1579 年），字子仪，号鹤楼，柳州人。明代"柳州八贤"之一。嘉靖三十二年（1553 年）进士。曾以劾严嵩父子党羽，谪戍贵州都匀。卒后被追赠为兵部尚书，赐谥"忠简"。著有《浑然子》《鹤楼集》《锦囊记》等。

张翀经历曲折，思想复杂，其繁复的哲学理念集中体现在《浑然子》②一书中。

此书作于张翀谴黜都匀之时，有《神游论》《田说》《樵问》《将》《明心》《士贵》《体用论》《兴废》《祸福》《忠孝》《变化》《穷理》《求知》《弭盗》《用材》《强弱》《臣道》《高洁》十八篇，如其名所示，它是一部主客问答体的杂家类理学论著。四库馆臣认为它"旁引曲证，以推明事物之理，大抵规仿刘基《郁离子》也"③，周中孚也认为"仿刘伯温《郁离子》体"④，可见它与刘基的《郁离子》颇有渊源。刘基的《郁离子》主要有两个特点：文体形式上来说，是标准的寓言式作品；思想内容上来说，则叙"不得志"⑤，多负面感受。以此来审视《浑然子》这本书，二者可谓如出一辙。

《浑然子》最大的特色就是将不得志的思想体会融入寓言，形成了四库

---

① （明）湛若水：《湛甘泉集》卷十七《送南京户部尚书蒋先生致仕归全州序》，康熙二十年（1681 年）黄楷刻本，第 64 页。

② 此书的版本系统详见孙先英、周欣：《广西儒学文献叙录·第二篇》，上海：上海古籍出版社，2022 年，第 210~211 页。

③ （清）永瑢等：《四库全书总目》卷一百二十五子部三十五"杂家类存目二"《浑然子》，北京：中华书局，1965 年，第 1074 页。

④ （清）周中孚：《郑堂读书记》卷五十三子部十之二"杂家类二"，上海：上海书店出版社，2009 年，第 868 页。

⑤ （清）永瑢等：《四库全书总目》卷一百二十四子部三十四"杂家类存目一"《郁离子》，北京：中华书局，1965 年，第 1067 页。

馆臣所说的"理"。这个"理"不仅包括了"忠孝敬信""性命""礼义"等"吾儒性命之学"①，即传统理学学说，还包括了空观、齐物论、无为、反知等老庄学说。兹以《穷理》篇为例说明张氏的理学思想：

> 南中之夷多蓄蛊。蛊有三，曰蛇，曰鼠，曰鸩。鸩似鹞，目圆而腹大，夷人恒蓄于梁之上。昔有中土七人旅于南中，道遇雨，路傍有茅屋数椽，趋往避之。适夷人俱出田，七人者入其门，见梁之上有野鸟，不知其为鸩也，遂射杀而食之，俱立毙于庭。杨生曰："不格物而害其生，天下宁有如七人者乎？"浑然子曰："嘻，殆有甚焉者。"是故鸩亦多矣，有学术之鸩，有功利之鸩，有权谋之鸩，有刑名之鸩，有兵法之鸩。不格乎学术之鸩而杀其身者，非李斯乎？不格乎功利之鸩而杀其身者，非卫鞅乎？不格乎权谋之鸩而杀其身者，非苏秦乎？不格乎刑名之鸩而杀其身者，非韩非乎？不格乎兵法之鸩而杀其身者，非孙膑、庞涓乎？之数子者，岂其智有所不能而明有所不察哉？盖有见于术之兴而未见其术之可以亡也。是故圣人之道如菽粟然，啖之无味而食之无害；异端之道如野鸟然，啖之有味而食之有害。呜呼，非穷理之至者，曷足以知之也。②

《穷理》篇将《大学》的格物致知思想以寓言的方式形象呈现出来。文章开篇说有七人客行南中，射杀野鸟充饥，但不知所食之鸟为鸩（传说中的毒鸟），皆暴毙而亡，遂由此故事展开格致之论。张翀发挥朱子"穷至事物之理"的思想，将"理"具化为鸩，层层论述不同鸩（理）的无知之害，以反面人物举例配合，详细说明格物致知的重要性，颇具新意。值得注意的是，

---

① （明）张翀著，王尧礼、丘祥彬点校：《鹤楼集·序》，贵阳：孔学堂书局，2018年，第1页。

② （明）张翀著，王尧礼、丘祥彬点校：《鹤楼集》卷一《穷理》，贵阳：孔学堂书局，2018年，第16~17页。

张氏在这里用了具有负面含义的词汇鸠来解释理，与理学思想强调的中正和平相比，此论可谓奇异，从另一个侧面来说，这也是其模仿《郁离子》的具体表现。但是此篇的中心思想依旧是儒家的，所以最后张氏又以攻击异端和"穷理之至"结束，遵从的还是韩愈、朱熹等名儒的道统思想体系。

再以《求知》篇为例说明张氏的老庄思想：

> 浑然子曰："圣人求知于天，贤人求知于君子，下士求知于庸人。求知于天者，藏其知于无所知，万世之知也；求知于君子者，用其知于有所知，天下之知也；求知于庸人者，役其知于不必知，一人之知也。是故乐则行之，忧则违之，善世而不伐，德溥而化。求知于天者也，一家非之而不顾，一国非之而不顾；求知于君子也，同乎流俗，合乎污世。"①

张翀把人分为圣人、贤人和下士三种，明显受庄子"至人神人圣人"和老子"上士下士"思想的影响。基于此，他把儒家看重的君子只排在了第二位，次于圣人而存在；且君子代表的是流俗，与圣人所代表的天不在一个境界，高下立分。显而易见，这种明确区分概念以暗含褒贬的做法，以及受于天的求知思想，都得自道家。

值得注意的是，《浑然子》中的一些篇目并不能明确区分儒道，也就是说并不纯粹只由儒或只由道塑造而成，更像是二者交互渗透而成。例如《神游论》中，"浑然子独坐于龙山之石室，七日不言不动，不视不听，兀然槁人焉"，七日之后，"浑然子始调息而引足，其气勃勃然，其容益益然"。② 乍一看，这与庄子《齐物论》的南郭子綦相似："南郭子綦隐机而

---

① （明）张翀著，王尧礼、丘祥彬点校：《鹤楼集》卷一《求知》，贵阳：孔学堂书局，2018年，第17页。

② （明）张翀著，王尧礼、丘祥彬点校：《鹤楼集》卷一《神游》，贵阳：孔学堂书局，2018年，第9页。

坐，仰天而嘘，苔焉似丧其耦。颜成子游立侍乎前，曰：'何居乎？形固
可使如槁木，而心固可使如死灰乎？今之隐机者，非昔之隐机者也。'"①
但是细审之下，里面又出现了心学"静坐息虑"②和传统儒家"视听言动"的
影响。只不过孔子强调的是"四勿"（非礼勿视，非礼勿听，非礼勿言，非
礼勿动），而张氏则引入了道家"极"的概念，从"四勿"引出"四极"：

> 浑然子曰："余将游于天之外、地之外，极言、极动、极视、极
> 听。"黄生曰："先生足不出席而谓游于天之外、地之外，兀然槁人而
> 谓极言、极动、极视、极听，先生妄哉。"浑然子曰："若亦知所谓天
> 地乎哉？今夫轻清上浮穹窿而苍苍者非天也，重浊下凝块然而无际者
> 非地也。高而未始高，明而未始明，厚而未始厚，博而未始博，是天
> 地也。是天地也者，吾衷也，是故光照不必乎日月，润泽不必乎雨
> 露，变化不必乎风云，流峙不必乎河岳，积注不必乎河海，代谢不必
> 乎四时，飞动生杀不必乎鸟兽草木。吾惟不动，是以极天下之动；吾
> 惟不言，是以极天下之言；吾惟不视，是以极天下之视；吾惟不听，
> 是以极天下之听。"③

在讨论我与非我、现象与本质等关系的基础上，张氏直指事物内在特质，
提出了矛盾对立转化的"四极"说。这种"惟不……是以极……"的状态，既
是自由的，也是仁义的。所以，《神游论》的笔法和思想看似都受自庄子

---

① （战国）庄子著，郭庆藩撰，王孝鱼点校：《庄子集释》，北京：中华书局，
2012 年，第 43 页。
② 关于静坐息虑，王阳明曾说："吾昔居滁时，见诸生多务知解，口耳异同，无
益于得，姑教之静坐时窥见光景，颇收近效。"又说："教人为学，不可执一偏。初学时
心猿意马拴缚不定，其所思虑多是人欲一边，故且教之静坐息虑。"又说："日间工夫，
觉纷扰则静坐。"可参见《传习录》和《宋明理学史（中）》两书。
③ （明）张翀著，王尧礼、丘祥彬点校：《鹤楼集》卷一《神游》，贵阳：孔学堂书
局，2018 年，第 9 页。

《齐物论》，但儒学的影响又在字里行间时时出现。

其他如讨论政府管理问题的《田说》《明心》，若"夫马急则踣，车急则覆，弦急则绝，水急则败防，鸟兽急则搏人"①，"是故三代圣人之治民也，纾而不迫，为而不强，渐磨以仁义而不责之旦夕，维持以刑罚而不督之苛刻，天下不自知其入于治矣"②，"譬诸操不舵之舟以之航海，鲜不覆矣"③等语，显然也受老子"治大国，若烹小鲜。以道莅天下，其鬼不神；非其鬼不神，其神不伤人；非其神不伤人，圣人亦不伤人。夫两不相伤，故德交归焉"④、孔子"不教而杀谓之虐，不戒视成谓之暴，慢令致期谓之贼"⑤、荀子"君者，舟也；庶人者，水也。水则载舟，水则覆舟"⑥等儒道思想的综合影响。

或者《高洁》一文：

> 林先生居于陋巷之中，结茅为庐，挂席为户，四壁萧然，陶陶如焉。东野里人饮于社，醉而走火，延其庐，先生从容而出，若未尝知也。里人怜之，复修其庐，相与出粟帛器物以馈先生。先生愀然不乐，曰："甚哉火之为害，将尽吾之本有者而丧之乎。"里人诘之曰："先生失财产乎？"曰："未也。""失衣物器用乎？"曰："未也。""然则何为而丧其有也？"曰："吾之所本有者，以未尝有一物

①　（明）张翀著，王尧礼、丘祥彬点校：《鹤楼集》卷一《田说》，贵阳：孔学堂书局，2018年，第10页。

②　（明）张翀著，王尧礼、丘祥彬点校：《鹤楼集》卷一《田说》，贵阳：孔学堂书局，2018年，第10页。

③　（明）张翀著，王尧礼、丘祥彬点校：《鹤楼集》卷一《明心》，贵阳：孔学堂书局，2018年，第12页。

④　（春秋）老聃撰，陈鼓应注译及评介：《老子注译及评介》，北京：中华书局，2009年，第286页。

⑤　（魏）何晏注，（宋）邢昺疏：《论语注疏·尧曰第二十》，阮元校刻：《十三经注疏》，北京：中华书局，2009年，第5509页。

⑥　（战国）荀子著，王先谦集解：《荀子集解》卷十三《礼论篇》，北京：中华书局，1988年，第46页。

也。今以诸物至，是有物矣。有一物，是丧吾之本有也，余安得而不悲也？于是徙于深山之中，就岩石而栖，种苜蓿而食，终其身不求于世焉。"①

表面看来文中呈现出的虚无理念是对庄子《逍遥游》《养生主》思想的延续，但其中的"陶陶如"与"愀然不乐"的心理变化皆因外物而引起，无则乐，有则不乐，所谓"吾之所本有者，以未尝有一物也"，又何尝不是心学"心外无物"的体现？因为张翀曾从学于瞿景淳和徐阶，瞿景淳崇奉心学，他在《重刻五经序》中就认为"孔子作经以训万世，而犹欲穷经者，求诸心。此颜氏博约之意，曾氏一贯之旨，心学之正传也"②，这样说来，《高洁》篇流露出心学思想也就不足为奇了。

由以上分析可知，张翀在都匀的思想主要受儒道两家影响，强烈的精神自由和自觉的理性追求是其思想的核心本质。无论是君臣之道、治国理政，还是神游相忘的主张，乃至为将作战之术，都体现了他思想的复杂。

张翀在都匀大兴书院，培育士子，"匀士构读书堂"③，"诸生群造其门，执经求从"④，为都匀的文化振兴作出了重要贡献。贵州巡抚歙县江东之在《南皋书院碑记》中将其与王阳明、邹元标并列为黔地"三迁客"⑤，足见其人学问制行。

----

① （明）张翀著，王尧礼、丘祥彬点校：《鹤楼集》卷一《高洁》，贵阳：孔学堂书局，2018年，第22页。

② （明）瞿景淳：《重刻五经序》，《瞿文懿公集》卷六，《四库全书存目丛书》集部第109册，济南：齐鲁书社，1997年，第548页。

③ （明）王耒贤修，许一德纂：《（万历）贵州通志》卷十四"迁谪"，万历二十五年（1597年）刻本，第27页。

④ （明）张翀著，王尧礼、邱祥彬点校：《鹤楼集》"序"，贵阳：孔学堂书局，2018年，第1页。

⑤ （明）王耒贤修，许一德纂：《（万历）贵州通志》卷二十一"艺文志"，万历二十五年（1597年）刻本，第25页。

第六节　王启元的儒教论

在广西明代学术史上，柳州人王启元占有十分重要的地位。

王启元(约1559年—?)，字心乾，柳州马平县人。王化之子。万历十三年(1585年)举人，天启二年(1622年)进士，选庶吉士，授翰林院检讨。以老告归，著书不辍。著有《清署经谈》。

王启元的主要思想集中在《清署经谈》一书。此书是一本思想独特且超前的学术著作。其独特超前之处就在于，作者敏锐觉察到了晚明西学东渐的历史潮流，并主张模仿天主教来建立中国的儒教，改造儒学以构建政教合一的政治体制。但是，这种"异端"思潮在晚明没有任何受众基础，所以此书自然被尘封在历史中。一个偶然的机会，傅斯年先生发现了此书，将之从地摊中拣回，并组织研究，遂产生了1936年陈受颐的《三百年前的建立孔教论：跋王启元的〈清署经谈〉》一文。此文刊载于《中央研究院史语所集刊》，诸多观点现今已被学术界广泛采纳。

《清署经谈》成书于天启三年(1623年)，共十六卷：卷一《清署经谈初集》、卷二《圣道原本天地》、卷三《圣教原尊天子》、卷四《圣志原在春秋》、卷五《圣政原从周礼》、卷六《圣统原宗帝位》、卷七《圣制原伏武备》、卷八《圣品原集大成》、卷九《圣传原依中教》、卷十《圣派原合宗法》、卷十一《圣泽原及私淑》、卷十二《圣经原具文事》、卷十三《圣经原归说约》、卷十四《圣蕴原藏神道》、卷十五《圣教原立正坊》、卷十六《圣祀原兼圣神》①。

儒教论的生发有儒学生存空间被挤压的现实需要，作者自序云：

> 近世以来，讲学之徒乃有张大佛氏、斥小孔子者，而西洋之人复

---

① 此书的版本系统详见孙先英、周欣：《广西儒学文献叙录·第二篇》，上海：上海古籍出版社，2022年，第214页。

倡为天主之说，至使中国所素尊之上帝亦几混而莫辨。呜呼！此儒者之过，亦中国之羞也。①

明末佛教学说和天主教学说流行起来后，儒学的生存空间被大大缩小，孔子地位被削减。以明末天主教在桂林的第一次传播为例，当时桂林官吏和市民都表现了对传教者的好奇和厚待，这种好奇与厚待很容易演变成信从和支持②，信天主者一多，儒生的权威及孔子的名望就被无形削弱。与此同时，中国本土文化的地位也遭到了外来文化的挑战，甚至汉语中的"上帝"一词被天主教翻译借用，导致了文化意义的模糊与争端。这引起了作者的强烈不满和文化警醒。

值得关注的是，王启元虽然排斥佛教和天主教，但对于它们的宗教仪式和塑造偶像的方式却接受下来：

> 于是取十三经正文，朝夕焚香危坐，反复百思，先后留京二十季。③
> 家居十年，细心审体，而后乃知孔子原自至神，圣经原自大备，人自求之弗深，考之弗详耳。④

王氏焚香枯坐冥思二十年，只为尊孔一事，大有佛教徒参禅的仪式感。而将孔子托为至神，又是明确塑造孔子为宗教偶像之意。

---

① （明）王启元著，陈玄点校：《清署经谈·序》，上海：上海古籍出版社，2017年，第1页。

② 梁继峰：《天主教在桂林的传播及其原因探析》，《传承》2008年第2期，第86页。

③ （明）王启元著，陈玄点校：《清署经谈·序》，上海：上海古籍出版社，2017年，第1页。

④ （明）王启元著，陈玄点校：《清署经谈·序》，上海：上海古籍出版社，2017年，第1页。

在尊孔立教理念的指导下，王启元开始着手构建儒教说的具体理论，涉及儒教建设的方方面面。囿于篇幅，本节仅从神道说、儒教地位、儒教传承、儒教制度和儒教经典五方面来简单说明。

关于神道说。神学世界观是宗教理论的重要学说，但在一向信奉"子不语怪力乱神"理念的中国古代，神学世界观是无法广泛建立的。为了建立儒教，神学世界观的构建是第一步。对此，王启元在《子不语神篇》中说道：

> 以正理言，修德即是神道，修德而证神道更为直捷；以感应言，至道必归有德，一生妄想即为德累。然则一于修德而无幸心，尤为本体顿证之至神矣。[1]

为了弥合需要造神和不信神的矛盾，王启元选择利用传统的"德"说作为沟通的基础。以德通神，这在《中庸》里有理论依据：

> 子曰："舜其大孝也与！德为圣人，尊为天子，富有四海之内。宗庙飨之，子孙保之。故大德必得其位，必得其禄，必得其名，必得其寿。故天之生物，必因其材而笃焉。故栽者培之，倾者覆之。《诗》曰：'嘉乐君子，宪宪令德！宜民宜人，受禄于天。保佑命之，自天申之！'故大德者必受命。"[2]

大德者必定也是至诚之人，因此"大德"和"至诚"是相通的，而"至诚如神"[3]，因此大德也如神。这样就建立了儒教"修德"的神道观，为儒教

---

①　（明）王启元著，陈玄点校：《清署经谈》卷九《子不语神篇》，上海：上海古籍出版社，2017年，第198页。

②　（宋）朱熹：《四书章句集注》，北京：中华书局，1983年，第25~26页。

③　（宋）朱熹：《四书章句集注》，北京：中华书局，1983年，第33页。

奠定了神学理论基础。

关于儒教地位。首先，王氏认为儒教不能凌驾于政治之上，而是由皇帝奠定其现实地位：

> 洪惟我太祖高皇帝，初辟天下，定庠序乡会之制，尽黜二氏百家，专尊孔子。皇皇乎大圣人之制，真可谓度越汉唐宋，直接二帝三王，有万世之大功矣。不惟圣子神孙之所当恪守，亦天下臣民之所当共遵者也。二百余年人才辈出，谁非以孔子之经起家而登仕者？祖宗重道崇儒之报，亦可见于前事矣。①

在明代，儒教地位是由太祖奠定，后朝延续；在上古，则是羲皇奠定，"天地开辟之初，羲皇首出御世，天有图书之授，因有八卦之作"②，尊重皇帝是儒教建立的情理和法理所在。其次，孔子虽尊，但他是作为羽翼帝王而存在的，"惟孔子《十翼》既作，然后羲皇之易，得与天地并传"③，伏羲之《易》得到孔子《十翼》乃传，孔子辅佐协助伏羲之意甚明。最后，政治与儒教各有分工，"历代帝王所以报功业也，专尊孔子所以崇道德也"④，将政治现实和儒教道德分离，但是皇帝可以将二者结合，"定制尊孔子"⑤。

关于儒教传承。王启元借鉴了宗教中"天"的思想，认为圣道传承于

---

① （明）王启元著，陈玄点校：《清署经谈·序》，上海：上海古籍出版社，2017年，第1页。

② （明）王启元著，陈玄点校：《清署经谈》卷一《恭颂圣祖篇》，上海：上海古籍出版社，2017年，第1页。

③ （明）王启元著，陈玄点校：《清署经谈》卷一《恭颂圣祖篇》，上海：上海古籍出版社，2017年，第1页。

④ （明）王启元著，陈玄点校：《清署经谈》卷一《恭纪圣政篇》，上海：上海古籍出版社，2017年，第6页。

⑤ （明）王启元著，陈玄点校：《清署经谈》卷一《恭纪圣政篇》，上海：上海古籍出版社，2017年，第6页。

天地：

> 或曰：韩昌黎有言，"尧以是传之舜，舜以是传之禹，禹以是传
> 之汤，汤以是传之文、武、周公，文、武、周公传之孔子，孔子传之
> 孟轲"，信乎？道统固自尧舜始乎？曰：其论相传之道统则是，而以
> 为即始于尧舜则未尽也……《易·系辞》曰："古者包羲氏之王天下也，
> 仰则观象于天，俯则观法于地，观鸟兽之文与地之宜，近取诸身，远
> 取诸物，于是始作八卦，以通神明之德，以类万物之情。"①
>
> 自古立教，未有天人亲相授者，则此图书（河图洛书）者，非天所
> 亲授于圣人之秘密乎？夫二氏百家，大抵兴于中古之后耳，而肇于开
> 辟之初，则惟儒者独也。二氏百家自我作祖，特师徒相授受耳。而得
> 之天地之所亲授，则又惟儒者独也。故叙道统者，必推极于天地，而
> 又实指天地之所亲授，而后儒者之本原始定。②

王氏认为韩愈建构的由尧舜开始的道统只能算作传授的道统，未传授之前
已有道统存在，并举出伏羲画八卦的史实来证明天地为道统本原。王氏这
样做是为了使儒教的传承神秘化，使儒教的历史漫长化，如此培根固本后
的儒教有着更完善的宗教逻辑体系，就可以在与其他宗教的竞争中脱颖而
出、唯儒独尊。

关于儒教制度，王启元在《圣教纲常篇》中详细说明：

> 人与天地有并立而不朽者，惟纲常一事而已。自古圣人立教，未
> 有不以纲常为重者。寻常无事尤未见其甚重也，及主少国疑，流离颠

---

①　（明）王启元著，陈玄点校：《清署经谈》卷二《圣统天授篇》，上海：上海古籍
出版社，2017年，第8页。

②　（明）王启元著，陈玄点校：《清署经谈》卷二《圣统天授篇》，上海：上海古籍
出版社，2017年，第9页。

沛之际，忠臣孝子有宁（教）[杀]身以成仁，宁舍生以取义者，而纲常之重于性命，始可得而断其必然矣。第圣人之论纲常，则有规模有纲领，不类世儒之泛泛耳。天子为纲常之主，天子重而纲常而天下莫敢不重矣。大臣为纲常之辅，大臣重纲常而天子亦不得不重矣。上下交重，是天下无不正之伦纪，即无不正之人心也，故曰圣人人伦之至也。欲为君，尽君道，欲为臣，尽臣道，二者皆法尧舜而已矣。要之，尤以天子为主，故曰君正莫不正，一正君而国定矣，此《春秋》之所以尊王也。①

王启元认为纲常之重要不在于无事，而在于有事时能够提供保障，这种规范性和强制性正是纲常成为制度的前提条件。"纲常者，儒者之所重也；论纲常者，儒者之所长也；奉天叙以正纲常者，儒者之所本也"②，纲常为儒教之重，所以儒教的制度设施应该一本纲常。具体来说，"天子为纲常之主"，"大臣为纲常之辅"，天子大臣作好表率以正人心则天下皆遵纲常、皆按纲常行事。王氏设计的儒教制度充分考虑了儒学自身的特点，即忠臣孝子、夫妇兄弟等人伦之道是儒学所擅长的，而性命之谈则非儒学所擅长。由此推理，建设人伦才是儒教之本，使事物按照纲常运行即是建设人伦，这也是儒教制度设计的现实依据。

至于儒教的经典著作，则依旧是儒家经书。历代经师们早就开始神化经书，像《易经》的"四圣说"，即伏羲画八卦、周文王分六十四卦、周公作卦辞爻辞、孔子作十翼，这些多少都有一些编造的成分③，所以王启元自然会借鉴这些历史经验来制造自己的经书神化理论。然而，即使

---

① （明）王启元著，陈玄点校：《清署经谈》卷三《圣教纲常篇》，上海：上海古籍出版社，2017年，第25页。

② （明）王启元著，陈玄点校：《清署经谈》卷三《圣教纲常篇》，上海：上海古籍出版社，2017年，第25页。

③ 黄永年：《古文献学讲义》，上海：中西书局，2014年，第18页。

王氏试图将经书宗教神圣化，以用来塑造孔子的教主地位，所谓"十三经之合于一，而必以孔子为主"①，如《孝经》证圣、《春秋》证圣、《论语》证圣、《中庸》证圣等篇所议论的那样，经书是儒家思想的文献实质却依旧没有改变。

总的来看，王启元利用宗教神秘色彩和强制仪式等元素来装饰儒学，实则是表达对晚明流行的"三教合一"思潮的不满。儒教论虽然稍显迂阔，但是其中所体现出的文化危机感和鲜明的民族精神，堪称后世"建立孔教论"的先声②。

第七节　刘定逌的"完人"说

经过儒学教化的长期浸润，至清代，广西出现了众多教育大家，如谢济世、刘定逌、张鹏展、卓侗、吕璜、周因培、朱琦、王拯、蒋琦龄、况澍、唐景崧等，他们或著书阐明自己对教育的理解，或躬行自己的教育信念，成绩颇丰。其中刘定逌对广西教育的贡献尤为突出，他从乾隆二十二年（1757年）开始以教书为业，至嘉庆十一年（1806年）去世，在长达五十年的时间里，先后担任秀峰书院（桂林）、阳明书院（武鸣县）、葛阳书院（武鸣县）、宾阳书院（宾阳县）、浔阳书院（桂平市）等各大书院山长，养士育才之功甚大，被尊为"广西第一名流"③。

刘定逌（1720—1806年），字叙臣，号灵溪，广西武缘（今南宁市邕宁区伶俐镇）人。乾隆十三年（1748年）进士，任翰林院编修。因不肯趋附和珅，于乾隆二十二年（1757年）被诬以大考论事不如式，"载书五车

---

① （明）王启元著，陈玄点校：《清署经谈》卷十三《圣经合证篇》，上海：上海古籍出版社，2017年，第255页。

② （明）王启元著，陈玄点校：《清署经谈》，上海：上海古籍出版社，2017年。

③ 何成轩：《儒学在壮族地区的传播》，《孔子研究》1995年第3期，第104页。

而归"①。归乡后以舌耕为生。著有《灵溪诗稿》《论语讲义》《四书讲义》等书。

刘氏的教育之所以成功，与他从教书育人的实践中总结出来的教育理念密不可分。这个教育理念就是他在《三难通解训言述》一文中揭示出来的"有体有用之完人"思想。此文是刘定逌推衍其父《三难通解训》之主旨而作的。所谓"三难"，即《论语》"其言之不怍，则为之也难"②，"群居终日，言不及义，好行小慧，难矣哉"③，"饱食终日，无所用心，难矣哉"④。现将全文抄录如下：

乾隆元年，岁在丙辰，夏五月十五日，先明经立轩府君手著《三难通解训》。逌曰：人生世上，不满百年，日子不是糊混过的，饭不是糊混食的，屋不是糊混住的，朋友不是糊混勾搭的，事不是糊混做的，话不是糊混讲的。一日之内，人人各有当尽之职，当循之分。职之所当然者，义也。义之发于言，则为庸德之言；义之见于行，则为庸德之行，而皆统之于心。义者，心之制也；言者，心之声也；行者，心之表也；小慧者，义之贼而心之害也。怍者，心之羞恶而义之端也。其要只在立志。志者，心之所之，义之帅也。须是把平日旧染积习的关头攻破得开，直从自己心头上，立定学做好人、直向上去的主意。读书穷理，以明其志。循规蹈矩，以习其义。一日之内，自旦而昼，而夕而夜，立定课程，循序渐进，读正经之书，习正经之字，存正经之心，交正经之友，行正经之事，讲正经之话。毋畏难，毋苟安，毋因循，毋姑待，毋旁杂，毋间断，毋妄语，毋多言。此志一

① （清）黄君钜撰，黄诚沅增修：《（光绪）武缘县图经》卷五"人略上·士女上"，清宣统三年（1911年）铅印增补光绪十三年（1887年）本，第43页。
② （宋）朱熹：《四书章句集注》，北京：中华书局，1983年，第154页。
③ （宋）朱熹：《四书章句集注》，北京：中华书局，1983年，第165页。
④ （宋）朱熹：《四书章句集注》，北京：中华书局，1983年，第181页。

立，如白日当天，魑魅潜形，到得日新月异，而岁不同，自有向上之一机。上之不愧为天地之肖子，为宇宙间有体有用之完人；次之亦不失为谨身寡过，保世保家之子弟，才不辜负父母生下我来，出世一番。世上却有一种孟浪的庸才，一日之间，自朝至暮，饱饱闷闷，昏昏沉沉，有诗书不读，有师友不亲，有父母兄弟不知，有妻子不问，有身家不顾，把自己生来至虚至灵之本体，置之无用之地。如已槁之木，已死之灰，一点真元，竟成顽石。一日混过一日，一年混过一年，到结果时，只成了人世间一废物。又有一群后生小子，三三五五，聚集一堂，穷一日之力，讲的刻薄话，行的刻薄事，闻一正言则鄙为迂谈而不听，见一正行则鄙为迂阔之行而不亲，相习成风，牢不可破。不知虚度了许多少年子弟之光阴，败坏了许多少年子弟之心术，废弛了许多少年子弟之才华。飘飘荡荡，日甚一日，年甚一年。到结果时，只成了一群的刻薄鬼。又有一种大言不惭的狂奴，逞其一时口舌，习为无根之游谈，讲天讲地，说古说今，全不理会自己身心性命为何物，伦常日用为何事，以菲薄前人为高论，以侮慢圣言为快谈。无知小子闻言而惊，练达老成掩耳而过。叩其由来，早把自己生来知羞知恶之天良根株斩断，不独为学术之害，亦且为人心之忧。到结果时，只成了人世间一蠹物。圣人见得此种病症深入膏肓，法语之言激励他不得，巽语之言鼓舞他不得，只轻轻以一"难"字拨动他、唤醒他，立下一剂极简便之良方、苦口之良药，待他本人徐徐咽下，滴入心头，猛然有觉，自呻自吟，自怨自艾，陡然发出一身大汗而愈。细玩两"矣哉"字、一"则"字、一"也"字，有千呼万唤之势。诵到博奕两句，更觉刻骨痛心，令人不堪卒读。非是为此辈开了方便前门，正是为此辈痛下针砭，为此辈塞断后路，所谓嬉笑之言甚于怒骂也。此是大圣人救世一片婆心，便是万世济人一大国手，自天子以至于庶人，未有能出其范围者也。时时默痛其言而悲喜无端者，切身体认自知痛痒者也，圣人教我良多也。日日口诵其言而谈笑自若者，滑口读过不知痛痒者也，圣人亦无如之何也。迨自弱冠以来，时时以此铭之于心，诵之于口，服之于身，至于今，年且老矣。书此公之同志，以当千里命驾之一策云。①

据此文可知刘氏的"完人"说主要包含两个方面的内容，即理论核心和实现途径②。

"完人"说的理论核心在道德。

细玩上文，"完人"即全面和完美之义，这是刘氏思想体系中的最高境界。人兼自然和社会两重属性，能将二者和谐统一的就是"完人"，换言之，"完人"教育的目的就在于把自然人变成有社会价值意义的人。刘定迪所说的"有用"就是对社会价值意义的追求，所谓"世上却有一种孟浪的庸才，一日之间，自朝至暮，饱饱闷闷，昏昏沉沉，有诗书不读……到结果时，只成了人世间一蠹物"，即是反面教材，是为无用。这种价值判断与社会道德联系在一起，它讲究人伦关系和学问、政事的结合，遵循纲常伦理、熟读圣贤经书、关注民瘼国事，就能做到"有用"，正如刘定迪为桂林秀峰书院撰写的对联："于三纲五常内，力尽一分，就算一分真事业；向六经四子中，尚论千古，才识千古大文章。"③对于他自身而言，"有用"就是教书育人，"时温《论》《孟》两三句，日课童蒙四五人。莫谓山中无事业，等闲教读即经纶"④。

何为"有体"？有"善"是刘定迪所说的"有体"。所谓"体"，更多的是

① 温德浦修，曾唯儒纂：《武鸣县志》卷十《附录·征述·述言》，南宁：南宁达时印务局，民国四年(1915年)铅印本，第84~86页。
② 参见孙先英：《宋明理学在广西的传播及其对少数民族文化的影响》，北京：中国社会科学出版社，2015年。
③ (清)韦丰华著，丘振声、赵建莉点校：《韦丰华集》，南宁：广西民族出版社，2009年，第343页。
④ 欧阳若修等编：《壮族文学史》，南宁：广西人民出版社，1986年，第598~599页。

道德意义上的本体论，即人伦交往所必须遵行的道德原则。"有用"只是意义，它自身并不能孤立生发出来，只有把道德作为它的前提和条件时，它才能有价值。刘氏举出的"庸才""刻薄鬼""狂奴"的反面例子，都是为了反证"善"的重要性，这就使得教育必须有让"恶"转变为"善"的功能。

可见，"体"是"用"的前提和条件，"用"是"体"的目的和检验。相较而言，刘定逌更看重"体"，这体现了广西的地方学术传统，可以说它有着深厚的历史渊源：宋时全州蒋公顺、滕处厚从学于魏了翁，曾有《易》分体用之争①；明代湛甘泉门人象州吕景蒙，以"诚"为体，以仁为至诚，求诚存仁。这样的学术惯性不能不影响刘定逌。

在刘定逌看来，"完人"的实现途径主要有三个。

第一个是树立正确的是非观，也即立志。刘氏说：

> 志不立，直是无着力处。学者须把世间声色、货利的关头打破得开，将自己平日里畏难苟安的旧习一拳捶碎，直从自己心头上立定学做好人、直向上去的主意，才好循序用功。程子曰：莫说道将第一等让与别人，且做第二等，才如此说，自是自弃。这便是立志的榜样，这便是学问的大头脑。②

"志"是人生目的和价值评判标准，立"志"就是为了端正它们。他说："志者心之所之，义之帅也。须是把平日旧染积习的关头攻破得开，直从自己心头上立定学做好人、直向上去的主意。""好人"和"向上去"是"志"的主要内容。"志"的作用显而易见，无它不成事，无它不成人，所谓"时时日日口诵其言而谈笑自若者，滑口读过不知痛痒者也，圣人亦无如之何也"，就是无"志"导致的。

---

①　参见本书第三章第二节之"程朱理学占主流的宋元时期"。

②　(清)刘定逌：《三难通解训言》，光绪十九年(1893年)曹驯重刊本。

第二个是存"善"。刘定逌提出了"明善复初、迁善改过"①的主张。他认为人心本善，但心极容易受到诱惑而放纵，以至陷入迷失本性的境地。为此，刘氏专门指出了修身养心的法门：

> 身非一块血肉之谓也。仁义礼智是自身本来的性，喜怒哀乐是自身本来的情，耳目四肢是自身本来的官骸，君臣父子夫妇兄弟朋友是自身本来的伦理。学者须从自己身上寻得一个实落，时刻提起他，爱惜他，珍重他，不要亏损了他的本来真面目，方不辜负天地父母生下我出世一番。程子曰：敬义夹持直上，这便是立身的下手工夫，这便是此身一生受用不尽处。②

刘定逌认为人的身心是分开的，身受自父母；心则包含性与情，性是纲常伦理，情是喜怒哀乐。学者须要从自己身上入手，用"持敬"功夫收敛身心，使不失尺寸，不逾法度，以此来达到自我反省、自觉磨炼的效果。"持敬"分为内外两层含义：向外着力，则表现为"礼"，具体到君臣父子夫妇兄弟朋友日常伦理，这是修身功夫；向内用力，则表现为"主一"或"静一"，这是养心功夫，强调心的本然状态，即"未发之心"。刘氏曾写诗形容这种境界："夜静天机寂，心虚万物空。可谁堪做伴，明月与清风。"③"潇洒微尘外，空虚一物无。残灯还照我，兀坐老团蒲。"④在"空""虚"中体认天理，存心养性，以此来维持善的状态。

第三个是读书学习。为实现"有体有用之完人"的目标，刘定逌在《秀峰书院学规》中提出熟读、熟思的为学方法，以及去名心、去欺心、去骄心、去吝心的为学戒条。大体主张熟读圣贤书以确立人生方向和价值观，

---

① （清）张鹏展编撰：《峤西诗钞》，清道光二年（1822 年）清远楼刻本。
② （清）刘定逌：《三难通解训言》，光绪十九年（1893 年）曹驯重刊本。
③ 黄庆印：《壮族哲学思想史》，南宁：广西民族出版社，1996 年，第 118 页。
④ 黄庆印：《壮族哲学思想史》，南宁：广西民族出版社，1996 年，第 118 页。

保持本真之善。从某种程度上来说，为学方法和为学戒条就是对前两个途径的补充完善，当然也是前两个途径的现实需要。具体内容如下：

宜熟读

读书不熟，其病有二：钝根之人，难于记诵，视为畏途，便放下手；敏捷之人，贪于涉猎，一经成诵，便不肯多读，其所以不熟一也。圣贤之书，愈读愈有滋味。先儒云："读书千遍，其义自见。"这才是个中人语，昔程子读《汉书》，一字不肯放过，学者须是用着这等工夫。

宜熟思

学者粗知读书，先将一种旧解宿见横着胸中，便不肯去向自己心上理会，此是学问大病痛处。圣贤千言万语，一字一句，大有意味可寻。开卷时须先把自己心地打扫干净，静坐凝神，然后逐句逐字寻究他的实理，紬绎他的虚神。从无疑处看出有疑处，从有疑处看出无疑。卓见得当日立教宗旨，实于我身有关切处，方有个着落。昔程子以诵记博识为玩物丧志。只有一个不熟知，却记得多，毕竟于自己无益。

去名心

好名之心，精神外射，浮而不实，见些道理，便不能入。学者起脚，最易犯此病。起脚一差，大本已失，更讲甚学，更学甚事。真是要把这一念痛断根株，才好商量向上一层的学问。

去欺心

理见得真不真，事行得是不是，书读得熟不熟，自家心里本是明白，何曾欺着别人，只是怕自己本来明白的一点真知，却被自家当下隐瞒过了。这个关头学者须要着力打得破，才是实在下手功夫。

去骄心

富贵骄人，其富贵可鄙；贫贱骄人，其贫贱可羞；学问骄人，其学问必浅；道德骄人，其道德不真。骄字之根纯系一片客气发出来，最是害事。学者须时刻在自己身上搜寻他的根苗，却要从道理上见得大处。此处见得一大分，彼自消得去一分。

去吝心

圣贤道理，何等光明正大，一有自私自利之见系在胸中，便是不光不明，不正不大，刚恶为忌为刻，柔恶为阴险为邪曲，其病中于膏肓。学者须见得此理，本自平铺把这一念渐渐消磨。这念消得去一分，道理愈见得大一分，直向上去，方识得孔门万物一体的家法。①

总的来看，刘定逌的"完人"说着眼于道德，并以事功为辅，与朱子哲学中的"三纲八目"有着密切的联系。其徒上林张鹏展曾说："先生殚精四子书及先儒语录，文章卓然成家。"②可窥刘氏学说之大概。

除张鹏展外，武缘韦天宝、韦丰华父子亦受定逌学说影响。尤其是韦丰华③，在刘定逌"完人"学说的基础上，也提出了自己的"完人"主张：

> 吾人之生于天地间也，必为天地间完人，乃无愧乎其为人。完人云者，穷则独善，达则兼善，尽其分之所当为，而无或亏其性之所固有者也。是故性焉安焉则为圣人，复焉执焉则为贤人。上焉者：品行卓越，闻望崇隆，则为伟人；才猷充裕，勋业彪炳，则为能人；学识淹贯，文章华赡，则为通人。下焉者：孝弟忠信，乐善不倦，则为善人；循规蹈矩，安守本分，则为端人；行芳志洁，超拔流俗，则为畸人。人不一也，品亦不一也，而要之各能无愧乎其为人，则皆可谓之

---

① （清）刘定逌：《三难通解训言》，光绪十九年（1893 年）曹驯重刊本。
② （清）张鹏展编：《峤西诗钞》卷五，清道光二年（1822 年）清远楼刻本。
③ 韦丰华（1821—1905 年），字剑城，别号大明山散人，广西武鸣县（今南宁市）人。韦天宝之"遗腹子"。咸丰年间拔贡，后多次赴京应试皆名落孙山，以教书为生，有《韦丰华集》存世。

完人也……继余而起者，其必读有用之书，习有用之业，为有用之
人，以完人自待，无论或出或处，或进或退，在在皆自求无愧乎其为
人，慎勿按是谱而曰：吾父如是其为人也，吾祖如是其为人也。相与
效余之为人，以至于重余咎也，是则余之幸也夫，是则余之愿也夫。①

"完人"概念由此更加明晰，理论也更加成熟。

刘定逌对广西影响甚大，后人多追慕之。他所手定的《秀峰书院学规》
直到道光二十二年(1842 年)"犹见其手泽于讲堂东壁"②。吕璜主持秀峰书
院时，即道光十五年(1889 年)到道光十八年(1892 年)，也对刘定逌的《三
难通解训言述》极为推崇，为诗赞云："有美刘夫子，前徽几许存。其言应
不朽，于道亦玄尊。学的端初步，经畲厚本根。所嗟人已逝，谁与更重
论。"③其名望由此可知。

第八节　蒋励常的"诚"说

蒋励常(1751—1838 年)，字道之，号岳麓，广西全州人。乾隆五十
一年(1786 年)丙午举人，辛酉大挑二等，补融县训导，后辞官。曾受张
培春之请，主持清湘书院十年。著有《岳麓制艺》《养正篇》《十室遗语》
等书。

蒋励常的思想集中体现他的"诚"说上④，此说有着深厚的渊源。

---

① （清）韦丰华著，丘振声、赵建莉点校：《韦丰华集》，南宁：广西民族出版
社，2009 年，第 450 页。

② （清）韦丰华著，丘振声、赵建莉点校：《韦丰华集》，南宁：广西民族出版
社，2009 年，第 343 页。

③ （清）黄君钜、黄诚沅纂修：《武缘县图经》卷五，宣统三年(1911 年)铅印增补
光绪本，第 42 页。

④ 参见孙先英：《宋明理学在广西的传播及其对少数民族文化的影响》，北京：
中国社会科学出版社，2015 年。

首先，"诚"是儒学的重要概念，像《中庸》说："诚者，天之道也；诚之者，人之道也。诚者不勉而中，不思而得，从容中道，圣人也。诚之者，择善而固执之者也。"①"自诚明，谓之性；自明诚，谓之教。诚则明矣，明则诚矣。"②"唯天下至诚，为能尽其性；能尽其性，则能尽人之性；能尽人之性，则能尽物之性；能尽物之性，则可以赞天地之化育；可以赞天地之化育，则可以与天地参也。"③"诚者物之终始，不诚无物。是故君子诚之为贵。"④都可见儒学对"诚"的重视。理学家更是十分看重这个概念，屡屡对此进行细致阐释，如周敦颐的《通书》说："寂然不动者，诚也；感而遂通者，神也；动而未形、有无之间者，几也。"⑤又说："元亨，诚之通；利贞，诚之复。"⑥二程进一步把"诚"与"无妄""不欺"等概念相关联，以凸显其道德性，说："无妄之谓诚，不欺其次矣。"⑦并对"无妄"解释道："无妄者至诚也，至诚者天之道也。""动以天为无妄，动以人欲则妄矣。无妄之义大矣哉！"⑧表明存天理灭人欲的重要性。朱子扬厉了前人对"诚"的阐释，认为"诚者，真实无妄之谓，天理之本然也。诚之者，未能真实无妄，而欲其真实无妄之谓，人事之当然也"⑨。"诚"是"通体地盘"⑩，"所

---

① （宋）朱熹：《四书章句集注》，北京：中华书局，1983年，第31页。
② （宋）朱熹：《四书章句集注》，北京：中华书局，1983年，第32页。
③ （宋）朱熹：《四书章句集注》，北京：中华书局，1983年，第32页。
④ （宋）朱熹：《四书章句集注》，北京：中华书局，1983年，第34页。
⑤ （宋）周敦颐著，张文瀚注说：《通书》，开封：河南大学出版社，2018年，第116页。
⑥ （宋）周敦颐著，张文瀚注说：《通书》，开封：河南大学出版社，2018年，第114页。
⑦ （宋）程颢、程颐撰，（宋）李吁等辑录：《朱子全书外编·程氏遗书》第六"二先生语六"，上海：华东师范大学出版社，2010年，第122页。
⑧ （宋）程颐撰，王孝鱼点校：《周易程氏传》卷第二，北京：中华书局，2011年，第139页。
⑨ （宋）朱熹：《四书章句集注》，北京：中华书局，1983年，第31页。
⑩ （宋）黎靖德编，王星贤点校：《朱子语类》卷九十四，北京：中华书局，1986年，第2393页。

谓不诚，无物者也"①，"为人也是这个诚，为物也是这个诚"②，将道德范畴的"诚"和自然范畴的"诚"挽结在一起，清晰指出了"诚"的双重属性。自此之后，"诚"愈来愈被儒者珍视。

其次，受程朱理学的影响，"诚"成为广西学术的重要概念，吕景蒙、舒弘志、陈宏谋等广西名儒都曾发表过对它的看法。像吕景蒙把"诚"缩小到道德范畴，主张"仁者，至诚也，天之道也；体认天理者，诚之也，人之道也，下学而上达也。"③将"仁"和"诚"紧密联系在一起。而在"诚"的方法论问题上，全州人舒弘志主张"不欺暗室"，强调实践主体的道德自觉，他说："顾存诚于广众易，而存诚于幽独难……幽有鬼责，明有清议，史册在前，谤嚣在后。天不可欺，民不可愚。作匿于幽，徒自欺耳，其何利之有？"④陈宏谋从治学的角度谈论了他对"诚"的看法，认为"诚"是"学者存主之要，则在乎不欺以为诚，整齐严肃以为敬。理本一贯，非难非易，事在勉强而已"⑤。

在这样的学术背景下，蒋励常的"诚说"横空出世了，此说有着较为系统的理论体系。

从宇宙本体论上说，蒋励常认为"诚"即"天理之极"，他说："尽天理之极，无一毫人欲之私，只是一个诚字。"⑥"天理之极"才是"诚"，"诚"

---

① （宋）周敦颐著，谭松林、尹红整理：《周敦颐集》，长沙：岳麓书社，2002年，第18页。

② （宋）黎靖德编，王星贤点校：《朱子语类》卷九十四，北京：中华书局，1986年，第2390页。

③ （明）吕景蒙：《新泉问辩录序》，洪垣校刊：《泉翁大全集》卷六七，嘉靖十九年（1540年）刻万历二十一年（1593年）修补本。

④ （明）王锡爵辑：《增定国朝馆课经世宏辞》卷六，明万历十八年（1590年）周曰校万卷楼刻本，中国科学院图书馆藏。

⑤ 邓洪波主编：《中国书院书规集成（第二卷）》，上海：中西书局，2011年，第616页。

⑥ （清）蒋励常著，蒋世玢等点校：《岳麓文集》附《十室遗语》卷一《性理》，南宁：广西人民出版社，2001年，第103页。

是天理的静止状态。这种观点与蒋励常的"理""气"思想密不可分。蒋氏认为"气即理也""天理宰乎气之中"，"先儒谓：一阴一阳之谓道，气即理也。形而上下则理自为理，气自为气。天理宰乎气之中，气即理之发见于外者，形而上固是理，形而下便非理乎？"①"理"包含于气之中，气理二者不可分割，因此蒋励常所说的"理"包含了道德本体和人欲两层意义，所以按照他的逻辑推理，"诚"是"天理之极"。同时，从道德本体论上说，"诚"又是道德本体，是五常的自然状态。他在《恕庵序》中解释说：

> 仁义礼智，性所固有，必其动于不能自已者为诚。一有所强则伪矣。顾学者未至自然，安能无强？今以强为伪，则何如而可？曰：功由恕始。夫恕未能无强，顾其心之动于不能已者也。事所当恶或冒为之，苟一自反，不觉其中之皇皇矣。人所当矜或膜视之，苟一自反，不觉其心之戚戚矣。盖决止水而使之流，其决也虽强，而其流也则非强，自反其决也，皇皇戚戚者，其流也。决之不已，瓮者尽去，流者不息其强耶，其自然耶？故夫子曰："能近取譬，谓仁之方。"孟子曰："强恕而行，求仁莫近。"圣贤开示后学，其道不一端，而人德之要，莫过于此。学者舍此将奚适耶？②

"诚"与"恕"联系在一起，诚则能以恕待人，如此则是仁。仁为性之固有，不动者即为"诚"。

从方法论上来说，"诚"本身就是一种修炼功夫，他认为：

> 后世之蔽于物者多矣，蔽于利者十之三，蔽于听者十之五，蔽于

---

① （清）蒋励常著，蒋世玢等点校：《岳麓文集》附《十室遗语》卷一《性理》，南宁：广西人民出版社，2001年，第103页。

② （清）蒋励常著，蒋世玢等点校：《岳麓文集》卷三《恕庵序》，南宁：广西人民出版社，2001年，第35~36页。

恃己，蔽于意疏者十之七。祛其所蔽则明矣。故秦镜之下无遁形，虚衷之断少覆盆。旨哉言乎，人心犹镜也，本体无不明。尝读《中庸》至至诚如神章，以为至诚，方寸之中不假一毫私意之萌，譬之藻鉴高悬，一翳不存，自尔纤尘毕照。凡深泽所谓"蔽皆私意为之"也。人能去得一分私，胸中便添得一分明。不然，尘垢日积，磨砻弗事，有终其身于昏瞀，耳明何自得哉？因慨然曰：此《大学》明明德之事，《中庸》诚则明之功也。①

明德后的状态与做到"诚"的状态是一样的，因此明诚就等于明德。"德"须修行，"诚"亦须修行。那么"诚"如何培养修炼呢？蒋氏认为"致知在养，养在寡欲"②，"养身莫善于寡欲。君子养其身以有为也，非养生之谓也。故曰：以忘生徇欲为深耻"③，修炼的根本在于"寡欲"。而"寡欲"之法在于守"吾真"：

> 吾心有神，神即吾心。既为吾心，常安吾身。吾心奚赖，有精舍在。宜安其内，勿驰于外。凡外诱者，实妄且怪。须力绝之，方不为害。心自此得宁，神自此得凝。尚须无分动静，无别久新。非礼勿视，非礼勿听。收视反听，以守吾真。吾真得守，吾身得久。悠哉悠哉，长此不朽。④

---

① （清）蒋励常著，蒋世玢等点校：《岳麓文集》附《十室遗语》卷五《经世》，南宁：广西人民出版社，2001年，第172页。
② （清）蒋励常著，蒋世玢等点校：《岳麓文集》附《十室遗语》卷一《性理》，南宁：广西人民出版社，2001年，第106页。
③ （清）蒋励常著，蒋世玢等点校：《岳麓文集》附《十室遗语》卷七《砥行》，南宁：广西人民出版社，2001年，第187页。
④ （清）蒋励常著，蒋世玢等点校：《岳麓文集》卷七《金丹百炼铭》，南宁：广西人民出版社，2001年，第78~79页。

守真之要在于常读经书，明辨是非。为此，蒋励常专门仿照《论语》，为子侄编写了《养正编》一书。此书按孝、弟、谨、信、泛爱、亲仁、学文分类，以"《论语》圣人教弟子一章"为纲，分《孝亲编》《弟道编》《谨行编》《信言编》《泛爱编》《亲仁编》《学文编》七个部分，每一部分"编昔贤嘉言懿行有与之合者，系于其下"①，以使子侄后辈"优游涵泳于其间。庶几哉，天真以是而养，才识以是而启矣"②，守真以致"诚"。

此外，"诚"还表现在教育思想中，对"德"的强调即是体现。在《录〈白鹿洞书院教条〉示士小序》一文中蒋氏阐述说：

> 书院，造士之区也。顾造士莫先于德器，而文艺次之。学者读圣贤书，当思圣贤立言，非博辩是逞，将以为后之立身砥行者法耳。圣贤之所是，即吾人之所宜遵，当一一有以勉诸己。圣贤之所非，即吾人之所宜戒，必一一有以问诸身。沈潜既久，将有日进于道而不自知者。由是而出则为名宦，处则为名儒，以树勋名，以型乡国，岂异人任耶？即从此摛笔为文，亦非时学所能逮，何也？吭圆者鸣，不期善而自善；翮健者飞，不期高而自高。有德者必有言，理固然也。不然，徒掇拾先辈之陈言，以妄希一时之幸获，非惟事有难必，即幸而获售，一旦置身仕版，平昔之浮华既归于无用，当前之职守，更非所素娴，则得失足以撄其心，利害足以变其守，其不至失身而蹈于下流也，鲜矣。③

蒋励常认为德行在孔门四科中是排在第一位的，德行是前提和条件。事

---

① （清）蒋励常著，蒋世玢等点校：《岳麓文集》附《养正编·序》，南宁：广西人民出版社，2001年，第243页。

② （清）蒋励常著，蒋世玢等点校：《岳麓文集》附《养正编·序》，南宁：广西人民出版社，2001年，第243页。

③ （清）蒋励常著，蒋世玢等点校：《岳麓文集》卷四《录〈白鹿洞书院教条〉示士小序》，南宁：广西人民出版社，2001年，第42页。

功、文章只是德行的自然延伸，其存在依靠德行。只要德行高明，事功、文章自然不学而能，不学而工。可见，教育只是"诚"的众多实践之一，如上文所述，修诚即是修德，推之于教育理念便会强调德行。

蒋励常是"诚"说的忠实践行者，"姚门四杰"之一的梅曾良赞曰：

> 蒋先生盖纯孝人也。方侍亲，从军当机赴变，孑孑守绳墨者固不出此。及家居教士，复古礼，泛爱周急，粹然一出于孺者之正，岂境兴殊哉！昔曾子论孝，至于战陈、莅官、居处、朋友之际，断一树，杀一兽，不以时不可以为孝，况伦党共欣戚者乎！精一行之无不贯，吾乃于先生信之。①

蒋励常的精诚可见一斑。他人生的大部分时间都居于家乡，劝善化俗、敦睦乡邻、救济宗族，正如《行述》所说："凡遇乡里利病事，力兴除之。"②蒋氏"一生以存诚主敬"③，用自己的实际行动注释着"诚"。其子蒋启敩、孙蒋琦龄皆受"诚"说影响，并都成为一代名儒。

第九节　郑献甫求是的经学研究

陈钦、陈元父子不盲从、唯求实的学术理念成为广西文化的精神之一，被后来的郑献甫完美继承下来④。

---

① （清）蒋励常著，蒋世玢等点校：《岳麓文集》前《蒋岳麓先生家传》，南宁：广西人民出版社，2001年，第38页。

② （清）蒋励常著，蒋世玢等点校：《岳麓文集》前《行述》，南宁：广西人民出版社，2001年，第28页。

③ （清）蒋励常著，蒋世玢等点校：《岳麓文集》前《行述》，南宁：广西人民出版社，2001年，第33页。

④ 此节可参见《宋明理学在广西的传播及其对少数民族文化的影响》及《广西儒学文献叙录》。

郑献甫(1801—1872年)，名存纻，号小谷，常自称白石山人、识字耕田夫、草衣山人，广西象州人。道光十五年(1835年)进士，任刑部主事，次年秋辞官归乡。先后讲学于龙溪书院、德胜书院、庆江书院、榕湖书院、秀峰书院、凤山书院、越华书院、柳江书院、象台书院、孝廉书院等。有"两粤宗师"之称。著有《四书翼注论文》《愚一录》《补学轩续刻诗集》《补学轩文集外编》《补学轩制艺》《补学轩批选时文》等书。

郑献甫出身于诗礼人家，远祖为东汉经学家郑玄，父亲为清代庠生，外祖父张梦骥为清代进士，深厚的家学渊源为他日后的学术奠定了扎实的基础。

另一方面，恩师伍实生和陈澧也对郑献甫的一生产生了巨大影响。郑献甫青年时见知于伍长华，长华是嘉庆十九年(1814年)探花，又是桐城弟子，耿介清廉，对郑献甫的人格和学术都有陶染。后来郑献甫又从师陈澧①，澧之学问"兼以郑君、朱子为宗，主通汉、宋之邮，意在补偏救弊，不为无益无用之学，其宗旨特为醇正"②，使献甫受益颇深。

郑献甫推崇原始儒家学说，认为"其人果能笃操行、深涵养，则发于文者必淡永而不器"③，格外看重人伦道德。他所作的墓志铭常常措意于死者的孝顺、仁义、友爱、清正等德行，如赞扬洗爱榕"事尊甫松岭太翁以孝闻，及居丧，则庐于墓者数月……其立身若迂，规行矩步，而无南宋之伪；其居乡若豪，排难解纷，而无季汉之祸；其设教若严，尊闻行知，而无东林之弊"④，赞扬姚健堂"虽为诸生，而诚直端方，具于幼学，初入

---

① 陈澧(1810—1882年)，字兰甫，广东番禺人。因读书处叫"东塾"，故世人称他为"东塾先生"。

② 徐世昌等编纂，沈芝盈、梁运华点校：《清儒学案》卷一百七十四"东塾学案上"，北京：中华书局，2008年，第6681页。

③ (清)郑献甫：《郑献甫集中册·补学轩文集》卷三《赠诸葛敬亭序》，南宁：广西人民出版社，2013年，第751页。

④ (清)郑献甫：《郑献甫集中册·补学轩文集》卷四《洗爱榕先生墓碑》，南宁：广西人民出版社，2013年，第800页。

塾，应对洒扫，进退秩如也。诸昆或舌耕于外，或力作于田，独君朝夕侍亲。书籍之难记者，手录之；甘旨之难供者，手治之，故尤为父母所怜。处己勤苦，而与人质直"①，都体现出了一种敦厚的教化规程和儒家的中庸之德。但这种对德行的推崇，并不是建立在程朱理学的教条主义和科举制艺的唯利是图之上的，相反，是基于真实的学术现状和社会风气。他曾在《原学》中说：

> 学莫杂于汉，莫昌于宋，莫一于明，而人才则明不如宋，宋不如汉。夫才之出于学，物之所出于范，皆所以陶冶而始成也。然冶物者恃吾有定范而已，而物之或方或圆或曲或直或奇或偶不拘也；育才者恃吾有正学而已，而人之或勇或智或文或质或迂或通不拘也。是以其陶冶无不至，而物常受范，才常受学。
>
> 至宋而道学之帜张，专以孔孟为宗，而诸子之书废矣。至明而制艺之文出，专以程朱为宗，而诸儒之说息矣，而论功烈则不如萧曹魏丙，论经术则不如贾董匡刘，论文章则不如枚马迁固，而矫诞无用之人、空疏不学之辈，则日新月异而岁不同。余尝求其故，而不觉慨然也。夫学术之有关闽濂洛，犹植物之有楩楠杞梓，而动物之有麟凤龟龙也，以之为天下之宗，而非以之拘天下之格，是故异材并出，奇人代兴。若尽令其肖乎，是则蒙羊以虎皮，被鱼以龙服，适足坏天下之才而已。
>
> 晋人之谈元谈老庄也，宋人之谈元谈孔孟也。谈老庄者尚知非，谈孔孟者皆自是，故古人德行之学亡。宋人之讲学讲性命也，明人之讲学讲文章也。讲性命者尚好名，讲文章者直图利，故古人章句之学亦亡。
>
> 论流品不论贤否，故人才衰；论渊源不论造诣，故学术衰；论格

---

① （清）郑献甫：《郑献甫集中册·补学轩文集》卷四《敕封文林郎诸生姚君健堂墓表》，南宁：广西人民出版社，2013年，第785页。

式不论美恶，故文运衰。然则将模不模、范不范，不几于瓠乎?①

以上表明了郑献甫的四个观点：第一，汉代学术驳杂，宋代学术昌明，明代学术统一，但论人才，汉代则是最好的时代。因为汉代虽杂，但客观上保留了学术的多样性，而宋代诸子之学废，明代诸儒之学废，都不如汉代能培养出多样化的人才。第二，宋人讲性命之学，但人人自以为是，失去了反省能力和道德实践，所以真正的德行反而消失。第三，人的秉性不一，各有适合的学术，但随着理学成为思想正统，"拘天下之格"，学术与文章都衰退了。第四，人才选拔要按照品德、成就和才学展开，而不能依靠门第、师承和科场标准。可以看出，郑献甫十分反对名利之学，而崇尚真才实学，以至于他常常自视为经生，直言"余所素志特经生耳"②，并将经学作为自己一生的志向。

基于此思想，郑氏反对盲从，把"求是"作为学术追求，利用文献考证来疏通经学难题。兹以其所著之《愚一录》为例来说明。《愚一录》又名《愚一录经学》，是郑献甫考订《十三经》的笔记体作品，共十二卷，约二十万字。卷一为《易》解，卷二为《书》解，卷三为《诗》解，卷四为《春秋左传》解，卷五为《公羊》《穀梁》解，卷六为《周礼》解，卷七为《仪礼》解，卷八为《礼记》解，卷九为《孝经》《尔雅》解，卷十和卷十一为《论语》解，卷十二为《孟子》解。其成书过程自序如下：

> 第以《说文》之异字、《释文》之异音，姑试求之《四书》，颇有发明。更求之九经，便漫无归宿，间有得，则标之上方，或有论，则录之别集。其后旁读诸史诸子，亦用此法。为日既久，成帙遂多，

---

① （清）郑献甫：《郑献甫集中册·补学轩文集》卷一《原学》，南宁：广西人民出版社，2013年，第678页。

② （清）郑献甫：《郑献甫集中册·补学轩文集》卷三《赠诸葛敬亭序》，南宁：广西人民出版社，2013年，第750页。

大都凌杂无次。其底本《论语》约一册、《孟子》约一册、《尔雅》各一册，《三传》共一册，《周易》《尚书》一册、《三礼》共一册，《史记》《汉书》二册、《后汉书》《晋书》共一册，《庄子》一册、《荀子》约二册、《吕览》《淮南》共一册，及得徐司寇所刊《通志堂经解》，皆宋人书，幸不相袭。后得阮文达所刊《皇朝经解》，皆近人书，则大半相同。悔其用心散置杂厕，懒不卒业。乙卯在桂林讲院，今抚军长沙劳中丞索别录，底册敬呈一二种，既观大略，因勉令卒业。曰："文集不必自刊，苟可传后人，谅能流布也。经说则必自订，苟未成，后人不能妄补也。"感其言，次年携所标志各本，并搜所录散本，将以次删其雷同者，节其散蔓者，稿其缺少者，拟编十卷，勒为一书。①

据此可知，《愚一录》是在阮元《十三经注疏》基础上，把诸经的不同版本和相关注解加以分析比较，考订文字异同而成的，非空谈性理之作，有着明显的汉学实证倾向。如其辨《孝经》注者"郑氏"与"郑玄"之不同云：

郑注，则范晔《后汉书》既有明文，荀昶集撰又有定论，其相承行用固已久矣。虽果出康成与否，核以目录，难为的据，然《晋中经簿》胪列九书，皆云"郑氏注，名玄"，《孝经》一书，独云"郑氏解"，无"名玄"字，则《孝经》固有郑氏解矣。考《公羊·昭十五年传》注引《孝经》"资于事父以事君，而敬同"，徐彦疏云："何氏解《孝经》与郑称同，与康成异。"据此，则有郑康成一家，又有郑称一家。《续后汉书·舆服志》注有郑称，为魏侍中，即其人也。诸所云"郑氏注"或亦郑称注，而或以为郑小同则非也。顾《正义》于今文家举魏王肃以下二十人，汉长孙氏以下七人，于隋又举魏贞克一人，其中有郑众及郑

---

① （清）郑献甫：《郑献甫集下册·愚一录》"序"，南宁：广西人民出版社，2013年，第1192页。

　　玄，而无郑称，又不可解。①

　　郑献甫的做法比较扎实，他先列出关于"郑氏"和"郑玄"的相关文献史料，然后根据其中信息一一梳理考察。依其所述，《后汉书》明载《孝经》书名及征引经书原文，南朝宋之学者荀昶亦曾撰集《孝经》诸家说②，所以《孝经》一书可谓历史悠久。西晋荀勖编写的《中经新簿》胪列了九本郑玄的书，都明确标注作者为"郑玄"，唯独《孝经》只记作"郑氏解"，不明言是郑玄作③。《公羊传·昭公十五年》"大夫闻君之丧，摄主而往"句注有"《孝经》曰：'资于事父以事君，而敬同。'"其疏曰："何氏之意，以'资'为'取'，言取事父之道以事君，所以得然者而敬同故也。以此言之，则何氏解《孝经》与郑称同，与康成异。"④则知郑称与郑玄都曾注解过《孝经》。郑献甫所谓《续后汉书》，不是元人郝经的《续后汉书》，而是司马彪的《续汉书》，现今通行本《后汉书·舆服志》即为司马彪《续汉书·舆服志》之遗存。《后汉书·舆服志》"青盖车绿车"下引郑称之言注曰："侍中郑称对曰：'天子五路，金以封同姓，诸侯得乘金路，与天子同。此自得有，非特赐也。'"⑤郑献甫据此指出注《孝经》的郑称是魏侍中郑称。然而《孝经序》"至于迹相祖述，殆且百家"下又有疏曰："今文则有魏王肃、苏林、何晏、刘邵、吴韦昭、谢万、徐整，晋袁宏、虞槃佑，东晋杨泓、殷仲文、车

---

　　① （清）郑献甫：《郑献甫集下册·愚一录》卷九"孝经 尔雅"，南宁：广西人民出版社，2013年，第1292页。
　　② （唐）李隆基注，（宋）刑昺疏：《孝经注疏》序前疏，阮元校刻：《十三经注疏》，北京：中华书局，2009年，第5519页。
　　③ 虽然《中经新簿》已经散佚，但我们仍能从其后继者《隋书·经籍志》中窥见其对《孝经》记载的蛛丝马迹。《隋书·经籍志》载有"《孝经》一卷"，注曰"郑氏注"。不言郑玄，与《论语》等书明注"郑玄"者迥异。可知献甫之言不虚。
　　④ （东汉）何休注，（唐）徐彦疏：《春秋公羊传注疏》卷第二十三"昭公十五年"，阮元校刻：《十三经注疏》，北京：中华书局，2009年，第5047页。
　　⑤ （南朝宋）范晔等撰，（唐）李贤等注：《后汉书》志第二十九《舆服上》，北京：中华书局，1965年，第3647页。

胤、孙氏、庾氏、荀昶、孔光、何承天、释慧琳、齐王玄载、明僧绍，及汉之长孙氏、江翁、翼奉、后苍、张禹、郑众、郑玄所说，各擅为一家也。其梁皇侃撰《义疏》三卷，梁武帝作《讲疏》，贺玚、严植之、刘贞、简、明山宾咸有说，隋有钜鹿魏真克者亦为之训注。"①郑献甫因此提出《孝经注疏》不列郑称的疑惑。以上就是郑献甫辨析的全过程，可以看出，他所采用的方法是从文献中构建《孝经》学的发展脉络，其主要特点是钩引史料、考证说明，带着浓厚的实证色彩。当然，郑献甫对"郑氏"与"郑玄"注《孝经》的辨订，在清代学术史上来说，并不是孤立的，而是受汉学家对《孝经》"郑学"研究的影响②，质言之，从学术研究主题上也可以看出献甫论经的汉学倾向。《愚一录》其他篇章如解《尔雅》之旁征博引释字词、解《论语》之引经据典断故实的做法，咸见朴学遗风。

献甫门人林肇元于光绪二年(1876年)刊刻《郑小谷全集》，《愚一录》一书赫然在列，肇元对此书的求是精神十分感佩，序说：

> 昔从吾师游，闻著《愚一录》，未请稿一读也。咸丰乙卯，师自象州至桂林，告肇元曰《愚一录》被盗劫舟，投诸水矣。平生心血所聚，竟为鬼神所忌，子未见之，或不之惜耳。肇元闻之怃然。丙辰，省师桂林，又相告曰："前录追忆不及二三，涂改未清，编次未定，子家遭乱，又须亟归，不能为我一助商订也。"自是拜别，各伤流离，不通消息。己未，师自粤东投书湘南，肇元读之泣下。既而师归桂林，肇元且走鄂蜀秦黔，而仕黔矣。师手书敦论，月一再至，辄以非俗吏见许，且屡言未梓之书若干种，抑若以是相属者，肇元识之不敢忘。先是梓吾师《批选时文》《补学轩制艺附杂话》成，亟请《愚一录》，答以王定甫通使借去，徐而再请，而吾师已捐馆舍。肇元惧是录之相与俱

---

① (唐)李隆基注，(宋)邢昺疏：《孝经注疏》序，阮元校刻：《十三经注疏》，北京：中华书局，2009年，第5521页。

② 详见吴仰湘：《清儒对郑玄注〈孝经〉的辩护》，《中国哲学史》2017年第3期。

亡也，走书同门周芜江武部，求之王氏，幸已为印渠制军所得，且属芜江校定。越年，芜江校本来，吾师之嗣栗田亦以其初本至，肇元始得受而读之，其考据辨论之精且详，窃以为可与王伯厚《困学纪闻》、顾亭林《日知录》后先鼎立。会肇元详改黔之正习书院为学古书院，亟资说经之书，与诸生讨论，乃捐廉付手民。未竣工而肇元又行入觐，爰请简堂中丞代毕其事，中丞固欣然，乐为致力也。初本视校本多数，则或吾师删润之余，肇元不忍弃之，悉为附入。若夫芜江之出，所按论互相发明，有功是录，不在禹下。肇元从戎十年，从仕十年，学殖荒落，诚不能赞一词矣。骊驹在门，仓皇行色，谨识缘起。掷笔回望，象山千里，吾师吾师，长与此终古矣。任师之道相与并传者，谁耶？①

郑献甫解经不执私见，旁推交通，以求其是，这已成为其他人的共识。

此外，郑献甫强调"阅历"的诗论和循序渐进的教育主张，都是其"求是"学术的体现，《清代后期粤西儒宗郑献甫研究》一文所说甚明，兹不赘述。

郑献甫作为粤西近代大儒，在将延自二陈以来的广西学术推向更高成就上作出了应有的努力。《清史列传》评价其"学识博通"②，何承轩先生也认为郑献甫为广西乃至岭南的教育文化事业作出了积极的贡献③，都为确论。

总之，随着儒学在广西的不断传播与发展，广西的儒学文献著作开始

① （清）林肇元：《刊郑小谷先生〈愚一录〉序》，郑献甫：《郑献甫集下册·愚一录》"序"，南宁：广西人民出版社，2013年，第1191页。

② （清）佚名撰，王钟翰点校：《清史列传》卷七十三，北京：中华书局，1987年，第6048页。

③ 何成轩：《高扬主体意识，彰显独创精神——简论郑献甫思想的特色》，苏彩和、黄铮主编：《历史文化名人郑献甫论丛》，南宁：广西人民出版社，2005年，第53页。

大量产生与流通，与此同时，本土儒者中也开始涌现出诸多比较有特色的大儒，从苍梧二陈到象州郑献甫等，都是其中的典型代表。他们的思想理论丰富多样，既包含传统的一面即历史理性的一面，也包含创新的一面即追求超越经验的一面，有着明显的复杂性乃至地域特殊性。从这些大儒及其述作中，我们可以看到粤西儒学的传承与发展，以之为研究突破的重点，即可在有限掌握的文献中无限接近古代广西文化绵延流变的内在真相。

第三章　儒学在广西的发展

儒学在广西扎根后就不断地与广西本土文化融合，二者相生相成，催生了内涵丰富、形式多样的广西儒学。它立足于儒家传统经典文献，以广西本土思考和实践作为经验总结，形成了发展阶段清晰、发展格局繁复、内部差异明显的特点。① 这些特点与历代广西学者的努力密切相关，并在他们的作品中得到进一步彰显。故此章即在上文论述历代广西学者代表及其著作的基础上展开，亦是利用广西儒学文献构建粤西学术史之尝试。

第一节　儒学在广西的发展分期

从儒学在广西发展的轨迹和特点看，我们可将其分为两汉三国、宋元、明和清四个时期。大体来说，广西学术在两汉三国时期以经学研究著名，宋、明时期多以理学研究著称，而清代则在理学和朴学等诸多领域都有丰硕成果。

一、发轫于两汉

苍梧广信在广西儒学的发展史上举足轻重，这里走出了影响力可与刘歆、桓谭、杜林等儒学大师抗行的陈钦、陈元父子。

苍梧广信地处贺江、西江交汇处，是进入岭南西部地区的交通要道。

---

① 本章可参见《宋明理学在广西的传播及其对少数民族文化的影响》及《广西儒学文献叙录》。

远在先秦时期，"苍梧""南夷""南国""南海之珠"等记载时见于中原文献。公元前214年，秦统一岭南，开设南海、桂林、象郡三郡，伴随着灵渠的开通，广信(即今广东封开、广西梧州一带)长期为交阯部、交州和苍梧郡治所，是岭南早期的政治中心及学术文化中心。南越王赵佗在位六十七年，以"和集百越""南北交欢"为立国原则，大力宣扬儒学经典，这在广西地区播下了儒学的种子。元鼎六年(前111年)，汉武帝平定南越国后，以其地置苍梧、南海、郁林、交阯、合浦、九真、日南等郡，苍梧郡下辖广信、谢沐、高要、封阳、临贺、端溪、冯乘、富川、荔浦、猛陵等十县(东汉增设鄣平，为十一县)，治所在广信(今梧州市)。

　　针对迥异于中原的交阯文化，汉廷通过移民、教学等形式传播儒学文化，推行礼教。和帝时喻猛①为苍梧太守，以仁德教化，"鸠集以礼，南人入服"②。顺帝时陈临③为苍梧太守，导人以孝悌，郡人歌之云："苍梧陈君惠及死，能令死者不绝嗣，德参古贤天施报。"④又锡光⑤、任延⑥等人，守九真，"教其耕稼，制为冠履，初设媒娉，始知姻娶，建立学校，导之礼义"⑦，史书称赞二人说："教导民夷，渐以礼义，化声侔于延……岭南华风，始于二守焉。"⑧又陆绩⑨为郁林太守时，倡兴文教，

---

　　①　喻猛，字骄孙，豫章郡(今南昌)人。举孝廉，初任薛令，后升迁苍梧郡太守。有政声。

　　②　(清)吴九龄修，史鸣皋纂：《(乾隆)梧州府志》"卷二十三艺文志四"，乾隆三十九年(1774年)刻本，第1页。

　　③　陈临，字子然，南海(今中山)人。东汉永建中苍梧太守。宦绩显著。

　　④　(清)吴九龄修，史鸣皋纂：《(乾隆)梧州府志》"卷二十三艺文志四"，乾隆三十九年(1774年)刻本，第5页。

　　⑤　锡光，字长冲，汉中人。哀帝、平帝之际为交州刺史，徙交阯太守。

　　⑥　任延(？—68年)，字长孙，南阳宛(今河南南阳)人。建武初年九真太守。事迹详见《后汉书·循吏列传》。

　　⑦　(南朝宋)范晔等撰，(唐)李贤等注：《后汉书》卷八十六《南蛮西南夷列传》，北京：中华书局，1965年，第2836页。

　　⑧　(南朝宋)范晔等撰，(唐)李贤等注：《后汉书》卷七十六《循吏列传》，北京：中华书局，1965年，第2462页。

　　⑨　陆绩(187—219年)，字公纪，吴县(今苏州)人。汉末庐江太守陆康之子，曾官奏曹掾、郁林太守，著有《浑天图》《易经》《太玄经注》。

亲自课导诸生，出现了"士慕其风，乐其教"①的景象，儒风已经开始在粤西浸渍。

随着儒学在广西地区的进一步传播，当地士民"乃稍知言语，渐见礼化"②。如郁林人养奋③，博通坟籍，为一时名儒。荔浦人徐徵④，为官秉公执法，不畏豪强。苍梧人申朔⑤，性廉慎，举孝廉，为九真都尉，节操名重当时。在这种风尚陶染下，学术活动日渐频繁，广西先后出现了陈钦、陈元、陈坚卿祖孙三代学人。陈氏三代的春秋左氏学研究，首开粤西学术之风，对此，清代广西著名诗人黎申产曾赞曰："南国经师推士燮，西京朴学数陈元。祖孙稽古传千古，训诂专门萃一门。黉舍只今多诵读，儒林谁复溯渊源？却来怅望东湖水，犹有尚书德业尊。"⑥

其后，三国时期的士燮也以春秋学名世。燮治交阯四十年，著《春秋经注》《公羊穀梁注》《交州人物志》，名动京师。其人谦虚下士，与桓晔、刘熙、许靖、许慈、牟子、虞翻、程秉、薛综、刘巴等都有往来。

刘熙⑦，建安中曾避乱交州，往来苍梧、南海等地之间，授生徒。薛综⑧，汉末避地交州，从刘熙学，后为合浦太守，以礼法治世，使合浦

---

① （清）汪森编，黄盛陆等校点：《粤西文载校点（四）》卷六十二"名宦小传"，南宁：广西人民出版社，1990年，第348页。

② （南朝宋）范晔等撰，（唐）李贤等注：《后汉书》卷八十六《南蛮西南夷列传》，北京：中华书局，1965年，第2836页。

③ 养奋，字叔高，郁林人。博通坟籍，以布衣举贤良方正，曾对和帝策问，后莫知所终。事迹详见《（嘉靖）南宁府志》卷八。

④ 徐徵，字君求，苍梧荔浦（今桂林荔浦市）人。延熹中仕苍梧郡。事迹详见《（雍正）广西通志》卷七十六"乡贤"。

⑤ 申朔，字元游，苍梧人。

⑥ （清）黎申产：《菜根草堂吟稿》，南宁：广西人民出版社，1993年，第205页。

⑦ 刘熙（约160年—？），或称刘熹，字成国，北海（今山东潍坊）人。官至南安太守。东汉经学家，著有《释名》《孟子注》等。

⑧ 薛综，字敬文，沛郡竹邑（今安徽淮北）人。少明经，善属文，举秀才。汉末大乱，乃依故人避地交州，从刘熙学，后为合浦太守。著有《五宗图述》《二京解》。

风俗丕变。又有虞翻①，此人常往来于交阯、苍梧等地，"讲学不倦，门徒常数百人"②。

可以说，正是士燮的统治及其对文化教育的重视，使得儒学在岭南地区的传播得到了历史性的开拓，并使交阯成为当时学术文化中心之一。

汉、三国时期广西士人把《春秋》作为儒学文献的主要研究对象，究其原因主要有以下两点：

第一，汉代是儒学文献的"定型时期"，对儒学文献的最初整理研究就以经典的"五经"为主。汉代"独尊儒术"，使得作为官方推崇的儒家经典之一的《春秋》的大规模传播成为可能，而广西在汉时属于边徼，经过迢遥的路程，能从中原几经辗转流传下来的文献典籍，多是官方曾经大力支持提倡的，作为五经之一的《春秋》自然属于这种情况。

第二，汉代的思想大家都对《春秋》甚为推崇，学风所被，大江南北皆趋向之。如司马迁，他在文献学上的成就，可谓前承孔子，后启刘向、刘歆父子。司马迁在《史记》中征引的文献数量之多是空前的，但在这些古典文献中，司马迁犹重视经书，经书中又特别推崇《春秋》，甚至把《史记》自比为《春秋》第二，"夫学者载籍极博，犹考信于六艺"③，"自周公卒五百岁而有孔子，孔子卒后至于今五百岁，有能绍明世，正《易传》，继《春秋》，本《诗》《书》《礼》《乐》之际？意在斯乎！意在斯乎！小子何敢让焉"④。在这种时代背景下，广西作为汉文化的接受地，本土学子多主攻

---

① 虞翻（164—233 年），字仲翔，会稽余姚（今浙江宁波余姚市）人。日南太守虞歆之子。曾为会稽太守王朗功曹，后从孙策，仕于吴，官至骑都尉。精通《易》学，著有《周易日月变例》等。

② （晋）陈寿撰，（南朝宋）裴松之注：《三国志》卷五十七"吴书十二"，北京：中华书局，1982 年，第 1321 页。

③ （汉）司马迁撰，（南朝宋）裴骃集解，（唐）司马贞索引，张守节正义：《史记》卷六十一《伯夷列传第一》，北京：中华书局，1982 年，第 2121 页。

④ （汉）司马迁撰，（南朝宋）裴骃集解，（唐）司马贞索引，张守节正义：《史记》卷一百三十《太史公自序》，北京：中华书局，1982 年，第 3296 页。

《春秋》学也在情理之中。

从魏晋南北朝迄隋唐五代长达六七百年的历史，虽仅有范瑗《交州先贤传》一部儒学文献被后世著录，但除此之外，广西地区仍有儒学传播活动的记载。令狐熙①仕桂时，"为建城邑，开设学校，华夷感敬，称为大化"②，由此开启了广西建学的进程。随后，大业十三年（617年）创建的灌阳县学成为了现今可考的广西第一所地方县学③。唐代入桂文人学者如李昌夔④、韦丹⑤、柳宗元等，大多热心兴学、注重纲常人伦教育。李昌夔在桂州创建学校，"考宣尼庙于山下，设东西庑以居胄子"⑥，这是桂林第一所府学。韦丹也在容州兴学教民。影响最深远的当属柳宗元。柳氏在柳州四年，因其土俗，兴复孔庙，大兴文教，希望"人去其陋，而本于儒。孝父忠君，言及礼义"⑦，使得柳州社会风气大变，"子严父诏，妇顺夫指，嫁娶葬送，各有条法，出相弟长，入相慈孝"⑧。清修《马平县志》评价说："柳侯刺柳州，而不鄙夸其民，以身示教，柳人知学自此始。"⑨清人汪森亦叹曰："自昔南滨于海，西濒于金沙江者，皆为蛮乡，王化所不

---

① 令狐熙（540—602年），字长熙，敦煌人。令狐整之子。为人谨慎端重。曾任沧州刺史、汴州刺史，吏部政绩考核第一。在桂四年，他用绥抚政策，各部首领竞相归服，又让地方官吏修建城邑，开设学校，宦绩显著。

② （唐）魏徵等：《隋史》卷五十六"列传第二十一"，北京：中华书局，1973年，第1386页。

③ （清）谢启昆修，胡虔纂，广西师范大学历史系中国历史文献研究室点校：《广西通志》卷一百三十四"建置略九"，南宁：广西人民出版社，1988年，第3865页。

④ 李昌夔，生卒年不详，陇西（今属甘肃）人。大历年间仕桂州。有政声。

⑤ 韦丹（753—810年），字文明，京兆郡万年县（今陕西省西安市长安区）人。举明经进士。历任峡州远安县令、咸阳县尉、容州刺史等职。

⑥ 桂林市文物管理委员会编：《桂林石刻（上册）》，内部资料，1977年，第10页。

⑦ （唐）柳宗元撰，尹占华、韩文奇校注：《柳宗元集校注》，北京：中华书局，2013年，第389页。

⑧ （唐）柳宗元撰，尹占华、韩文奇校注：《柳宗元集校注》，北京：中华书局，2013年，第3541页。

⑨ （清）舒启修，吴光昇等纂：《马平县志》卷五"学校"，台北：成文出版社，1970年，第190页。

宾，而蜀开最先，粤闽继之。其兴文教也，蜀推汉之文翁，闽推唐之常衮，尚已。若以粤西论，则宜推柳子厚始。"①可见柳宗元教化之成功。

二、重启于宋元时期

南宋王朝自从苟安于南方之后，对广西的经营愈加用心，广西儒学也因此得到了开拓性传播。此时的儒学为"新儒学"（Neo-confucianism），或称宋明理学，又称宋明道学。根据牟宗三的看法，宋明理学之所以为新儒学，在于宋儒把内圣、成德的内在义理特别提出来，加以发挥与锤炼，这就是"新儒学"之"新"意所在②。至于所谓"理学"，"理"即义理，"理学"为阐释义理之学，是与考据、辞章相对应的一个概念。

南宋以来，随着理学正统地位的确立，理学在八桂大地广泛传播，入桂儒士渐渐增多。像张栻、詹仪之、汪应辰、张孝祥、吴猎等都曾以地方官的身份经营桂林；林岊、赵必愿建清湘书院，倡道全州；张自明、方信孺等建龙溪书院、讲学宜州，士习为之一变；高登扩建静江府古县（今桂林市永福县）县学，并在容县授徒讲学，其都峤学子有李弥章和卢大勋③等人；廖德明在浔州一带，立四贤堂，"讲明圣贤心学之要"④。可以说，宋以后，在汉末三国以来的基础上，广西儒学得到了快速传播与发展。总的来看，此阶段的传播发展有两个任务：

首要任务是为广西立道、明道。立道、明道的道，指的是从尧、舜、禹、汤、文武、周公、孔子、孟轲到周敦颐、二程、朱熹的一个承续谱

---

①　（清）汪森编，黄盛陆等校点：《粤西文载校点（一）》，南宁：广西人民出版社，1990年，第7页。

②　牟宗三：《宋明儒学的问题与发展》，上海：华东师范大学出版社，2004年，第11页。

③　（宋）高登著：《东溪集》卷上《偕学子游都峤》，《影印文渊阁四库全书》第一一三六册，台北：台湾商务印书馆，1986年，第439页。

④　（清）汪森，黄盛陆等校点：《粤西文载校点（四）》卷六十三，南宁：广西人民出版社，1990年，第395页。

系。比如在张栻看来，作为道统源头的虞舜，做到了"慈孝于家，仁敬于邦。友弟刑妻，取人与善。从容钜细，各极其极。如规之圆，如矩之方"①。与传统儒家歌颂舜帝的做法不同的是，张栻从天理人性的高度论证了虞舜道德性的来源，即源于天理的道德人人生而就有，因此，人人可以为虞舜。他说："天降生民，厥有常性。仁义礼智，父子君臣。爰及昆弟，夫妇朋友，是曰天叙，民所秉彝。"②张栻于淳熙二年(1175年)六月在静江府学宫明伦堂旁边立三先生祠，其推尊理学来弘道的目的显而易见：

> 凡所谓为士者，故曰以孔孟为宗，然而莫知所以自进于孔孟之门墙，则亦没世穷年，怅怅然如旅人而已。幸而有先觉者出，得其传于千载之下，私淑诸人，使学者知夫儒学之真，求之有道，进之有序，以免于异端之归；去孔孟之世虽远，而与亲炙之者，固亦何以相异，独非幸哉！是则秦汉以来，师道之立，亦莫盛于今也。③

除上述三先生祠外，又有"七先生祠"，祀奉柳开、周敦颐、程颢、程颐、张载、张栻、朱熹七先生。韩邈又建四先生祠，祭祀周敦颐、程颢、程颐、程珦四人，廖德明则认为由四先生之学，"可以明下学之善，而窥太极之蕴，上继乎洙泗之风……所以寓其师敬之意"④。朱禩孙建宣成

---

① (清)汪森编，黄盛陆等校点：《粤西文载校点(三)》卷三十七《静江府虞帝庙碑铭》，南宁：广西人民出版社，1990年，第115页。
② (清)汪森编，黄盛陆等校点：《粤西文载校点(三)》卷三十七《静江府虞帝庙碑铭》，南宁：广西人民出版社，1990年，第115页。
③ (清)汪森编，黄盛陆等校点：《粤西文载校点(三)》卷三十七《三先生祠碑》，南宁：广西人民出版社，1990年，第114页。
④ (清)汪森编，黄盛陆等校点：《粤西文载校点(三)》卷三十七《四先生祠堂碑》，南宁：广西人民出版社，1990年，第119页。

书院，祭祀吕祖谦、张栻，"沿张吕，溯濂伊，接洙泗，使圣道之明千万世如一日，亦二先生之所喜，部使者之所望也"①。这些活动都可以看出此时广西儒学着力立道、明道的意图。

其次，这一阶段理学的传播发展以实用性教化为主，而辅之以学术观点或学派之间的相互支持。比如宋昭州太守陈廷杰修"邹公祠"以彰忠节，张栻则支持说："某独尝谓，人臣不以犯颜敢谏为难，而忠诚笃至之为贵；士君子不以一时名节为至，而进德终身之可慕。若公始所论谏，盖亦他人之所难言。而考味其平生辞气，曾微一毫著见。再位于朝，忧国深切，重斥炎荒，凛不少沮，至于病且死，语不及它，独以时事为念。"②并重新修复之。又如绍兴初年，高登在贺州学政任上也非常注重用礼义与法度"养士"③，追随者甚众。张栻自己为帅广西时，更以教人明善为办学目的，他说："学也者，所以成才而善俗也。"④"而后知先王所以建庠序之意，以教之孝悌为先也……盖孝悌者天下之顺德，人而兴于孝悌，则万善类长，人道之所由立也。"⑤朱熹在得知张栻在广西的行迹后，亦在《静江府学记》中予以勉励支持。

元代的广西儒学在宋代基础上继续推进，上承宋代下启明代，以羽翼宋学的身份存在，与宋学大同小异。比如元代官员臧梦解，他就任广西后，大兴文教，曾修复宣成书院(书院祭祀南轩、东莱)，更标举宋代四大

① (清)汪森编，黄盛陆等校点：《粤西文载校点(二)》卷二十九《重修宣成书院记》，南宁：广西人民出版社，1990年，第349页。
② (清)汪森编，黄盛陆等校点：《粤西文载校点(三)》卷三十七《昭州新立吏部侍郎邹公祠堂碑》，南宁：广西人民出版社，1990年，第113页。
③ (元)脱脱等：《宋史》卷三百九十九，北京：中华书局，1985年，第12129页。
④ (宋)张栻：《南轩集》卷九《钦州学记》，《影印文渊阁四库全书》第一一六七册，台北：台湾商务印书馆，1986年，第501页。
⑤ (宋)张栻：《南轩集》卷九《雷州学记》，《影印文渊阁四库全书》第一一六七册，台北：台湾商务印书馆，1986年，第502页。

书院①，俨然宋儒。又如此时兴安县学者唐朝，著有《心法纂图》一书，此书思想即承继宋儒而来②。

值得一提的是，此阶段的广西本土士人也多以理学的轻名利和重气节著称于世。如宋代融县人覃昌③，崇奉儒学，"独闭门讲学，以求道为己任。文峻而整，学精而核，其教人一本六经"④。又如自号"白云先生"的上林韦旻，修身养性、读书隐居，《（嘉庆）广西通志》说："闭户读书，无所不通……隐于罗洪峒，据山林石泉之胜，尤善导养之术。"⑤风采堪称熠熠。而上述本土士人唐朝，甚至在桂林被明兵攻陷后不复出仕，表现出一个理学人士的政治洁癖。

总之，宋元时期是广西儒学的重启阶段，此时的广西因为需要吸收消化外来文化而处于被动接受儒学的地位，故此时的广西儒学急于解决的是文化的普及和风俗的美化问题，而不是追求对儒家观念的辨析和系统阐述，更不太重视著书立说。因此，大体上来说，宋元时期的广西儒学呈现出重传承、重人品、重教化、重实用的底色。

三、发展于明

明代是广西儒学的发展期。这一时期广西的学术不再是程朱理学一统广西的局面，而是阳明心学在明代中期一度可与程朱理学平分秋色的局面。此时的广西本土大儒增多，代表人物有周琦、蒋冕、张翀、王启元

① （清）汪森编，黄盛陆等校点：《粤西文载校点（二）》卷二十九《重修宣成书院记》，南宁：广西人民出版社，1990年，第348页。

② 孙先英、周欣：《广西儒学文献叙录·第二篇》，上海：上海古籍出版社，2022年，第184页。

③ 覃昌，柳州人。祖覃光佃、父覃庆元皆崇奉儒学，庆历五年（1045年）进士，官至国子祭酒，有文集，不存。

④ （清）汪森编，黄盛陆等校点：《粤西文载校点（五）》卷六十八"人物小传"，南宁：广西人民出版社，1990年，第164页。

⑤ （清）谢启昆修，胡虔纂，广西师范大学历史系中国历史文献研究室点校：《广西通志》卷二百六十二，南宁：广西人民出版社，1988年，第6577页。

等。而且，此时的传世著述亦多于前代，据谢启昆《广西通志·艺文略》统计，自西汉至元代的千余年间，广西籍人士的著述共计仅有二十七种；而不足三百年的明代，广西籍文人著述有一百三十九种，儒学著述就占七十五部，儒书占比已经超过一半。这从一个侧面反映出明代广西本土的学术文化有了很大的发展和进步。

此时广西本土儒学著作的内容也都十分丰富，主要涉及《诗经》《易经》《礼记》《春秋》《孝经》《尚书》等经书，观点上受科举取士的影响较大。像陈大纶的《经义摭言》和庞希睿的《仪礼杂解》二书，都墨守程朱之义。然而在遵从程朱的同时，也有儒者在著作中流露出心学思想，如上章所说的张翀《浑然子》；更有儒者提出了自己独到的见解，如周琦就以"复性"作为自己的理学特色①。但无论如何，明代的广西儒学经过长期的传播和输入，已经开始走向本土原创性的趋势，并能够自觉地在儒学思想的指导下开展治学、修身、平天下的本土实践，这是此阶段广西儒学发展的主题。

具体而言，从进入广西的理学之士来看，根据《明儒学案》《儒林宗派》《闽中理学渊源考》《粤西文载》《(嘉庆)广西通志》等书统计，明代入桂理学家约有八十七人②，这些人多为贬谪的官员，所以他们主导传播的儒学活动多以实施教化为主，具有很强的政治实践性。如此庞大数量的理学士人群体和较为成功的教化活动，反过来又进一步促进了广西学术的本土化思考。

从本土儒者开展的著作活动来看，这些作品的产生大多以应用为目的。以马平人龙文光的《乾乾篇》为例，此书为"讲《易》之作"③，是释读、诠解《易经》并记录自己感悟的一部著作。龙文光重点阐述了自强不息、不断日新的观点，其在《序》中直言：

---

① 参见本书第二章第三节之"周琦的理学思想"。

② 具体人物可参见孙先英：《宋明理学在广西的传播及其对少数民族文化的影响》，北京：中国社会科学出版社，2015年。

③ 福建省图书馆编：《萨兆寅文存》，厦门：鹭江出版社，2012年，第208页。

文光发种种矣。百年将半，为日苦短。夫子不自道乎，假年学《易》。《易》通上下而言，在君有君之用，臣有臣之用，父有父之用，子有子之用，以至事物莫不皆然。且合圣凡而言，故作经立教，使夫妇之愚，皆可与知与能。故六龙一人，皆有一日，皆有孔子。全以人说《易》，人能尽道最难，乃设为警惧戒谨之辞，使天下为人者，皆可勉而至焉。《易》曰："终日乾乾。"此语最尽，窃愿时习之矣。①

龙氏认为《易经》是一部博大精深之书，"通上下而言在昔"，包含了儒家的许多渊深思想，但长期被误读为一部算命、占卜之书，于是他着重发挥《易经》中的道德学说，如将"君子终日乾乾，夕惕若厉，无咎"阐释为孜孜以求德性的升迁②，以期能够用理论指导日常实践。

又如武缘人李璧的《燕飨乐谱》，吕柟序称："声律之道，柟久欲求之而未能也。比得李白夫(李璧字)《燕飨乐谱》，于予心少开焉。于戏，白夫之学亦静密哉！……夫一准且如此难也，而白夫乃能稽其全、贡其妙、绎其旧、附其新，七声之次，十二诗之用，灿乎如指诸掌。如有作者，必采斯谱矣……吾又知白夫之志，不徒以钟鼓为乐也。白夫名璧，广西武缘人，志久在于伊洛。"③此谱强调音乐的践道功能，实用性可见一斑。

再如崇善(在今崇左市)人赵雍的《丧礼仪节》。是书作于丽江司训任上，因念丽江丧祭过于奢侈，"乃取考亭《家礼》，视土俗所宜，斟酌损益，编次为书，名曰《丧礼仪节》。梓之以示乡人，乡人翕然从之"④。此书通

---

① (清)谢启昆修，胡虔纂，广西师范大学历史系中国历史文献研究室点校：《广西通志》卷二百零五，南宁：广西人民出版社，1988年，第5406页。

② 孙先英、周欣：《广西儒学文献叙录·第一篇》，上海：上海古籍出版社，2022年，第15页。

③ (明)吕柟：《泾野先生文集·燕飨乐谱序》，《续修四库全书》第一三三七册，上海：上海古籍出版社，2002年，第601~602页。

④ (清)甘汝来等纂修：《太平府志》卷三十五，清雍正四年(1726年)本，第1页。

过对《朱子家礼》的删减、改编，从而在地方上形成一个从俗、从时、从简的家礼变通本，移风易俗、敷化一方的应用目的十分明显。

总的来看，此时期的广西儒学无论是程朱学派还是陆王学派，都展现出了极强的实践性，此种特性固然是嗣承上一阶段而来，但也与此时广西本土儒者的自觉努力息息相关。他们在思考儒学道德价值和时代学术利弊等问题上，本着实事求是的态度，有针对性地作出了自己的回应，这是明代广西儒学实践性的根本。同时，这种回应也为清代广西儒学的成熟奠定了坚实的基础。

四、成熟于清

清代是广西儒学的成熟期。仅据《广西省述作目录》和《广西近代经籍志》统计，清代广西有著述问世的作者就超过六百人，有名可考的儒者则有九十人以上，清代广西儒学发展之成熟可见一斑。这些学者留下的专著有二百九十多部，如高熊徵《孝经刊误节训》、麦士奇《易经翼注》、谢济世《易在》、陈宏谋《五种遗规》《培远堂手札节要》《陈宏谋家书》《大学衍义辑要》《大学衍义补辑要》、陆锡璞《易经精义钞略》《礼记精义钞略》、卿彬《周易贯义》、郑献甫《愚一录》《愚一录易说》、金熙坊《周易类象》《羲轩丹易》、龚延寿《周易拟象》《周易史证》、祁永膺《岭南祠诸先生事迹学术考》、苏懿谐《学庸弦诵》《两关日课》等，它们对广西的经学、史学乃至文学艺术等诸多领域均产生了重大影响。

大体来说，在研究领域上，此时的广西儒学从宋明理学扩展到小学（音韵、文字、训诂）、文章学、词学等，并各自产生了代表性的人物和标志性的成果，如陈宏谋的理学、龙启瑞的小学、"岭西五大家"的文章学、"临桂词学"等，它们都是广西儒学延伸发展出来的产物，自然也都是广西儒学的重要组成部分。

（一）以"临桂学"为代表的理学成就

陈宏谋是临桂人，故徐世昌的《清儒学案》把陈宏谋的学术称为临桂学，为之立"临桂学案"①。"临桂学"是注重经世致用的实学，其旨以"诚"为核心，主张"诚一不欺""设诚致行""仕学相资""体用相资"，标榜"事功节义"，反对虚妄。

在陈宏谋的理学话语体系中，"诚"即"纯一不杂"②，"彻内外、贯始终，皆本一诚也"③。陈宏谋还把"诚"落实到了三纲五常和四维等道德价值上，主张"大道本一诚，至性惟敦实"④。此外，他将"诚一不欺"引入行政解读，提出"设诚致行""体用一原""仕学相资"，"以民心为己心，视官事如家事"⑤的治理主张。陈宏谋仕履所到，皆兴修水利、建社仓、劝种、兴学、移风易俗，诚为知行合一之举。

需要说明的是，陈宏谋的"诚一不欺"之学，是一种诚朴之学，不以玄妙为高，而以人伦教化、行政之理为尚。这不仅与陈宏谋自身的学术经历有关，而且与儒学在广西传播的重教化倾向有关。

早在宋代张栻兴复桂林学府时，即建周敦颐与二程的三先生祠，以树立楷模，延续道统，自称：

> 故某之区区，首以立师道为急。继自今瞻三先生之在此祠也，其各起敬起慕，求其书而读之，味其言、考其行、讲论紬绎，心存而身履循之，以进于孔孟之门墙，将见人才之作兴，与漓江为无穷也。⑥

---

① 详见徐世昌等编纂，沈芝盈、梁运华点校：《清儒学案》卷六十四，北京：中华书局，2008年。

② (清)陈宏谋：《培远堂文集》卷一《重刊司马文正公传家集序》，《陈榕门先生遗书》第一册，民国三十三年(1944年)排印本，第6页。

③ (清)陈宏谋：《培远堂文集》卷一《重刊司马文正公传家集序》，《陈榕门先生遗书》第一册，民国三十三年(1944年)排印本，第7页。

④ (清)陈宏谋：《培远堂文集》卷十《祝石显庵先生寿》，《陈榕门先生遗书》第二册，民国三十三年(1944年)排印本，第8页。

⑤ (清)陈宏谋：《培远堂手札节要》卷下《寄钱相人琦书》，《陈榕门先生遗书》第二册，民国三十三年(1944年)排印本，第13页。

⑥ (清)汪森编，黄盛陆等校点：《粤西文载校点(三)》卷三十七《三先生祠碑》，南宁：广西人民出版社，1990年，第115页。

由此可见，因广西"师道"未立，士子须先"进于孔孟之门墙"，须先体贴儒家之精神，才是为学前提。张栻也因此对广西士子提出了"身履循之"的要求。对广西士子来说，理学家的这种要求，是为了使儒家的整个伦理纲常简单易行，其重点则在践履。

正因为有这种重视教化的传统，广西的学术文化在清代之前就拥有了强调事功、崇尚实学的基因，可以说，陈宏谋所代表的"临桂学"正是此种文化基因的体现和延续。张之洞的《书目答问》虽把陈宏谋列为程朱之学，但却也将其与陆陇其、李光地和张伯行等"实学"大家相提并论①。由此亦可见"临桂学"之学术本相。

陈宏谋之孙陈兰森②在宏谋去世后，曾把大部分精力花在了对陈宏谋遗著的校勘整理及其梓行上。现存《培元堂偶存稿》《培远堂文檄》《陈文恭公年谱》等，都经他手定。

陈宏谋玄孙陈继昌③，受陈宏谋影响甚大。他尝得见高祖尺牍，不胜感慨道：

> 先公先贤两寄语，安排时地不嫌巧。
> 平原壤土犹未干，清白来归侍二老。
> 晦翁踪迹何处寻，骑鲸应待穷三岛。④

---

① （清）张之洞撰，范希曾补正，孙文泱增订：《增订书目答问补正》，北京：中华书局，2011年，第326~333页。

② 陈兰森（1734—1804年），字长筠，号松山，陈钟珂之子、陈宏谋之孙。乾隆二十一年（1756年）丙子科举人，乾隆二十二年（1757年）丁丑科进士。历任翰林院编修、刑部郎中等职，著有《四书考辑要》等。

③ 陈继昌（1791—1849年），原名守睿（一说守壑），字哲臣，号莲史。嘉庆十八年（1813年）癸酉科解元，嘉庆二十五年（1820年）庚辰科会元、状元，历任山东兖州知府、直隶保定知府等职。

④ （清）陈继昌：《如话斋诗存》之《道光辛卯人日舟中拟示四弟》，《陈榕门先生遗书》第十四册《附录》，民国三十三年（1944年）排印本，第5页。

陈继昌承袭陈宏谋"诚一不欺"的学术观，论学以诚为核心，故有此叹。他尝说："惟修身砥行以答之，用表私淑之诚而已。"①可知其学术倾向。除此之外，陈继昌还以培养"处则抱真学问，出则有真经济"②的人才为教育目标，在广州越华书院期间，他曾着意栽培后来成为广东名儒的朱次琦。名士钟逢庆在越华书院肄业时，亦深得陈继昌的赏识。继昌如此行事，诚如李任仁所论之"道德文章，能世其业"③。

"临桂学"除了家学传承外，还另有他籍士人为陈宏谋所亲炙，并奉行其学问。

如王杰④，他受学于武功孙景烈于关中书院，崇尚程朱之学，重气节、尚礼教，亦主张经世致用。乾隆二十一年（1756年）入陕甘总督尹继善幕府，深得信任，后尹继善把他推荐给了陈宏谋。同年，陈宏谋任陕西巡抚，半年后调任江苏巡抚，王杰随同。

陈宏谋尝称赞王杰云："王生负气概，其志意骄，然非常人也。"⑤对此，王杰回复道：

> 公益自力，且时亲观文恭言行政事，敬慕心志，常自谓：生平行己，居官获益多在此。又常谓人：吾自见榕门，益笃信酉峰，盖终身于二先生未尝忘。云：公在幕府时，笔札既多，又因幕中友往

---

① 丰雨滋主编：《清代桂林状元翰墨》，桂林：广西桂林图书馆，2009年，第14页。

② （清）阮元修，陈昌齐纂：《（道光）广东通志》卷一百三十七《建置略》十三，道光二年（1822年）本，第19页。

③ 李任仁：《如话斋诗存跋》，《陈榕门先生遗书》第十四册，民国三十三年（1944年）排印本，第14页。

④ 王杰（1725—1805年），字伟人，号惺园，一号畏堂，陕西渭南韩城人。乾隆二十六年（1761年）状元，嘉庆十年（1805年）卒于京邸，赠太子太师，入贤良祠，谥文端。有《惺园易说》《葆淳阁集》存世。

⑤ （清）阮元：《王文端公年谱》，《北京图书馆藏珍本年谱丛刊》第105册，北京：北京图书馆出版社，1999年，第43页。

　　来晋接不得谢。烛烬扃户，篝灯发书，庄诵或寻究经书义理，发为文章，往往达曙不寐。后尝为知己道之曰：吾昔年潦倒时真工夫也。①

因为这段交往，王杰得以拜入陈宏谋门下，并因此接受了陈宏谋的性命躬行之说，以诚笃行事。《清儒学案》记载说："（杰）后入苏抚桂林陈文恭幕，闻性命躬行之说，益自刻励。"②

　　除王杰外，陈氏门人还有周人骥。周人骥，字紫昂，号莲峰，天津人。雍正五年（1727 年）进士。著有《香远堂诗稿》。周人骥在陈宏谋为陕西巡抚时，拜入其门下。《培远堂手札节要》中保存了七封陈宏谋写给周人骥的书信，信的主要内容则是陈宏谋教人骥崇奉克己力行、诚笃务实之道。

　　梁启超的《清代学术概论》和《中国近三百年学术史》都对清代学术进行了细致梳理，却并未具体论及陈宏谋的成就，稍后钱穆的《中国近三百年学术史》亦然。令人欣慰的是，后来钱穆负责编写《清儒学案》时，在《序目》中自言将陈宏谋《榕门学案》列在第二十九③。至此，陈宏谋在清代学术史上的地位终于得到了恢复与确定。

　　沈德潜尝称赞陈宏谋说："功业被于当时，声闻著于后世。"④曾国藩曾奉陈宏谋为"经济之学"的楷模。吕璜⑤也说："尝爱陈榕门先生'学问须

---

　　①　（清）阮元：《王文端公年谱》，《北京图书馆藏珍本年谱丛刊》第 105 册，北京：北京图书馆出版社，1999 年，第 43 页。
　　②　徐世昌等编纂，沈芝盈、梁运华点校：《清儒学案》卷六十四"临桂学案"，北京：中华书局，2008 年，第 2501 页。
　　③　钱穆：《清儒学案》卷首《序》，《钱宾四先生全集》第二十二册，台北：联经出版事业股份有限公司出版社，1998 年，第 609 页。
　　④　（清）沈德潜：《培远堂文集》卷首《培远堂文集序》，《陈榕门先生遗书》第一册，民国三十三年（1944 年）排印本。
　　⑤　吕璜（1771—1838 年），字礼北，号月沧，广西桂林永福县人。清嘉庆十六年（1811 年）进士，"岭西五大家"之一，广西"桐城派"的第一人。

看胜过我者，境遇须看不如我者'二语，佩之勿谖。"①并称陈氏为"社稷臣"。民国黄旭总结道："(陈宏谋)道德文章，海内宗师……单词片语，皆与人心世道国计民生有关，不仅泽被当时，抑亦楷模后学。"②名将李宗仁则更是称陈宏谋为"广西精神"，是"现代中国人的楷模"，足见陈宏谋及临桂学的后世影响力之大。

（二）以龙启瑞、郑献甫为代表的考据学成就

广西儒学发展到清代，呈现出一个繁荣兴盛的局面，各个领域都涌现出了可喜的成果。时代学术——朴学在广西的发展也是如此，其中龙启瑞的音韵学、郑献甫的校勘学等都取得了不俗的成绩。

龙启瑞(1814—1858年)，字辑五，号翰臣，广西临桂人。龙光甸之子。道光二十一年(1841年)状元。著有《经德堂文集》《尔雅经注集证》《古韵通说》等。龙启瑞的音韵学研究属于汉学经典路数，他贯通了顾炎武、江声、段玉裁、王筠、孔广森、张惠言、刘台拱诸家之说，不拘成见，不执私见，终成大家。《古韵通说》和《尔雅经注集证》是他毕生心学的集中体现。

《古韵通说》二十卷，是研究音韵学的专书。它将上古音分为二十部，每部即为一卷，均按诗韵、经韵、本音、通韵、转音排列，条分缕析，便查便读。作者曾自谓此书云："兹之二十部，大旨贵于密而不贵于疏，然征之于古，或龃龉而不合，则不得不为之说以通其变；然其所通者，必有其所以可通之故，而非若唐时之通韵，仅取便于时俗而已。"③此书论诗韵、经韵，取裁于段玉裁《六书音均表》，论本音则取裁于姚文田《说文声系》、张成孙《说文谐声谱》、苗夔《说文声读表》。龙氏参互折衷，断以己意，以

---

① (清)吕璜：《月沧文集》附录《吕璜自订年谱》，黄馥：《岭西五家诗文集》，民国三十五年(1946年)排印本。

② 黄旭初等编撰：《凡例》，《陈榕门先生遗书》第一册，民国三十三年(1944年)排印本。

③ (清)龙启瑞：《古韵通说》，同治六年(1867年)刻本。

"求是"为目的，使得此书推论确切可靠。

《尔雅经注集证》则是龙启瑞训诂学方面的代表作。该书广泛吸收邵晋涵、郝懿行、卢文弨、阮元等对《尔雅》的研究成果，自《经典释文》至宋翔凤《过庭录》共二十一种，"折衷数子，博采群言，于发疑、正读之间，务求讲明至是。诸说不同者，则择取其至善，间复参以鄙见，求析所疑。凡所易知及无关小学者，皆不复录。以学者探抉闳深，自有诸家之全书在，此特为家塾便读之本，故无取繁焉。书成，姑名之曰《尔雅经注集证》，用附本经之末云尔"①。此书辨析字音源流，以求析所疑为准的，于句读混淆、义可疑处用功，务求讲明其是，孜孜订正，不求广博，但求字字可征。《续修四库全书总目提要》评价此书："博采诸家，复参己见，意在发疑正读，于句读及近鄙别字，务求諟正 正误析疑，明辨以晢。初学得此书，《尔雅》不苦其难读矣。"②名儒陈澧曾在其书后题辞："龙君以第一人及第著此书，天下之士读之，知最高之科名与最古之学问，一人可以兼之。"③足见当时龙启瑞的学术影响。

在校勘学方面，涌现出了郑献甫的《愚一录易说》《四书翼注论文》《愚一录》、况祥麟的《六书管见》、刘名誉的《论语注解辨订》④等一大批著述，代表了广西经学文献研究的最高成绩。

郑献甫为清末经学大师，一生著述丰富，是广西历史上有影响的文化名人，有"粤西一代真才子，岭表千秋古硕人"之美誉⑤。兹以《愚一录易说》《四书翼注论文》和《愚一录》为例来简述郑氏的经学成就。

郑氏学术著作《愚一录易说》，为《易经》考订之作。杭辛斋曾评价道：

---

①　蒙起鹏编纂：《广西近代经籍志》卷一"经部"，南宁：南宁大成印书馆，1934年，第18页。

②　中国科学院图书馆整理：《续修四库全书总目提要·经部》，北京：中华书局，1993年，第1018页。

③　（清）龙启瑞：《古韵通说》，同治六年（1867年）刻本。

④　参见本书第一章第一节之"撰著、辑撰和编撰等"。

⑤　参见本书第二章第九节之"刘定逌的'完人'说"。

"其立论皆有根据，不空谈，宗汉而不囿于汉，亦近今《易》说之善者也。"①《续修四库全书总目提要》谓之"考订详明，列举鸿博，虽未章解句释，然举一义而贯串全经，求其凝滞，订其同异，朴实详尽，望而知为深于汉学者。"②则郑氏学术崇尚实证的倾向十分明显。

《四书翼注论文》是一部研读四书的笔记体经学著作。其中《大学》十一章约两万字，《中庸》三十一章三万字，《论语》四百五十四章二十一万字，《孟子》一百一十二章十四万字。献甫弟子林肇元尝说："《四书翼注论文》，吾师子郑子年二十四岁，读四子书有得，随笔著之讲章，上方旁行，几无隙纸。肇元受业时偶请读之，师曰：'此不过就吾所见，逐章逐节逐句书之，凌杂间断不足存。然触类引申其义蕴，亦有与朱注相发明者，吾党倘肯流览，未尝不可为学问之一助。'"③则此书亦郑献甫之排比史料、考据订误之作。

《愚一录》是郑献甫《十三经》的阅读笔记，为群经汇解。此书是郑献甫在阮元《十三经注疏》基础上，把不同版本和有关资料加以分析比较，考订文字异同而成，郑氏在校勘中直抒己见，并进行了详细的评点。

要之，郑氏经学成就很高。他所取得的学术成就，正是他兼收并蓄、摒弃门户之见的效果。正如其自述云：

> 余少时见钱辛楣先生《养新录》，欣然喜谓读书者当如是矣。复见顾亭林先生《日知录》，则骇然叹曰读书者乃如是耶。家无藏书，学无师承，姑置之。后得王厚斋《玉海》，观其所著汉志韩诗诸考，知读书法。又得郑渔仲《通志》，观其所辑六书七音诸略，因知著书法。遂妄

---

① 杭辛斋：《学易笔谈》，天津：天津古籍书店，1988年，第817页。
② 中国科学院图书馆整理：《续修四库全书总目提要·经部》，北京：中华书局，1993年，第136~137页。
③ （清）林肇元：《刊四书翼注论文序》，郑献甫：《郑献甫集下册·四书翼注论文》，南宁：广西人民出版社，2013年，第1339页。

拟《愚一录》为职志。①

钱大昕、顾炎武、王应麟和郑樵都是有名的考据型学者，郑献甫以其为读书和著述的典范，可知郑氏举一反三、无征不信的学术渊源有自，也从侧面得见郑氏取得的成就来之不易。而《愚一录》是一部朴学著作，郑献甫将它当作毕生的志向，亦可于此窥见郑氏学问的汉学倾向。

况祥麟，生卒年不详，字皆知，号花矼、华矼，室名"红葵斋"，广西临桂人。嘉庆五年（1800年）庚申恩科举人。著有《红葵斋诗文集》《六书管见》等。作为小学名家，况氏的经典代表作是《六书管见》，此书共计二十卷。卷一为十二篇提要，系统阐述了况氏对小学的见解，是全书观点的高度概括。卷二至卷十九是全书的主体，为文字、音韵和六书的详细辨析。卷二十对许慎、徐锴、段玉裁的《说文》以及其他学者征引的《说文》原文进行比勘，持论甚为公允。全书淹贯博通，考证精审，为研究《说文解字》的用心之作②。

（三）以"岭西五大家""临桂词学"为代表的文学成就

在文学上，以"岭西五大家"为代表的桐城派文章学取得了不小的成就。桐城派是在理学文学观指导下而形成的一个文学流派，它与广西的渊源甚早。方苞高足官献瑶，在乾隆九年（1744年）至十二年（1747年）出任广西学政。其后姚鼐弟子胡虔、姚莹，好友谢启昆等人分别在嘉、道年间进入广西。但这些名人进入广西后，或忙于政务，或史料阙失，竟不见有在广西传播古文及塑造门派的活动记载，反倒是广西本地儒生的学文活动留下

---

① （清）郑献甫：《郑献甫集下册·愚一录·序》，南宁：广西人民出版社，2013年，第1192页。

② 胡大雷、张利群、黄伟林等：《桂学文献研究》，桂林：漓江出版社，2020年，第254页。

了史传记录。史载广西最早问学于方苞的是武宣陈仁①，其《上方望溪先生书》云：

> 九月惟端世兄抵石首县任，过武宣，叩先生起居，入夏遘厄疾，秋乃瘳。仁闻之且骇且喜。既又思先生之病皆有所由名：矻矻遗经，虽笃老而手未尝停批，此积劳而病也；以天下百姓为心，见时政有阙失，辄忧郁形于色，或终夜不眠，此积忧而病也；又春秋已高，寝食偶不加检，则精神顿减，此积衰而病也。然硕果犹存，后生小子，有所骛式，不可谓非天之无意也。世尝说正人君子多不克其寿，其然？岂其然乎？②

陈仁从学方氏十年，深得其文章精神。道光年间，广西巡抚梁章钜赞其文章说：

> 武宣陈寿山观察(仁)有诗名……闻观察尝在方望溪先生门下者十年，先生称其行己不苟。余尝见其所撰《四节妇记》，甚得古文法，不愧望溪宗派。惜集佚不传，粤人但知其工吟咏也。③

不过，陈仁虽得方苞嫡传亲授，但他对门派却并不热衷，而方苞本人也"自矜重，不假借后生"④，再加上陈集散佚，不行于世，因此桐城文章

---

① 陈仁(1706—1780年)，字元若，号体斋，又号寿山，来宾武宣人。雍正十一年(1733年)癸丑科进士。历任湖北督粮道、福建道监察御史等职。著有《用拙斋诗集》《用拙斋文集》等。

② (清)陈仁：《用拙斋文集》，《上方望溪先生书》，民国二十五年(1936年)排印本。

③ (清)梁章钜撰，蒋凡校注：《三管诗话校注》，南宁：广西人民出版社，1996年，第106~107页。

④ 徐世昌等编纂，沈芝盈、梁运华点校：《清儒学案》卷五十一"望溪学案"，北京：中华书局，2008年，第2054页。

学并没在陈仁手上产生太大影响。直到吕璜出现，桐城文章学才在粤西被广泛传播和接受。

吕璜在浙江为官期间，曾问学于姚鼐弟子吴德旋，并将心得著成《古文绪论》一书，故《清儒学案》把他和龙启瑞、朱琦列入"惜抱学派"。道光十四年(1834年)吕璜罢职回广西，受聘于榕湖、秀峰书院，极力宣扬桐城义法，掀起了巨大声浪，直接导致了广西古文的崛起，梅曾亮之叹"天下文章，其萃于粤西乎"①，就是此种局面的真实写照。

吕氏之外，朱琦、龙启瑞、彭昱尧、王拯四人的古文理论和创作亦都达到了一个新的高度，即"岭西五大家"。

朱琦《辩学》《名实说》《孟子说》等文章，乃"学桐城，能自以才力充拓之，故常沛然有余"②，是"理正辞醇，气味深厚"③之作，功力非凡。

龙启瑞《春秋王不称天辨》《春秋君弑贼不讨不书葬》《论外臣书归书入例》《跋苏明允集后》《及晋处父盟文公二年》《逆妇姜于齐文公四年》等文，考论周详，邃于学问。唐岳谓之"所论辩皆发前人所未发，能得圣人之微言奥旨而又持论平允，非近世之穿凿者，文亦综博贯穿，隽絜爽畅"④，可知其成就。

彭昱尧《读金滕》一文，池生春说："激昂才气，自将不可一世。时为歌诗，纵恣横逸，光色万变，每相引而益奇"，"有眉山苏氏父子之风"⑤，文气飘逸，笔锋俊秀。

---

① 刘声木：《苌楚斋随笔》卷十，民国十八年(1929年)排印直介堂丛刻木，第14页。

② 蒙起鹏编纂：《广西近代经籍志》卷六"集部三"，南宁：南宁大成印书馆，1934年，第8页。

③ (清)朱琦：《怡志堂文初编》"跋"，《续修四库全书》第一五三〇册，上海：上海古籍出版社，2002年，第253页。

④ (清)龙启瑞：《经德堂文集》卷一《春秋"王"不称"天"辨》，黄蓟：《岭西五家诗文集》，民国三十五年(1946年)排印本。

⑤ (清)彭昱尧：《致翼堂诗文集》，黄蓟：《岭西五家诗文集》，民国三十五年(1946年)排印本。

王拯《须砧课诵图记》一文，宗稷辰评云：“其悼亲怆故，表微章幽，远兼韩柳欧曾之长，而近多取法震川，使人寻味而不忍释。”①此篇在清末被《续古辞类纂》《续古文观止》等选本择录其中，不愧为文章名手。他如《先考妣行实》《亡室张宜人述》等，亦深得方苞所推崇的归有光之笔法。

曾国藩论及桐城派在广西的流衍时说：“仲伦与永福吕璜月沧交友，月沧之乡人有临桂朱琦伯韩、龙启瑞翰臣、马平王锡振定甫，皆步趋附吴氏、吕氏，而益求广其术于梅伯言。由是桐城宗派流衍于广西矣。”②则知广西古文成就已经引起时人注意。

咸丰四年(1854年)，经朱琦、龙启瑞等人倡议，由唐岳整理梅曾亮、吕璜、朱琦、彭昱尧、龙启瑞和王拯等六人的文集，刊印了《涵通楼师友文钞》，此举进一步扩大了“岭西五大家”的影响力。对此，谢元福尝说：

> 嘉道之际，永福吕礼比、临桂朱伯韩两先生始以桐城之文导乡党，马平王氏、临桂龙氏两先生复起而和之，于是粤西之文且为世所指名，上元梅郎中伯言至谓“海内文章，殆在粤西”。虽一时好尚，遂辟吾乡文辞之正轨，则亦若有运会存乎其间，非偶然也。③

可见“岭西五大家”不仅丰富了广西的古文创作，促进了广西的文化发展，而且也以自身的成就为桐城派的延续贡献了力量。

“临桂词派”是晚清以临桂词学大师王鹏运、况周颐为领袖，同乡倪鸿、刘福姚、邓鸿荃、龙继栋等为骨干，并包含韦业祥、韦懿贞、杨怀震、崔瑛、崔肇琳、罗一清、陈柱、钟德祥、谢兰、韦启瑞、黄焕中、符

---

① (清)宗稷辰：《躬耻斋文钞》卷七《又书定甫碑传铭赞等文稿后》，咸丰六年(1856年)越岘山馆刊本。

② (清)曾国藩：《欧阳生文集序》，《曾国藩全集》第14册“诗文”，长沙：岳麓书社，2011年，第204页。

③ (清)谢元福：《粤西五家文钞叙》，侯绍瀛编纂：《粤西五家文钞》，光绪二十四年(1898年)刻本。

恒理等广西词人在内的一个词学创作派别。"临桂词派"的主要人物王鹏运是朱琦的学生。

王鹏运论词，"夙尚体格"，提出了"重、大、拙"的词学理论，这跟桐城精神有相似之处。他更费二十余年之功，编成词集《四印斋所刻词》。是书"旁搜博采，精彩绝伦，虽虞山毛氏弗逮也"①，堪称近代词集的典范，《中国大百科全书》称："此书的刊刻，对衰微已久的晚清词坛，产生过相当大的影响。"②在此词集的影响下，晚清开始大规模汇刻、校勘词家别集和词总集，词学成果由此涌出。

王鹏运的这种词学理论及其指导下的词学成就，又直接启发、引领了况周颐。况氏所著《蕙风词话》，发挥了王鹏运"重、拙、大"的词学观点，影响甚大，与陈廷焯的《白雨斋词话》、王国维的《人间词话》并列为"清末三大词话"，并被誉为"千年来之绝作"③，"是近代词坛上一部有较大影响的重要著作"④。后王鹏运、况周颐与朱祖谋、郑文焯一起被合称为"清末词学四大家"，而鹏运则位居四大词人之首。是为"临桂词派"小史。

综上可知，道、咸两朝，"岭西五大家"与"临桂词学"都在全国有着一定的影响力。其成就不仅是自觉接受桐城之学的结果，亦是广西理学在文学领域实践的成功范例。

总之，陈宏谋及其"临桂学"所代表的实学思想，龙启瑞、郑献甫所代表的经学研究，以及以"岭西五大家"所代表的"桐城文学"，一起标志着广西儒学的成熟。梁启超曾如此概述清代的广西学术：

---

① （清）况周颐：《蕙风词话续编》卷二《四印斋所刻词》，唐圭璋：《词话丛编》，北京：中华书局，1986 年，第 4575 页。

② 中外名人研究中心、中国文化资源开发中心编：《中国名著大辞典》，合肥：黄山出版社，1994 年，第 271 页。

③ 龙榆生：《清季四大词人》，《暨大文学院集刊》1931 年第 2 期。

④ 马辉、于立文编著：《中国书法家大辞典》（第 2 卷），哈尔滨：黑龙江美术出版社，2011 年，第 524 页。

> 广西崎岖山谷，去文化圈绝远，学者无得而称焉。雍乾间，有临
> 桂陈榕门(宏谋)，讲程朱学，为达官，有著书，时论颇称之，然以置
> 他省，车载斗量矣。咸同间，有象州郑小谷(献甫)，陈东塾曾称其
> 学。①

诚如梁氏所论，广西学术在全国范围来说，无论是在作品数量还是在作品
质量上，都难与学术文化发达的中原地区相比，但清代的广西学术却时见
宗匠，已昭后世广西文化崛起之盛况。民国以来的广西学人陈柱、王力、
岑麒祥、冯振、马君武、梁漱溟、汪鸾翔、苏甲荣等在学术研究上所取得
的成就，即是明证。

第二节　儒学在广西的发展格局

如上所述，广西儒学在历史不同阶段的发展有着不同的特点和重心，
并因此形成了四段分期。本节即通过绍介各历史时期广西学术的主流研
究，清晰展示广西儒学各阶段的发展格局，以期达到观察广西儒学传统、
探讨广西儒学内部差异的目的。

一、以经学为主的两汉三国时期

汉武帝平定南越后，广西被纳入儒家文化体系，其学术活动也日渐频
繁，先后出现了陈钦、陈元、陈坚卿祖孙三代学人，对岭南学术研究建树
颇多，详情已如上述。东汉末年，中原大乱，而交阯在士燮长达四十余年
的治理下，社会安定，俗尚儒学，虞翻、刘熙、薛综、程秉、许慈等学
人，纷纷避至交州，讲学其中。这些人多以《春秋》学鸣世。从目前掌握的
材料来看，自汉至清的《春秋》类著作共有十一部，而两汉三国就有五部，

---

① 梁启超：《梁启超全集》卷十四，北京：北京出版社，1999 年，第 4274 页。

学术研究倾向显而易见。故此时的广西儒学发展格局，实以六经中的《春秋》为主，当然也包括《左传》《公羊》《穀梁》。可惜的是，这五部《春秋》类著述都已亡佚，我们只能从文献数目的定量分析中大体推测它们对后世广西儒学发展格局的影响，至于其详细内容对后世广西学术的具体影响，仍有待深入探究。

二、程朱理学占主流的宋元时期

宋元时期，程朱理学占据了广西学术的主流。《粤西文载》所载宋代士人，达二百四十人之多，其中有明确理学渊源的就有七十九人，如张栻、詹仪之、高登、林光朝、詹体仁、廖德明、崔与之、方信孺、吴猎等。这些入桂的理学士人，分属朱子和张栻门下的居多。就其影响而论，朱门弟子更为突出，如廖德明、李闳祖、陈孔硕、赵崇模、赵必愿等，他们通过兴学、讲学、刻书等多种方式传播朱子理学精义。经过长期的理学浸润，广西本土理学士人如石安民、蒋元夫、蒋公顺、滕处厚、文元、陶崇、覃昌、韦旻等，都获得了迅速成长，并活跃在彼时的广西学界。

石安民，字惠叔，临桂人。绍兴十五年（1145 年）进士。历任象州判官，廉、藤二州教官等。石氏提倡德政，重视教化，使得当地"文风大振"。其人又喜作诗，诗风初奇丽雄深，晚又归于平淡。有《惠叔文集》，惜今不存。关于石氏学术，汪森说："早从路允迪、沈晦、胡寅游，尤受知于张忠献及汪应辰。其后张孝祥帅桂，益敬爱之，为榜于堂曰'瑞文'。"①路允迪，字公弼，宋城（今河南商丘）人。官至给事中。绍兴间"南迁寓桂林"，以讲学为事，其学术具体师承不详。沈晦，为尹焞门人，绍兴八年在广西经略兼知静江府任上，坐胡寅等讥讪朝政，被安置新州。另汪应辰在秦桧执政期间，在广西流落了十七年。总之，胡寅和汪应辰都是别开一派的理学人物，其中胡寅更是理学大师，所以石安民的学术理路，

---

① （清）汪森编，黄盛陆等校点：《粤西文载校点（五）》卷六十八"人物小传"，南宁：广西人民出版社，1990 年，第 176 页。

由此得窥一二。

蒋元夫，生卒年不详，清湘人（今全州）。有关他的文献记载，仅存于《（嘉靖）广西通志》《古今图书集成》等书中。据黄佐纂《广西通志》记载："蒋公顺，清湘人。远祖秀。东汉末来居零陵。四传为蜀大司马……唐初刺零陵，没葬湘源，子孙因家焉。又十九传为忠良，号龙溪翁，生三子，少曰炎。炎之族兄曰元夫，嗜学善属文，两请乡荐，贵贱不欺。游张南轩、陆象山之门，作本宗谱系，序载秀而下迄今凡一千四十余年。"①又《古今图书集成》载："按《尚友录》：元夫，清湘人。嗜学，善属文，两请乡荐，贵贱不欺，游张南轩、陆象山之门，作本宗谱系，序载秀而下迄今凡一千四十余年，世数历历可考，宗族散居他乡，其家风大振，重源而务本，慷慨而好义。"②可知，蒋元夫为蒋公顺族人，师从理学家张栻、陆九渊。《宋元学案》将之入于两"学案"中，即"象山学案"与"岳麓诸儒学案"，其理学身份由此可明。

宋代广西理学传播的关键人物当属魏了翁。魏了翁（1178—1237年），字华父，号鹤山，邛州蒲江（今属四川）人。他是当时著名的理学家，与真德秀齐名。著作有《鹤山集》《九经要略》《周易集义》《易举隅》《周礼井田制图说》《古今考》《经史杂钞》《师友雅言》等。《宋史》有传。宝庆元年（1225年），魏了翁因济王事件贬谪靖州，直到五十六岁时才遇赦还蜀。在长达七年的靖州岁月里，魏了翁大兴文教，建立了鹤山书院并传授义理之学，湖湘乃至江浙之士都不远千里负笈来学，其中就有全州蒋公顺、滕处厚、文元三人。师徒四人情谊至深，都为广西理学的发展作出了贡献。

蒋公顺，生卒年不详，字成父，清湘（今全州）人。曾调沅州黔阳尉，累官常德府桃源令，未赴任而卒。曾著《龙溪家翁传》，今佚。蒋公顺家族

---

① （明）林富、黄佐修纂，攸兴超等点校：《（嘉靖）广西通志点校》，桂林：广西师范大学出版社，2010年，第257页。

② （清）陈梦雷编，蒋廷锡校订：《古今图书集成》第三六册，第四四一卷，北京：中华书局、成都：巴蜀书社，1985年，第44833页。

自父辈起，就崇尚理学，他"精研义理之学，从鹤山魏了翁游者七年，所得益广"①，且深得乃师推崇。魏了翁曾作《清湘蒋成父一斋铭》勉励他敬修德业，其铭曰：

> 蒋君筑室，命之曰"一"。原一之初，冲漠无迹。其物不贰，其生不测。两仪其感，五行异质。于爻用六，而蓍用七。卦八玄九，河图则十。引而伸之，时万时亿。而此一者，流行不息。职职芸芸，各一太极。验之人心，虚灵湛寂。五行之端，五性之实。必有事焉，不显不亲。是戒是惧，靡徐靡亟。致用之原，皆由此出。始于尚絅，终入天德。蒋君敬之，一在尔室。真如实践，亹亹无斁。②

在此，魏了翁发挥了他的"一即太极""太极即性"之说。他认为天下万物，由"一"统之，"一"即"太极"，"太极"就是仁义礼智信这五性，因此，求一不在远而在一己之身，以敬修德，"一"就在自己。魏氏以平生信念鼓励支持蒋公顺，可从侧面得见公顺之学亦是理学。魏了翁也曾和公顺诗曰："发挥孔孟真三代，补茸嬴刘破六经。理义本心如皦日，词章末伎谩流萤。"③希望蒋公顺希圣希贤，承继正学，潜心于性道、义理的探讨。

滕处厚，生卒年不详，字景重，清湘（今全州）人。陶崇之甥。历官马平步尉、潭州甘泉酒库兼帅幕。为人守正不阿，人称其迂。少聪颖，精于《春秋》，好言天下事，议论慷慨。魏了翁居靖州（今湖南怀化靖州）时，处厚往从之游，遂为魏氏门生。滕处厚的理学思想深得魏了翁赞许，被魏氏称为通经穷理之士，后留置于门下以教其子。魏了翁曾为处厚作《清湘滕

---

①　（清）汪森编，黄盛陆等校点：《粤西文载校点（五）》卷六十八"人物小传"，南宁：广西人民出版社，1990年，第178页。

②　（清）汪森编，黄盛陆等校点：《粤西文载校点（四）》卷六十《清湘蒋成父公顺一斋铭》，南宁：广西人民出版社，1990年，第302页。

③　（宋）魏了翁：《鹤山先生大全文集》卷十一《和蒋成甫见贻生日韵二首》，《四部丛刊初编》第1241册，上海：商务印书馆，1922年，第13页。

景重己斋铭》，希望他深研为己之学，其铭曰：

> 人之一心，至一不二。所居广居，所位正位。君臣父子，夫妇兄弟。尔性尔命，何关人事。古之学者，蓄德精义。各钦厥止，夫岂有为。虽云善身，所以善世。舍曰为人，孰非为己。毫厘之差，厥缪千里。气盈徇饰，气衰循利。气暴耻安，气柔耻异。尔性尔命，而人作止。笃哉滕君，念兹久已。我铭申之，耸善扶志。①

可见魏了翁对滕处厚的器重，亦可从侧面得见处厚的理学成就。

值得一提的是，蒋公顺和滕处厚之间还有一些学术分歧。《宋元学案》中保留了二人关于《易经》的一些论述。

先看蒋公顺的观点：

> 税巽甫尝谓《易》上经似指体，下经似指用，先生云："经之有上下，本谓造化互相终始，于《乾》《坤》体用皆不可分。如上经《坤》终于《复》，下经《乾》终于《姤》；上经《坤》尽于《复》，又二卦而《乾》尽，下经《乾》尽于《姤》，又二卦而《坤》尽。《乾》《坤》之画，尽于《升》，遂继以《困》，则上下经不可分体用明矣。②

针对税巽甫(即税与权，魏了翁弟子)将《易》分为上体下用之说，蒋公顺借魏了翁之说提出不同看法。他认为《易》是一个整体，上经、下经是相辅相连、和谐统一的，不可以强分体用。

但滕处厚却认为《易》有体用之别：

---

① (清)汪森编，黄盛陆等校点：《粤西文载校点(四)》卷六十，南宁：广西人民出版社，1990年，第301页。

② (清)黄宗羲著，全祖望补修，陈金生等点校：《宋元学案》卷八十，北京：中华书局，1986年，第2682~2683页。

康节先天后天之说，所以发明尽心践形之义，而人未尽知也。先天之《易》，《乾》《坤》以定上下，《离》《坎》以列左右，此天地阴阳之定位，而人物之生，必得是理，必禀是气，是所谓性之体也。后天以《坎》《离》居南北之正，则所以位天地命万物者，莫不本诸此。《离》之二爻自《坤》来变《乾》为《离》，盖《坤》道之光而为《离》，故《离》火外明，以明来自外也，元是《坤》体，故曰："畜牝牛吉"。《坎》之二爻自《乾》来变《坤》为《坎》，盖《乾》道之涵而为《坎》，故《坎》水内明，以明根于中也，元是《乾》体，故曰："有孚，惟心亨"，乃以刚中也，是所谓性之用也。大抵阳居尊而阴居卑，阴为虚而阳为实，此性之体，即《乾》南《坤》北是也。阳以刚实居中，而阴以文明发外，此不睹不闻之极功，为性之用，即《离》南《坎》北是也。①

此处论述亦从《易》出发，不过滕氏认为《易》之《乾》《坤》是性之体，而《坎》《离》是《乾》《坤》的功能或作用，故有"性"之用的说法。略不同于蒋公顺，滕处厚十分巧妙地将"易""理""性"结合起来论述，认为阴阳变化，育生万物人类，这是由《易》之《乾》《坤》内所含的"理"，也就是"性"决定的。这些观点显然受魏氏影响更大。

进入元代，程朱理学在赵复、姚枢、许衡、刘因、郝经、窦默等人的推动下，取得了独尊的地位，被奉为官学。正如虞集所说："昔在世祖皇帝时，先正许文正公得朱子《四书》之说于江汉先生赵氏，深潜玩味而得其旨，以之致君泽民，以之私淑诸人，而朱氏诸书定为国是，学者尊信，无敢疑贰。其于天理民彝，诚非小补。"②其时入桂的吕思诚、臧梦解、元明善、周自强、祝蕃、宇文公谅、龙仁夫、黄清老等人，赓续理

---

①　(清)黄宗羲原，全祖望补修，陈金生等点校：《宋元学案》卷八十，北京：中华书局，1986年，第2684~2685页。

②　(元)虞集：《道园学古录》卷三十九《跋济宁李璋所刻九经四书》，《四部丛刊初编》第1444册，上海：商务印书馆，1922年，第11页。

学学脉，勉励广西学子须"沿张吕，溯濂伊，接洙泗，使圣道之明千万世如一日"①。程朱理学为主流的学术格局在元代广西学术史上继续保持了下去。

三、程朱理学、阳明心学互为竞争的明代

明代广西在学术格局上形成了理学两大基本派别并立的局面，即程朱理学和阳明心学。二者互为竞争，大体分为前中后三个阶段。

明代前期，进入广西的理学之士有胡纯、刘嵩、李习、李德、王暹、李龄六人，此六人或师出或倾向于程朱理学。明前期一般被视为宋明理学发展史上"此亦一述朱，彼亦一述朱"的述朱期，此时的广西学者及其著述自然也是以程朱理学为主。不过，由于相关资料的阙如，这一时期广西儒学的具体发展状况无法详细探究，仍待新材料的发现。

明代中期，随着王阳明进驻广西，在办学、讲学的过程中大倡心学，广西儒学发展史上第一次出现了程朱理学和阳明心学两个学派并峙的状况。

王守仁于嘉靖七年（1528年）到达南宁后不久，即接受了参政汪必东、佥事吴天挺建议，修建敷文书院，并以《白鹿洞书院学规》作学则，由弟子季本②主持，自己则躬自登台执教，史载：

> 日聚幕僚诸生讲学，更不议兵事。三司官莫测其意，谓公假此纵敌，将密有指授也。或乘间进言曰："招降诚善策，脱有不济，当云何？"公敛容谢曰："岭徼苦兵久矣，吾实招之，非诱致也。"公少年翕

① （清）汪森编，黄盛陆等校点：《粤西文载校点（二）》卷二九《重修宣成书院记》，南宁：广西人民出版社，1990年，第349页。
② 季本（1485—1563年），字明德，号彭山，会稽（今浙江绍兴）人。正德进士，授建宁府推官，监察御史，后贬为揭阳县主簿，嘉靖七年（1528年）王守仁将其调入军中。季本学贵主宰而恶自然。有《易学四同》《诗说解颐》等。

张纵横，至是亦厌功名，思休辑，厥学真有进哉。一日，讲良知万物
一体，有问："木石无知，体同安在？"时湖广两宣慰侍列，所部兵颇
骄恣。公因答问者曰："譬如无故坏一木，碎一石，此心恻然顾惜，
便见良知同体。及乎私欲锢蔽，虽拆人房舍，掘人冢墓，犹恬然不知
痛痒，此是失其本心。"两宣慰闻之耸然。①

由此，"良知"之说在广西尤其是南宁地区广泛宣扬开来，而广西书院的发
展，亦逐渐呈现出心学化的趋势。

嘉靖七年(1528年)陈逅为教官，刻王阳明《尊经阁记》于灵山县学尊
经阁(或称藏书楼)。嘉靖十一年(1532年)都御史、两广督抚陶谐聘请王
门弟子程文德主持岭表书院(在梧州)，专讲"良知之学"，书院门庭若市，
一时"从游者众"，阳明心学开始逐渐占据学术格局的上风，与此同时，入
桂的心学学者也愈来愈多。

如王宗沐，嘉靖间为广西督学。他曾修宣成书院，建崇迪堂，亲自讲
学，教导诸生反求本心，刻《湘皋集》。又如横州判官耿定向，隆庆初年贬
谪入桂，大力弘扬"良知"之学。尤其是湛若水，其学以"随处体认天理"为
主旨，尝客居藤州、龙州、平南、凭祥等地，以兴学教人为己任，并在多
地倡建书院，影响甚大。在这些学者的影响下，阳明书院、正心书院等一
大批传播心学的书院得以扎根广西。总之，明中期的广西心学一度造就了
广西书院的兴盛，而后者反过来又成就了前者，这就导致了阳明心学和程
朱理学互相争鸣的局面。

需要指出的是，一些广西本土学子也在此时选择加入王门阵营。如南
宁陈大纶，"受学于王守仁"②，亦姚江之粤右派，讲学以明体实用为主，

① (清)汪森编，黄振中等校注：《粤西丛载校注(上)》卷八"总督军务"，南宁：
广西民族出版社，2007年，第363页。

② (清)沈秉成修，苏宗经、羊复礼纂：《广西通志辑要》卷十二"南宁府"，台
北：成文出版社，1967年，第297页。

所著有《经义撧言》《敷文语录》。又如临桂吕调阳，从学程文德"谈名理"①，而程文德②最初受业于章懋，后从王守仁讲学，其学以"真心"为要，学说被后世称为"永康学"，故吕调阳有王学渊源。又如柳州张翀，曾从学于瞿景淳③和徐阶。瞿景淳师从邓文度，邓文度是一位推崇程朱的理学之士，又私淑阳明弟子邹守益。徐阶师承聂豹，聂氏为王阳明再传弟子。

除阳明心学外，湛若水的学术在广西也有不少信奉者，如何世纶、甘思忠和吕景蒙等，他们也都在广西学术史上掀起了一定的声浪。

何世纶，字伯起，号心斋。正德己卯（1519年）举于乡。历官英德知县、古田尹，有惠政。何氏"尝从吴清惠、湛文简二先生游"④。"吴清惠"即吴廷举，"湛文简"即湛甘泉。湛甘泉尝有《送古田尹何君世纶》一诗，诗曰："邂逅郎星使，知是古田侯。今我长怀古，因君问井丘。"⑤可知其学术渊源。

甘思忠，字秉直，苍梧人。尝"闻陈白沙讲学，往从之，与吴尚书清惠公友善"⑥，性至孝，精于兵略，任藤县丞。

吕景蒙，生卒年不详，字希正，象州人。弘治甲子（1504年）举人，官

---

①　（清）汪森编，黄盛陆等校点：《粤西文载校点（五）》卷七十"人物小传"，南宁：广西人民出版社，1990年，第370页。

②　程文德（1497—1559年），字舜敷，号松溪，浙江金华永康人。嘉靖八年（1529年）进士，历官至礼部右侍郎，吏部左侍郎，谥文恭。初受业于章懋，后从王守仁讲学，其学以"真心"为要，学说被后世称为"永康学"。

③　瞿景淳（1507—1569年），字师道，号昆湖，常熟人。以制义名称于时，与王鏊、唐顺之、薛应旂齐名，并称"王唐瞿薛"。著有《瞿文懿公集》十六卷、《制科集》四卷、《制敕稿》一卷。《明史》有传。

④　（清）汪森编，黄盛陆等校点：《粤西文载校点（五）》卷七十"人物小传"，南宁：广西人民出版社，1990年，第239页。

⑤　（明）湛若水著，洪垣校刊：《泉翁大全集》，嘉靖十九年（1540年）刻万历二十一年（1593年）修补本。

⑥　（清）汪森编，黄盛陆等校点：《粤西文载校点（五）》卷七十"人物小传"，南宁：广西人民出版社，1990年，第234页。

至监察御史。《象州志》载其"从游湛甘泉之门，倡明理学，所论说粹然一出于正"①。著有《定性发蒙》《象郡学的》等。

其余还有梧州吴廷举，此人与陈白沙、湛甘泉的关系颇为特殊。据《粤西文载》所记，吴廷举曾"作诗效陈白沙"②。《明史》亦称其"好薛瑄、胡居仁学，尊事陈献章"③。湛若水曾为廷举作碑铭，其中也记载了廷举为顺德县令时，一旦"事暇"，"即见白沙陈先生。往返数载，得闻理学梗概，为治根本"④。

而在程朱学派上，则有黄佐、张吉、张岳等人与王湛之学抗行。

黄佐（1490—1566年），字才伯，号希斋，晚号泰泉，广东广州府香山县（今广东省中山市）人。他是明代中期在广西传播程朱理学的代表人物，其突出的文教贡献在于捣毁淫祠⑤，使当地遵信儒家祭祀。嘉靖八年（1529年），黄佐任广西提学，开始通过捣毁淫祠、建立忠义节孝祠的方式改变地方信仰鬼神的风俗。其《禁淫祠榜谕》写道：

> 访得广西愚俗，专敬淫祠，男女混杂，每因而行奸，民瑶乞灵则谋而为盗，孽虽自作，理实难容。近因临桂县东乡地名桐罢岭，有伪号"则天武婆庙"淫祠一所，民间祈祷，素号有灵。近日，师巫邪术犯人周法聚等鸣锣击鼓，以烧香祈晴为由，本道当即拿获惩究，差委本

① （清）李世椿修，郑献甫纂：《象州志》第三帙《纪人》，同治九年（1870年）刊本，第25页。

② （清）汪森编，黄盛陆等校点：《粤西文载校点（五）》卷六十九"人物小传"，南宁：广西人民出版社，1990年，第220页。

③ （清）张廷玉等：《明史》卷二百一列传第八十九，北京：中华书局，1974年，第5310~5311页。

④ （清）汪森编，黄盛陆等校点：《粤西文载校点（五）》卷七十"人物小传"，南宁：广西人民出版社，1990年，第340页。

⑤ 儒家主张"非其鬼而祭之，谄也"，因此毁淫祠、绝淫祀向来被视为推行政教的手段之一，影响力较大的事件，早如曹操在齐鲁地区禁绝城阳景王和一切奸邪鬼神祭祀即是。可参见《论语·为政篇第二》《三国志·魏书一·武帝纪》。

府知事王彻前往本境，将祠拆毁讫，解武婆邪鬼木像到道，转解赴城隍庙神前，将像断杖既毕，焚毁示众。是邪鬼不能保其身，又何能为福乎？且淫祠未毁拆之先，阴雨连日，既毁拆之后，天即晴霁，是素本无灵，而愚俗妄为崇信，亦可知也。

为此拟合通行，仰府清查巫流邪师，将合境淫祠尽行拆毁。每乡每里各立一社，建社学一所，各请生儒人等为社师，以教子弟。前面设乡社、里社正神，遇朔望，社师同父兄率童生诣神前，发誓要孝顺父母，尊敬长上，和睦乡里，莫作非为。如有不孝不悌，赌博行奸，窃盗作贼，生事害人，神祇降灾。如败伦伤化及为窃盗、强盗之人，神不降殃而听其自生自死，即是本社之神贪享民脂，与武婆邪鬼同罪，一体查究，量行焚毁。仰府行各州县在城、在乡猺、獞峒落，敢有私创淫祠祭祀邪鬼者，拿送惩治，遵守施行。①

武婆庙在明代崇祀很盛，但经过黄佐的这次捣毁后，后世的广西方志很少提及了，黄佐毁祠的成效由此可见。

张吉（1451—1518 年），字克修，号翼斋，亦号默庵，晚号古城，江西上饶市余干县人。弘治年间任梧州知府，公余"躬课诸生，为讲说圣贤修己治人之道，使人知所嗜向。尤严于丁祭。庙乐崩坏，延乐师吕应祯聚诸生习之。"②《明儒言行录》称："其为学务穷理致知，体之身而验之心，直欲著于事为。"③其学术于此能见。

张岳（1492—1553 年），字维乔，号净峰，福建泉州府惠安县（今福建

① （明）黄佐著，陈广恩点校：《泰泉集》卷二十九《禁淫祠榜谕》，南京：凤凰出版社，2021 年，第 692~693 页。
② （清）汪森编，黄盛陆等校点：《粤西文载校点（五）》卷六十四"名宦小传"，南宁：广西人民出版社，1990 年，第 39 页。
③ （清）沈佳：《明儒言行录》卷六，《影印文渊阁四库全书》第四五八册，台北：台湾商务印书馆，1986 年，第 800 页。

省泉州市惠安县）人。嘉靖年间任广西督学，"与诸生论学，一宗程朱"①，"督学所至，辄与人言明诚之学"②。

其他人如李龄，宾州学正，"教士子敦本尚实，一言一动不苟"③。叶性，正德间为庆远同知，"以理学诲士，一时翕然宗之"④。李中，广西提学，"日与诸生讲圣贤之学，如家人父子然。时迎亲就养，诸生持二簋为献，亦如家人礼，不以为忤也"⑤。李鹏举，嘉靖三十九年（1560年）判梧州总粮，"进诸生讲心性之学"⑥。怀集人梁方图，崇尚朱子学。据《怀集县志》载，崇祯间梁方图以明经历象、左二州教职，"刊《家礼四训约要》以教民，皆感化"⑦。梁氏师承不详。所著有《家礼四训约要》《五经要旨》《忠孝廉节》等。这些人都以理学鸣世。

除此之外，薛瑄之学、邱濬之学、章懋之学等也都在广西有传人。

周琦⑧，师承阎禹锡，阎氏为薛瑄弟子，薛瑄学宗朱子。周琦学问一遵程朱理学和薛瑄之学。如在《儒正谈》中，周琦就认为，"儒正"之正在于儒学是为己之学，"修于内者，求以实之于己，不求知之于人"⑨。"儒正"

---

① （清）汪森编，黄盛陆等校点：《粤西文载校点（五）》卷六十五"名宦小传"，南宁：广西人民出版社，1990年，第64页。

② （清）汪森编，黄盛陆等校点：《粤西文载校点（三）》卷四十《少保张襄惠公祠堂碑》，南宁：广西人民出版社，1990年，第201页。

③ （清）汪森编，黄盛陆等校点：《粤西文载校点（五）》卷六十四"名宦小传"，南宁：广西人民出版社，1990年，第17页。

④ （清）李清馥，徐公喜等点校：《闽中理学渊源考》卷四十六"同知叶叔理先生性"，南京：凤凰出版社，2011年，第553页。

⑤ （清）汪森编，黄盛陆等校点：《粤西文载校点（五）》卷六十五，南宁：广西人民出版社，1990年，第76页。

⑥ （清）汪森编，黄盛陆等校点：《粤西文载校点（五）》卷六十六，南宁：广西人民出版社，1990年，第85页。

⑦ （清）汪森编，黄盛陆等校点：《粤西文载校点（五）》卷七十一"人物小传"，南宁：广西人民出版社，1990年，第285页。

⑧ 可参见本书第二章第三节。

⑨ （明）周琦：《东溪日谈录》卷十五《儒正谈》，《影印文渊阁四库全书》第七一四册，台北：台湾商务印书馆，1986年，第255页。

之途在于切己体认，三代无书可读而圣贤辈出，关键即在于此。"书只明此天地万物之性，与圣贤复性之切。至于体认性善与工夫处，却又在人，而不在书……若人能不为书所病，体认圣贤复性工夫，效其所以为仁为义者，而求之身心，见之事业，以造圣贤之域，方是为学。"①切己体认的目的在"复性"，强调落实功夫，这继承的是薛瑄"明心见性"的思想。周琦进而点破："吾师伊洛阎先生，谓薛文清公曰'崛起于数百年之后，心印濂洛，神会洙泗。学以复性为本，言以明性为先。'"②接着，他把"周濂溪之学""程明道之学""程伊川之学""张横渠之学""邵康节之学""程子门人""罗豫章之学""李延平之学""胡文定之学""胡致堂之学""胡五峰之学""朱晦庵之学""张南轩之学""吕东莱之学""陆象山之学""朱子门人""真西山之学""魏鹤山之学""许鲁斋之学""吴草庐之学""刘静修之学""薛河东之学"作为儒学之"正"，并论述了正传所在。《(嘉靖)广西通志》赞曰："蒋公顺精研理窟，唐朝图阐心义，周琦体验性原，皆能山斗乎一方，而学者宗焉，岂亦闻濂洛关闽之风而兴起者乎。"③

横州陆坚、陆嘉鲤父子亦传薛瑄学问。陆坚，生卒年不详，举乡荐，曾任蒲城教谕。从"中州闫禹锡讲性命之学，得伊洛正传，纂辑《性理》《近思录》等书"④。陆嘉鲤(？—1520年)，字汝龙，陆坚之子，弘治壬子(1492年)举人，官至上虞教导。任职期间，致力于讲学，谆谆教导生徒，其学术源自家学。《儒林宗派》列陆坚、陆嘉鲤与周琦三人为阎禹锡弟子，入薛氏门派，是为粤西薛瑄学派。

---

① (明)周琦：《东溪日谈录》卷六《学术谈》，《影印文渊阁四库全书》第七一四册，台北：台湾商务印书馆，1986年，第170页。

② (明)周琦：《东溪日谈录》卷十五《薛河东之学》，《影印文渊阁四库全书》第七一四册，台北：台湾商务印书馆，1986年，第264页。

③ (明)林富修，黄佐纂：《广西通志》卷四十七，明嘉靖(1531年)刻本，第5页。

④ (清)苏士俊纂修，何鲲增修：《南宁府志》卷三十七《人物志·儒林》，宣统元年(1909年)羊城澄天阁石印本，第1页。

蒋冕，从学于邱濬，邱濬学宗朱子①。

李璧(？—1525年)，师从章懋。章懋之学"墨守宋儒"②。璧得章懋学问，"孝亲悌兄，极其纯笃，自筮仕以来直躬率士，有古胡瑗之风……志溯伊洛，道存明诚"③。

其他如陈邦偁、舒宏志、简弼、徐养正、张腾霄、张所蕴、秧清、章润、吴渊、龙泉、张溟、覃熙等人，皆潜心儒学，留下了《太极图辩解》《率性篇》《学始于不欺暗室说》《真正英雄从战战兢兢来说》《淡泊宁静说》《续朱穆崇厚论》《范运吉传》《图南会心编》《太极图说》等理学著述。

降及晚明，随着曹学佺、黄道周等人入桂，广西学术逐渐出现了修正、调和朱王两派的趋向，并涌现出了一批代表人物，其中以张昌胤为典型。张昌胤，全州人。尚书张溟曾孙。十五岁中天启辛酉年(1621年)举，二十二岁中崇祯戊辰(1628年)会魁，授庶吉士。未几而卒④。张昌胤著有《立志》《辨志》等篇，今不存。其学术师承不明，但知崇尚王阳明"良知"学说，"与太史金声、刘之纶倡明理学，以王阳明先声良知为宗"⑤。金声，字正希，休宁人。崇祯元年(1628年)成进士，工举子业，名倾一时。《明史》有传。刘之纶，字元诚，宜宾人。崇祯元年进士，与金声友善。因上疏言事，超擢兵部右侍郎、副尚书，协理京营戎政。事迹见《明史》。

值得注意的是，广西虽然僻处一隅，整体上来说儒学发展与中原存在

---

① 详见本书第二章第四节。

② (清)黄宗羲著，沈芝盈点校：《明儒学案》卷四十五"诸儒学案上三"，北京：中华书局，2008年，第1074页。

③ (明)郎瑛编：《七修类稿》卷四十七"事物类"，上海：上海书店出版社，2001年，第499页。

④ (清)汪森编，黄盛陆等校点：《粤西文载校点(五)》卷七十一"人物小传"，南宁：广西人民出版社，1990年，第284页。

⑤ (清)温之诚修，曹文深纂：《(嘉庆)全州志》卷八"人物上"，嘉庆四年(1799年)刻本，第30页。

时间差，但广西学界却并不是完全封闭的，甚至个别学者的眼光还触及了西方世界。西学在明代渐渐传入中国，在西学东渐的潮流之下，柳州王启元作《清署经谈》。此书借用西方上帝学说，来阐扬六经大用，排斥天主教而尊上帝与天，推孔子为教主，以此整顿朝纲，神化皇帝与孔子来强化皇权，主张建立一个政教一体的政治体制，反映出作者改造儒家为儒教的社会政治思想①。不过，这种思潮并不是主流。

总之，明代广西学术的发展逻辑是围绕程朱理学和阳明心学展开的，这也造成了此时两派角力的学术格局。

四、程朱理学、阳明心学和朴学并存的清代

在清代，理学虽仍是官方倡导的意识形态，但从明末以后却已不是显学，代之而起的即是"汉学"（朴学、考据学）的大范围兴盛。

然而，清代的广西学术却有另一番格局和景象，这表现在程朱理学还是主流学术，追随理学之人依旧繁多，如陈宏谋、高熊徵、吕璜、朱琦、封昌熊、王拯、刘定逌、张鹏展、蒋励常、卿祖培等。而且清代的广西时见理学名家和理学经典著作，大有理学在粤西中兴的趋势。

如张鸿翱②，其人潜心程朱理学，"尝立崇正祠，严祀朱子，而明其志焉"③，每日爇香礼拜。为人"敦重礼法，律身甚严，言笑弗苟，虽燕褻不去衣冠"④。其学术倾向于宣传道学教义，旨在挽救世道人心，如其所著的《女训》一书便强调通过训诫女子、培养女德来补救时风。虽然不免迂阔说

---

① 参见第二章第六节。
② 张鸿翱，生卒年不详，字恒夫，一字渐九，广西上林人。康熙四十一年（1702年）举人。终身不仕，以教授门徒为生。著有《家训》《女训》《蒙童训》等书。生平详见《峤西诗钞》《穀贻堂集》《（道光）宾州志》《（光绪）上林志》《（民国）上林县志》等。
③ （民国）杨盟、李毓杰修，黄诚沅纂：《上林县志》卷一一"人物部上"，台北：成文出版社，1968年，第618页。
④ （民国）杨盟、李毓杰修，黄诚沅纂：《上林县志》卷一一"人物部上"，台北：成文出版社，1968年，第618页。

教，但济世的急切用心也显而易见。又如卿祖培①，主张用程朱端正士风，说："《朱子全书》应颁学宫，饬谕各省学政，责令士子人人熟读，以端学术而植人才。"②蒋琦龄更是用理学公开反对乾嘉考据之学，他认为世风不振在于乾嘉的"埋首不问世事"之学。对此，他在《答何镜海观察书》中直言不讳：

> 于是近沿毛朱，远宗孔郑，以性理为空言，以考证为朴学，适际文运之隆，网罗典籍风尚。宏博纪文达诸公扬之于前，戴东原诸人承之于后。鄙夷宋儒，唾弃理学，遇笃行之士诮为迂愚，值意气之杰斥为谬妄。莫不重口耳而轻践履，贱义理而贵名物。夫方寸所具，理欲而已，理去则欲留于中。一身所接，义利而已，义亡则利诱于外。物各有理，而理不欲其明，兹其所以模棱乎；事各有义，而义不复顾，兹其所以无耻乎；作伪方自以为能，从众则莫能独实，兹其所以良心死，而患中于风俗人才乎。③

蒋氏把当时的追名逐利之习归咎于乾嘉学者贵名物轻义理的学风，此论虽然偏颇甚至略显偏激，但切中乾嘉之学的弊病。

以上可以看出，这些追随程朱理学的清代广西学者，颇重性理之学的实用性，所谓"读有体有用之书，精有守有猷之学；以四子六经植其根柢，以百家诸氏扩其才用"④，就是对这种学术追求的真实反映。

---

① 卿祖培(1776—1822年)，字锡祚、滋圃，广西灌阳县人。清嘉庆七年(1802年)进士，历任翰林院庶吉士、编修，湖广道监察御史、工科给事中、兵科给事中、内阁侍读学士、太常寺少卿等。

② (清)唐鉴：《国朝学案小识》卷十一，《唐鉴集》，长沙：岳麓书社，2010年，第650页。

③ (清)蒋琦龄著，蒋世玢等点校：《空青水碧斋诗文集》卷六《答何镜海观察书》，南宁：广西人民出版社，2001年，第152页。

④ (清)赵炳麟著，黄南津等点校：《赵柏岩集(下)》，南宁：广西人民出版社，2001年，第367页。

当然，这种看重实用的学术追求并不是凭空出现的，而是如上文所述，根源于广西儒学发展的历史传统，尤其是明代广西本土理学学者们的自觉化实践。像明人蒋冕，他就曾说："子周子挺生濂溪，倡明孔孟不传之绝学，以开程朱理学之源。"①为实现理学抱负，蒋氏主动参与大礼议事件，并且积极为桂林武学的兴复建言献策。绍道统、倡教化、行理学的实践性不言而喻。

到了清代，这种追求必然会延续下来，继而被明确标榜出来。如蒋励常说："道学者，托始于唐、虞而发明于孔、孟，天下不可一日不讲，而人人所当自勉也。"②以理学来修行自勉。壮族学者刘定逌终生崇奉孔孟思想和理学，曾写道："平生壮志在希颜，梦寐箪瓢陋巷间。一点灵明千古事，竿头百尺几时攀。"清末赵炳麟甚至编辑《汇呈朱子论治本各疏》，认为朱熹"述帝王之治理极其精微，论乱亡之陋习极其沈恸"③，主张采择朱子之法来治理国家，理学对广西的强大影响和作用可谓显而易见。

也就是说，广西儒学的传播和接受，从重启时就深深地打上了程朱理学的烙印，因此其学术范畴基本上也就限定在程朱理学的思想框架中，正如"贵邑接壤罗丛，邦人士习闻周程讲学，发挥至道"④的史载，就是程朱理学影响广西近千年学术格局的真实写照。在这种影响下，清代广西地区的许多儒学著述，如《孝经刊误节训》《十室遗语》《大学两关经传要解》《读缁衣集传》等，大多也以阐述程朱理学为宗旨。

康熙四十二年（1703年），高熊徵节要朱熹《孝经刊误》而成《孝经刊误

① （明）蒋冕著，唐振真等点校：《湘皋集》卷十九《全州修学记》，南宁：广西人民出版社，2001年，第203页。
② （清）蒋励常著，蒋世玢等点校：《岳麓文集》附《十室遗语》卷五《经世》，南宁：广西人民出版社，2001年，第169页。
③ （清）赵炳麟，黄南津等点校：《赵柏岩集（上）》之《汇呈朱子论治本各疏》，南宁：广西人民出版社，2001年，第329页。
④ 欧仰羲修，梁崇鼎等纂：《贵县志》卷十二，民国二十四年（1935年）排印本，台北：成文出版社，1967年，第741页。

节训》，以此书作为教授子侄辈的教材讲义，"其篇章次第，一遵朱子所定"①，而其内容"则述取他氏而又附以己见，以发挥其大旨"②。

蒋励常辑撰的《十室遗语》，分为《性理》《说经》《评史上》《评史下》《经世》《善俗》《砥行》《劝学》《论文》《谈兵》《述艺》《杂记》十二卷次，主要阐述程朱理学的人伦日用、修身养性等学说。

苏懿谐的《大学两关经传要解》一书，收录保存孔咸容《爽心》、王步青《四书朱子本义汇参》、邓柱澜《四书引解》、汪鲤翔辑《四书题镜》、张甄陶《四书翼注》《补录正修以下要解》六篇，是孔、王、邓、汪、张五位经师对四书和朱熹《格物补传》中关于"格物""诚意"解读的汇集③。

朱琦的《读缁衣集传》一书则是对明黄道周《缁衣集传》的节略，发挥的是程朱义理之说。

理学倾向最明显的莫过于陈宏谋，他的四十多种著述都旨在为濂洛传心。以《培远堂手札节存》为例，此书卷上收录书信六十余则，卷中大约七十余则，卷下六十五则，都是陈宏谋与亲人、同僚、朋友通信的摘录，但这些书信却全为"虚心观理，平心处物，早已窥濂洛之心传"④的产物，可见理学对清代广西士人的润泽之深。

至于阳明心学，它在明代中期于广西风行之后，到了清代亦未尝衰竭，代表性著作则是贵县人梁汝阳所著的《传习录辨疑》。《传习录》是明代心学家王守仁的语录及其部分书信汇编而成的哲学专著，由门人徐爱、钱德洪等编撰，分上、中、下三卷。卷上为王守仁讲学答疑的语录，卷中是

---

① （清）张泰交：《受祜堂集》卷十一《孝经刊误序》，《四库禁毁书丛刊》集部第五三册，北京：北京出版社，1998年，第598页。
② （清）张泰交：《受祜堂集》卷十一《孝经刊误序》，《四库禁毁书丛刊》集部第五三册，北京：北京出版社，1998年，第598页。
③ 广西壮族自治区图书馆、广西壮族自治区桂林图书馆合编：《广西文献名录》，南宁：广西人民出版社，2009年，第47页。
④ （清）陈法：《培远堂手札节要序》，《陈榕门先生遗书》第二册，民国三十三年（1944年）排印本，第1页。

他写给别人的七封书信，卷下一部分是语录，一部分则是王守仁所编的
《朱子晚年定论》①。梁汝阳喜读理学之书，"常以新建伯功烈彪炳，而《传
习录》不无与朱子异，作《辨疑》四十三则"②。可见此书是一本质疑、辨析
朱王异同的著作。除此书之外，有关心学的著述较少，影响也较微弱。

　　与此同时，晚明所出现的调和程朱理学与阳明心学的一脉亦继续在清
代的广西绵延，典型著作即是余心孺的《性理管窥》。此书共二卷，受韩愈
"五原"篇目的启发很大。卷一主要探讨人的价值源头，属于形而上的讨
论；卷二阐释人的德行等内涵及其修养途径，属于形而下的讨论。作者旨
在打通天理性命和形上形下等关节，立论大胆，融合了程朱理学和王氏心
学两派的观点③。这与余心孺的家学有关，其家人曾从学于王阳明、罗洪
先、唐顺之，父亲余犹龙和舅舅董其英曾从学于赵贞吉，黄宗羲归之为泰
州学派。李瑞征尝评价余心孺《性理管窥》中的图说：

　　　　先天之学，心也，故图皆自中起；后天之学，理也，故图由中
　　推，天地万物之理，皆在其中。邵子曰："自从会得环中意，闲气胸
　　中一点无。"朱子赞曰："手探月窟，足摄天根，闲中今古，静里乾
　　坤。"今观余子著书，以图为心法，皆从中起，且统天地物之理，可征
　　其家学渊源。④

余氏兼采心学理学，调和朱王的学术倾向可谓十分明显，人所共知。
　　细思清代的广西儒学格局，虽有阳明心学与"程朱理学"互相竞争，但
此时的心学已经不如明代那样强势，与程朱理学相比，它始终处于弱势地

　　①　谢谦编纂：《国学词典》，成都：四川辞书出版社，2018年，第628页。
　　②　（清）谢启昆修，胡虔纂，广西师范大学历史系中国历史文献研究室点校：
《广西通志》卷二百七"艺文略上三"，南宁：广西人民出版社，1988年，第5445页。
　　③　参见本书第一章第一节之"著述类、注释型和总论型等"。
　　④　（清）余心孺：《诊痴梦草》，《四库禁毁书丛刊补编》第八四册，北京：北京出
版社，2005年，第31页。

位。究其原因无非以下三点：

其一，儒学对广西士人的浸润毕竟不及中原深厚，故儒家名教的诸多学说要在广西流行，更需借助诸多重要理念来强化。先秦儒家的"义利之辩""性命之别"等观念无不彰显于中原士人的言谈文章中，而广西在彼时因为错过了与中原文化发生地的频繁沟通和交流，在儒学理论这方面稍显弱势。但"程朱理学"的"存天理，灭人欲"等概念却包含了丰富的道德价值和阐释空间，这就为弥补广西儒学的理论缺陷带来了绝佳的机会。而程朱理学早于阳明心学，纵然两派都有丰富的理论，但程朱理学还是因占据先机而拥有了不可撼动的地位。

其二，"程朱理学"对以往儒家读经尊孔的经学传统的突破之处就在于明晰了作为存在主体的"性"，也就是"人性"，和作为普世价值的"理"，也称作"天理"。"人性"是作为人的规定性而存在的，而"天理"便是规定人性的内容。将天理论引入社会政治思想，引入历史哲学等，会使这些领域也呈现出不同的面貌①，此种不同面貌对于远在南疆的广西来说，是颇有新意、颇具吸引力的。而阳明心学则主张"心"是判断天理人性的标准，理论飘渺，难以把握，自然传播受限，不及程朱理学流传广泛。

其三，"陆王心学"在中原之时，虽因其"简易工夫"更胜"程朱"一等，但在广西，许多儒家命题才得以普及，各种名分观念深入人心尚有待时日，儒家传统和学术氛围尚需积累，因此强调日将月就的程朱理学比看重悟道的阳明心学更为适用。

另外，清中期以后风靡一时的朴学，它在广西的传播接受也不甚广泛，不过，时风所及，必有影响，一些广西士人的考据著述也时见于文献著录，如《文庙木主考辨》《孔子年谱辑注》《禹贡地理考略》《春秋释地考证》《诗经草木解》《文庙上丁礼乐备考》《文庙祀位考略》《文庙丁祭礼乐辑要》《文庙圣贤典型》等，都堪称广西考据学的经典之作。尤其是龙

---

① 侯外庐、邱汉生、张岂之主编：《宋明理学史（上）》，西安：西北大学出版社，2018年，第395页。

启瑞与郑献甫二人，更是清代粤西朴学的代表人物，他们的考据成果已如前述。大体来说，此时广西学者的考据成就已经具有一定的全国性影响。

到了清末，广西儒学又呈现出汉宋兼采的景象，此脉实由清中叶的汉宋之争衍变而来。如刘名誉的《论语》研究，他的《论语注解辨订》①推敲文字、寻绎本义及考证典章制度等都一尊汉儒，校勘考订十分严谨。而在义理的梳理上，此书则主要采用《论语集注》中的说法，阐发程朱之学。显而易见，刘氏秉持的是汉宋兼采、考据义理并重的治学方法。又如祁永膺②，祁氏为朱一新③弟子，一生致力于学术研究，有《勉勉鉏室类稿》《岭学祠诸先生事迹学术考》等考据学著作，而学术又以居敬为本，尝说："周子于主静立人极，程子谓涵养须用敬。静与敬，是二是一，乃为学成始成终之道。"又说："天地一理之积，吾心亦一理之积，穷吾心之理而无愧怍，则致中和而位育。"④可见其为学大旨在兼取汉宋。

与此同时，中学为体西学为用之说，也在清末广西学人的论著里得到体现。如赵润生⑤的《庭训录》，是书为赵润生教子家书的汇集，主要包括《训子大概》十二条、《临别训子书》、《谕长子炳麟家书》十一通、《谕长子炳麟》八条。《谕长子炳麟家书》中除了谈及传统道德修养的条目外，还鼓励儿子了解西方世界、学习和掌握西方法律，并提到了"亚历山大""鼓其

---

① 《广西地方史志文献联合目录》著录为"《论语注解辨订》"，《贩书偶记》著录为"《论语注解辨订》"，《广东通志·出版志》和《历代铜鼓文学文献集成》都著录为"《论语集注辨订》"。本书采用《贩书偶记》之说。

② 祁氏生平参见本书余论。

③ 朱一新(1846—1894年)，字蓉生，号鼎甫，浙江义乌人。光绪二年(1876年)进士。历任翰林院庶吉士、编修、陕西道监察御史等职。直言遭贬后讲学端溪书院、广雅书院等。著有《无邪堂答问》《汉书管见》等书。生平事迹见《清史稿》《清史列传》。

④ 汪楷主编：《陇西金石录(下)》，兰州：甘肃人民出版社，2011年，第185页。

⑤ 赵润生(1850—1905年)，字钟霖、湘源，号柳溪老人，广西全州人。光绪二十年(1894年)进士，历任新化县知县、益阳县知县、湘阴县知县、常宁县知县等职。为翁同龢门人。一生戒惧谨慎，恪尽职守。著有《翰林说》《御史法戒录》《庭训录》。

热力""维持世界""学术""政治""洞悉中外利弊情形"等近代词汇①。又如
李琪华②辑撰的《博爱录》，此书是李琪华辑录的关于博爱理论的阐述性文
章，他在书中表达了希望建立一个以博爱思想为基础，平等、公正、自由
的社会。这个社会没有压迫、没有剥削。这种思想显然是受到了西方博
爱、乌托邦等思想的影响。由此足见清末西方文化对广西地方士人及广西
学术格局的影响。

总之，清代的广西儒学，虽然有阳明心学、朴学和西方文化的争逐及
影响，但"程朱理学"始终占据学术格局的主流地位。

第三节　儒学在广西的发展差异

广西儒学在发展演进的过程中，其内部诸要素如思想和学派等并不
是一成不变、完全同步的，而是有着时间、地域、民族乃至阶层的多种
差异，也正是因为这种差异的存在，才使得广西儒学有着丰富多彩的特
质。

一、儒学在广西发展的时间差异

若想较为准确地掌握儒学在广西的发展历程，则文献的存佚情况无疑
是一个极具参考价值的指标，它可以更直观地让我们感受到各个历史时期
广西儒学的不同面貌，进而窥见广西儒学在特定时段的具体发展势态。表
5 为广西儒学文献在历代的存佚情况。

---

① （清）赵炳麟，黄南津等点校：《赵柏岩集（下）》，南宁：广西人民出版社，
2001 年，第 370~371 页。
② 李琪华(1876—1956 年)，字青绮，号季卿，又号瘦樵，广西永福人。出身于
绘画世家，自清代嘉、道间成名的李熙垣起，近二百年间，一门八代书画人才，世称
"画笔如林"。著有《博爱录》。

表5 广西历代文献存佚及占总比表

朝代	总数	存	未见	佚	历代文献占总比
汉	3	0	0	3	0.79%
三国至两晋	4	0	0	4	1.06%
南北朝	0	0	0	0	0
隋唐	0	0	0	0	0
宋	6	4	0	2	1.58%
元	1	0	0	1	0.26%
明	75	24	9	42	19.79%
清	290	146	80	64	76.52%
总计	379	174	89	116	100%

据表5，汉代广西儒学文献的总数占比仅约为0.79%，三国至晋为1.06%，南北朝至唐为0%，宋为1.58%，元为0.26%，明为19.79%，清为76.52%，可知广西儒学在不同时段的发展差异甚大，总体上呈现出一种不均衡的发展趋势，或者说，它存在着一种明显的滞后性。

所谓滞后性，指的是广西与全国学术思潮的发展存在着一个时间差。两汉三国时期，广西虽有"三陈六士"①的《春秋》学，甚至还有一定的文化输出能力，但与同时代的经学研究相比，影响还是较弱。在此以后的魏晋南北朝至隋唐这一段时间内，广西儒学相对沉寂，与全国其他地区相比，滞后性更加明显。

到了南宋淳熙年间，理学已经大盛，当时朱熹、张栻、吕祖谦、陆九渊等理学家聚徒讲学，广传其说，在社会上引起了极大的影响。以朱熹弟子为例，据陈荣捷统计，曾从学于朱熹的就有六百二十九人，而完全称得上弟子门人者就多达四百六十七人，加上私淑弟子二十一人，共四百八十

---

① "三陈"即陈钦、陈元、陈坚祖孙三代，"六士"即士赐与其子士燮、士壹、士䵋、士武以及士燮之子士廞祖孙三代。

八人。其不知名而问学者就更多，"长沙一夕已有七十余人请教"①，如此推算，朱熹弟子不下千人。陆游曾说"朱文公之徒数百千人"②，所以"过去一千七八百年之间，则朱子门徒之盛，当居第一"③。这些门徒来自全国，以福建、浙江、江西三地为最多。朱熹去世时，正是"学禁"之时，但会葬者依旧多达几千人，而相关文献所录及的广西朱门弟子则仅约有石安民、蒋元夫、文元、蒋公顺、滕处厚五人。因此，从学者数量这个角度来看，宋代广西儒学的滞后性已经不言而喻了。

另外，此阶段的滞后性不单表现在从学人数上，更表现在学术探讨的内容上。在广西以外的其他地区，两宋时期许多学者都以命、性、心、情、才、志、意、仁、义、礼、智、信、忠信、忠恕、一贯、诚敬、恭敬、道、理、德、太极、皇极、中和、中庸、礼乐、经权、义利、鬼神、佛老、道学、体统等概念之流衍、形辩为学术探讨的核心，但此时的广西儒学最急迫的任务却是维护纲常名教。这是因为广西在历史上曾长时期游离于中原文化的影响之外，理学思想在广西的传播，并不会遭遇太多来自儒家思想内部的理论分歧的掣肘。而且当地本土文化也无力在较高层次上对理学思想进行学理或者学术上的探讨，所以此时理学在广西传播担负的使命无外乎以"化民育德""移风易俗""化夷为夏"为宗旨。

需要关注的一个现象是，传入广西的宋代理学门派虽然较夥，但门派争鸣、门派交锋现象则较少，这大概由两个原因造成。其一在于入桂理学人士面对当地荒僻的文化环境，虽有开荒拓土的努力，但设教开讲、传授学业不用标同伐异，毕竟不太艰难，这是理学得以在广西迅速传播的有利条件，却也因此失去了崇奉门派的竞争心理。其二在于广西本土士人在当时大多不甚开化，读书育人传统也并未养成，所以理学各个派别之间的内

---

① 陈荣捷：《朱学论集》，上海：华东师范大学出版社，2008年，第183页。

② （宋）陆游：《陆游全集校注·渭南文集校注》卷三十六《方伯谟墓志铭》，杭州：浙江古籍出版社，2015年，第128~129页。

③ 陈荣捷：《朱学论集》，上海：华东师范大学出版社，2008年，第183页。

部争论很难得到他们的呼应和支持。因此，理学在广西的传播过程中，基于理论本身的派系对峙现象并不突出，而是演变为一种文化上的启蒙运动，这是理学在广西传播过程中有别于其他地区的一个显著特点。

到了明代，广西儒学与区外儒学发展的时间差异明显缩小，最为明显的体现就是本地学者数量的陡增，单是目前已查知的留下作品的儒者就有三十人以上①，则此时广西地区的儒学发展情况可想而知。如藤县傅惟宗，幼小嗜学，从学士解缙游，归休山林，乡后学皆视其言动以为矩矱，常以经学教授后学，"登甲科者多出其门"②。宜山吴渊，潜心义理之学，高中景泰四年癸酉(1453年)解元，为灵山学训③。阳朔人唐瑄，博览群书，精于议论，所著之《诗经说意》《大学中庸直讲》行于世，而《怡情杂咏》《词林切要》《辟谚录》藏于家④。苍梧人甘思召，与吴廷举交往，吴氏表其墓曰："处存儒者之风，出有循良之绩，归存善退之名。"⑤全州人蒋昇，与其弟蒋冕一样，从学于理学名臣邱濬，"于先儒务穷理而贵果断之说，终身诵之，故其言行政事，无愧古人"⑥。南宁人王让，与陈白沙、涂翰林交往，居家训敕宗族，敦崇行谊⑦。

至清代，广西儒学虽然在整体上还存在着时间差问题，但差距又进一步缩小了。不但从事儒学研究的人数在成倍增加，产生了诸如高熊徵、陈

---

① 参见附录《广西儒学文献一览表》。

② (清)汪森编撰，黄盛陆等校点：《粤西文载校点(五)》卷六十九"人物小传"，南宁：广西人民出版社，1990年，第199页。

③ (清)汪森编撰，黄盛陆等校点：《粤西文载校点(五)》卷六十九"人物小传"，南宁：广西人民出版社，1990年，第206页。

④ (清)汪森编撰，黄盛陆等校点：《粤西文载校点(五)》卷六十九"人物小传"，南宁：广西人民出版社，1990年，第212页。

⑤ (清)汪森编撰，黄盛陆等校点：《粤西文载校点(五)》卷六十九"人物小传"，南宁：广西人民出版社，1990年，第216页。

⑥ (清)汪森编撰，黄盛陆等校点：《粤西文载校点(五)》卷七十"人物小传"，南宁：广西人民出版社，1990年，第223页。

⑦ (清)汪森编撰，黄盛陆等校点：《粤西文载校点(五)》卷七十"人物小传"，南宁：广西人民出版社，1990年，第233页。

宏谋、刘定逌、张鹏展、赵炳麟、卿祖培等众多硕儒，而且在著作上也涌现出了《四书串讲》《花矼经述》《五子要语》《训蒙五伦篇》《有志轩家训》《训蒙五伦编》《古贤名录》等二百九十部（篇）儒学文献，为广西留下了丰厚的学术遗存。与清代其他地区的学术发展相比，此时的广西虽有差距，但大体跟上了时代潮流。

二、儒学在广西发展的地域差异

从汉代到唐末，广西的思想重镇从以苍梧为中心的桂东南，开始向以桂林为中心的桂东北转移。经历宋元两代的发展，到明代，广西的思想重镇完全转移到了桂东北，同时开始缓慢地向桂中地区延伸。至清代，广西儒学的重镇虽仍在桂东北，但桂东南历经了几代的沉淀，文化积累已经差可比肩。历史上广西儒学发展的地理演进过程大概如此。从儒学文献在各朝代的地域分布视角探讨儒学在广西的变迁问题，这有利于我们更好地理解广西儒学发展的内在逻辑，因此笔者制表 6 如下。

表6　　　　　　　　　　　　**广西儒学文献历代地理分布表**

地区	县名	汉	三国至两晋	南北朝	隋唐	宋	元	明	清	总数
桂林地区	桂林市	—	—	—	—	—	—	—	7	7
	临桂	—	—	—	—	—	—	4	42	46
	兴安	—	—	—	—	—	1	—	3	4
	灵川	—	—	—	—	—	—	3	8	11
	永宁	—	—	—	—	—	—	1	—	1
	全州	—	—	—	—	—	—	8	21	29
	灌阳	—	—	—	—	—	—	2	15	17
	恭城	—	—	—	—	—	—	1	—	1
	平乐	—	—	—	—	—	—	—	3	3

续表

地区	县名	汉	三国至两晋	南北朝	隋唐	宋	元	明	清	总数
桂林地区	阳朔	—	—	—	—	—	—	4	3	7
	修仁	—	—	—	—	—	—	—	2	2
	永福	—	—	—	—	—	—	3	2	5
	小计	—	—	—	—	—	1	26	106	133
玉林地区	郁林	—	—	—	—	—	—	—	25	25
	兴业	—	—	—	—	—	—	2	2	4
	容县	—	—	—	—	—	—	—	11	11
	桂平	—	—	—	—	—	—	1	13	14
	平南	—	—	—	—	—	—	—	1	1
	北流	—	—	—	—	—	—	—	11	11
	博白	—	—	—	—	—	—	—	6	6
	贵县	—	—	—	—	—	—	—	14	14
	陆川	—	—	—	—	—	—	2	1	3
	小计	—	—	—	—	—	—	5	84	89
南宁地区	邕宁	—	—	—	—	—	—	—	5	5
	武缘	—	—	—	—	—	—	2	11	13
	上林	—	—	—	—	—	—	2	7	9
	宾阳	—	—	—	—	—	—	—	2	2
	永淳	—	—	—	—	—	—	—	2	2
	崇善	—	—	—	—	—	—	1	2	3
	龙州	—	—	—	—	—	—	—	1	1
	宣化	—	—	—	—	—	—	2	1	3
	小计	—	—	—	—	—	—	7	31	38
梧州地区	苍梧	3	3	—	—	—	—	6	2	14
	贺州	—	—	—	—	2	—	—	—	2
	怀集	—	—	—	—	—	—	3	2	5

续表

地区	县名	汉	三国至两晋	南北朝	隋唐	宋	元	明	清	总数
梧州地区	岑溪	—	—	—	—	—	—	—	5	5
	藤县	—	—	—	—	3	—	—	2	5
	昭平	—	—	—	—	—	—	—	2	2
	小计	3	3	—	—	5	—	9	13	33
柳州地区	马平	—	—	—	—	—	—	12	1	13
	融县	—	—	—	—	—	—	—	2	2
	象州	—	—	—	—	—	—	3	5	8
	迁江	—	—	—	—	—	—	—	1	1
	小计	—	—	—	—	—	—	15	9	24
河池地区	忻城	—	—	—	—	—	—	—	2	2
	罗城	—	—	—	—	—	—	—	1	1
	宜山	—	—	—	—	—	—	1	4	5
	小计	—	—	—	—	—	—	1	7	8
钦州地区	合浦	—	—	—	—	—	—	—	1	1
	小计	—	—	—	—	—	—	—	1	1
崇左地区	万承	—	—	—	—	—	—	—	1	1
	小计	—	—	—	—	—	—	—	1	1
百色地区	百色	—	—	—	—	—	—	—	1	1
	小计	—	—	—	—	—	—	—	1	1
总计		—	3	3	—	—	5	1	63	253	328

注：作者以籍贯为划分依据，非广西籍人士、无名氏所著以及官方所刻不在统计之列。

如表 6 所示，汉末三国时期以梧州所代表的桂东南地区是广西儒学研究的主阵地，六部儒学文献均出自广西苍梧，可见苍梧在彼时的广西属于儒学发展最为繁荣的地方。汉武帝灭南越政权后，一度让苍梧成了九郡行政中心，大量移民迁居于此，其中不乏名流雅士，如刘熙、薛综、程秉、虞翻等儒学大师，他们在这里著书立说，有力推动了当地的文化发展。在这样的背景下，苍梧出现了第一批本土文士。据谢启昆《广西通志》统计，汉代的广西名宿共有十一位，其中九人属于梧州地区①，可见当时桂东南地区文化的兴盛。但之后广西政治中心迁出梧州，梧州学术后继乏力。宋代梧州地区仅有五部儒学文献，明代九部，清代十三部，数量远远落后于同期的桂林地区。

随着政治中心北移至桂林，桂林成了迁徙人口的聚居地。张栻、周去非、吴猎、游九言、詹仪之、陈孔硕、柴中行、崔与之、詹体仁、杨大异、李鉴、钟震、李闳祖、赵崇宪、赵崇模、赵必愿、张埈、赵师恕等都曾讲学桂林，不少本土士子或问学，或与之交往，以桂林为中心的儒学研究在粤西渐成大势，这样的格局一直影响到清末。

元代广西儒学文献亦集中在桂林地区，以唐朝的《心法纂图》为代表。这是因为元代统治者占领广西之后，为了加强对岭南地区的控制，把经济文化发展中心继续向北迁移，以桂林为中心的桂东北因为接近湘江一带，更靠近中原，容易受到中原文化的影响。

明代广西儒学文献共六十三部，桂林地区二十六部，柳州地区十五部，梧州地区九部，有七部分布在南宁地区，玉林地区五部，河池地区一部。可见，明代广西儒学的中心地依旧在桂东北，但桂东南地区的儒学发展已经开始重新积势。

清代桂林地区的广西儒学文献一百零六部，玉林地区八十四部，南宁地区三十一部，梧州地区十三部，柳州地区九部，河池地区七部，钦州地区、崇左地区、百色地区各一部，可见是时儒学分布虽未改变以桂林为中心的格局，但有逐渐向桂南、桂西扩大的趋势，这种变化在雍正皇帝改土归流后加快，与儒学教育的普及息息相关。以书院为例，整个清代广西书

---

①　详见(清)谢启昆修，胡虔纂，广西师范大学历史系中国历史文献研究室点校：《(嘉庆)广西通志》卷二百六十四列传九，南宁：广西人民出版社，1988年。后文提到的《(嘉庆)广西通志》均为此版本，不再赘述。

院共有二百七十二所①，与明代相比数量大大增加，且分布地广，不但府、州、县的治所均建有书院，甚至一些镇集上也不乏书院的影子。且新建的书院大多集中在百色、崇左、河池等少数民族聚居地。在这种背景下，清代梧州和玉林的举人数量已经仅次于桂林②，因此儒学向桂南、桂西扩展的趋势也就很好理解了。

由以上分析可知，广西的儒学发展肇始于桂东南的苍梧。宋以后，学术中心逐渐移到了以临桂、全州为中心的桂北一带。明代，又从桂林逐渐向柳州、梧州、南宁等地扩散，呈现出以桂林为中心的放射状发展态势。到了清代，广西儒学的重镇虽仍在桂东北，但桂东南历经了几代的积累，已然成为广西学术的第二汇集地。同时，桂西的快速发展亦不容忽视。要之，广西历代儒学的发展是随着政治、经济中心的转移而时刻因应的。

三、儒学在广西发展的民族差异

广西是多民族聚居的区域，在宋代以前的治理中，广西与内陆的交流并不算多。宋以后，随着士人地位的上升，以及儒学思想的发展，广西地区陆陆续续地出现了一些儒学名家，并对当地的少数民族群体产生了重大影响。

不同的少数民族，接受汉文化的先后、程度都有所不同。大体来说，壮族受众最多，接受汉文化的时间也最早，如宋代广西的进士中，就有黎志、韦经、韦民堂等壮族儒生。至元明清，广西本地逐渐涌现出了一批壮族名儒如覃昌、韦旻、李璧、覃熙、刘定逌、韦天宝、韦丰华、张鸿翮、张鸿翽、张鹏展、郑献甫等，他们都是其中的佼佼者。

需要指出的是，上述诸人中，刘定逌、张鹏展二人并不是真正意义上

①　孙先英：《广西书院文化研究》，桂林：广西师范大学出版社，2016 年，第 18 页。

②　广西壮族自治区地方志编纂委员会编：《广西通志·教育志》，南宁：广西人民出版社，1995 年，第 85 页。

的壮族，而是壮化了的汉族。刘定逌始祖刘禄，宋朝末年为邕州判官。刘禄之父原为宋朝官员，宋亡，全家数十口殉难。刘禄远在邕州为官，无家可归，便移至武缘县葛阳镇蛰居，融入壮族之中，子孙蕃衍，人丁兴旺。刘氏诗书传家，为当地著名的书香门第。刘定逌父亲刘王琏，更考中贡生，曾任兴安司训①。张鹏展的情况也类似。鹏展远祖本来也是汉族，迁住上林逾百年，早已融入壮族之中，逐渐变成了新的土著，但张氏家族在文化上却依旧恪守儒学，科第不断，绵延了汉族书香传统②。

这种汉族的"壮化"，其实是壮族地区民族关系发展的一种常见现象。光绪《新宁州志》曾记载说："新宁本诸苗地，然遍询土人，其远祖自外来者十之八九。初至多在城市，渐而散处四乡，与土民结婚姻，通声气。数传后岩栖谷隐，习惯自然，人人得以猺獞目之矣。非猺而猺，非獞而獞，其居使之然也。"③除新宁外，太平府也有类似现象，"太平城郭居民，有因仕宦落业者，有各省商贾落业者，有由宋皇祐从军而来者。稽其各家世谱，出自山东者十之六七，出自江南、河南、江西、广东者十之三四。有历四五世、七八世不等"④。可知汉壮民族融合在广西历史上十分常见。

除了影响上层知识分子外，儒学对壮族民间所产生的影响亦可窥见壮族儒化的程度，兹以《传扬诗》为例说明。此诗是产生于明末清初的一首民间道德长诗，曾广泛流传于广西上林、马山、忻城、柳江、都安等县交界的红水河沿岸及其他处的壮族地区。诗歌分为"天下不公平""财主""官家""穷人""志气""求嗣""养育""做人""勤俭""善良""交友""孝敬""睦

---

① 韦玖灵：《儒学南传与壮族思想发展》，香港：香港新闻出版社，2003年，第308页。

② 韦玖灵：《儒学南传与壮族思想发展》，香港：香港新闻出版社，2003年，第319页。

③ （清）藏焕南修，张灿奎等纂：《新宁州志》卷四"诸蛮"，光绪五年（1879年）刻本，第7页。

④ （清）甘汝来等纂修：《太平府志》卷十四"舆地·风俗"，清雍正四年（1726年）刻本，第1页。

邻""择婿""为妻""夫妇""妯娌""分家""鳏寡""后娘""尾歌"等方面内容，共两千余行，被称为壮族的伦理教科书。其主旨在于传扬勤劳、节俭、正直、诚实、重礼、好客、尊老、爱幼、团结、友爱、和睦、互助等伦理规范及道德准则，其中的思想如"孝""诚""礼""义"等明显受到儒学的陶染①。

其他区内的少数民族如苗族和瑶族等，也都与汉文化保持了积极的沟通交流②，但他们遗留下的儒学著作目前并不多见。

总之，在广西地区的民族交融过程中，儒学沿着各民族文化横向传播，影响范围不断扩大，影响力也在持续加深。

四、儒学在广西发展的阶层差异

一般来说，学术的发展、繁荣，离不开坚实的经济基础。尤其对于微观的个体来说，学问产生和传播更依赖于殷实家境的持续供养。这些不同个体的家庭背景组合在一起就是阶层，可以说，阶层与家族密不可分。

家族是以婚姻血缘关系组成的社会单位，有着维持共同生计的使命。科举的出现，使得更多有经济实力的家族开始以此谋取政治权力和社会地位，同时，无数个人对科举的追逐也促成了新型文化家族的出现③。经济与文化的相互作用，在文化家族的形成上表现得尤为突出。明清以来的世家大族多是这种情况，广西的望族也不例外。兹以粤西诸多科举文化家族为例，来说明儒学在本地发展的阶层差异。

临桂陈宏谋，明末其先祖因避兵乱而迁至广西。到了陈宏谋之父陈奇玉这一代，陈家通过苦心经营，有了数十亩田地，基本能维持家人温饱。

---

① 孙先英：《宋明理学在广西的传播及其对少数民族文化的影响》，北京：中国社会科学出版社，2015年，第438页。
② 可参见过伟主编：《广西民俗》，兰州：甘肃人民出版社，2004年。
③ 吴根洲编著：《科举导论》，杭州：浙江古籍出版社，2016年，第227～228页。

在此基础上，有远见的陈奇玉才让儿子陈宏諴、陈宏谋、陈宏议读书为学，参加科举。陈宏谋雍正元年（1723年）考中进士，最后官至东阁大学士。他曾经回忆说："吾父一生勤劬，躬自经营，必不肯使吾辈涉及田功，荒其学业。"[1]又说："先大夫性喜读书，延名师课子，不遗余力。"[2]显然，田地收入为陈氏科举家族的崛起奠定了基础。随后陈家不断复制着这一条"读书—科举—仕宦"的路径，"横山陈氏自清世宗雍正元年癸卯榕门先生始，至德宗光绪二十七年辛丑（1901年）至其七世孙懋功、秘功止，凡一百九十年间，其科甲有状元一名，翰林二名，会元一名，进士四名，解元二名，举人二十六名，贡生九名。以人数而论，凡三十五人。官至巡抚总督以上共四人"[3]。如此业儒世家的表现，可谓盛矣。

科举为家族的儒化起到了重要的推动作用，并使得广西的儒学著述更具家族特色。还是以陈氏家族为例，从陈宏谋开始，其家族内登科者著述不断。宏谋继子陈钟珂，乾隆六年（1741年）举人，有《陈文恭公年谱》十二卷、《历代纪年便览》；女儿陈莹英有《含贞轩诗》《含贞轩词》；孙陈兰森，乾隆二十一年（1756年）举人，二十二年（1757年）进士，有《三通序目》不分卷、《四书考辑要》二十卷、《〈双节堂庸训〉应世补续编》等；五世孙陈继昌，嘉庆二十五年（1820年）状元，有《读书心解》《礼学须知》。科举带来的著作家族化可见一斑。

又如全州蒋氏。远祖据传为蒋秀之后，东汉末居零陵，四传为蜀大司马蒋琬。蒋琬少子蒋贯徙居洮阳县北石龙潭。到宋蒋元夫，从学张南轩、

① （清）陈宏谋：《培远堂文集》卷九《亡侄钟璠哀词》，《陈榕门先生遗书》第二册，民国三十三年（1944年）排印本，第17页。
② （清）陈宏谋：《培远堂文集》卷六《伯兄容庵传略》，《陈榕门先生遗书》第二册，民国三十三年（1944年）排印本，第6页。
③ 林半觉：《榕门故里》，《临桂县志》附录"游记选录"，北京：方志出版社，1996年，第857页。

陆象山①。蒋元夫为蒋公顺族伯父，蒋公顺从鹤山魏了翁学七年，"精研义理之学"，著有《龙溪家翁传》。明代蒋冕，曾祖蒋贯、父亲蒋良都有为官经历②。蒋冕十五岁时就乡试第一名，二十五岁与其兄蒋昇同榜登进士，从学理学名臣邱濬，曾任首辅，著有《湘皋集》。康乾间，全州才湾蒋林父子三人进士及第。蒋励常，乾隆五十一年（1786年）举人，著有《养正篇》《十室遗语》《岳麓制艺》，其子蒋启敫，道光二年（1822年）进士，著有《教士汇编》《迩言》《课艺偶存》，其孙蒋琦龄，道光二十年（1840年）进士，著有《空青水碧斋诗文集》。此外，蒋光昌，康熙五十年（1711年）举人，著有《读易管窥》；蒋良骐，乾隆十六年（1751年）进士，辑撰《下学录》；蒋启迪有《易解》《左绪论》；蒋伯琨辑撰《简要格言》《居家要略》，此皆全州蒋氏著作。据蒋琦龄统计，蒋式"自南宋以迄本朝，族人之举进士者四十余人，举人三百八十余人，释褐登朝，自宰辅以至守令四百余人"③，家族文化十分昌盛。

值得一提的是，全州士人家族的文化现象十分突出。除了蒋氏外，还有陈氏、舒氏、谢氏等。明代陈氏家族由陈瑶和陈琬兄弟开启门第之盛，瑶为金都御史，琬为工部左侍郎，其子侄辈陈邦偁为礼部郎中，陈邦修为太仆寺少卿。明代舒氏家族有舒应龙和舒宏志父子，前者为南京工部尚书，后者为探花、翰林院编修。清代谢氏家族有常州通判谢良琦和其侄孙御史谢济世，二人合称为"全州二谢"，同时又有济世叔山东巡抚谢赐履，都是科甲出身，可谓煊赫④。这些家族的诸多名士都或多或少留下了对儒学的思考。

① （明）林富、黄佐修纂，攸兴超、姜乃菡等点校：《（嘉靖）广西通志点校》，桂林：广西师范大学出版社，2010年，第257页。
② 参见本书第二章第四节。
③ （清）蒋琦龄著，蒋世玢等点校，《空青水碧斋诗文集》卷八，南宁：广西人民出版社，2001年，第205页。
④ （清）谢良琦；熊柱等注释点校：《醉白堂诗文集》总序，南宁：广西人民出版社，2001年，第4页。

再如武缘刘定逌，始祖刘禄，江西省庐陵人，宋朝末年为邕州通判，宋亡，移居武鸣。曾祖刘士登，崇祯间庠生，编写了《庭训三则》垂教。祖父刘世灯为贡生，潜心训诂，于经传多所发明，著有《尚书讲义》《中庸讲义》。而身为乾隆十三年（1748年）进士的刘定逌则著有《论语讲义》《三难通解训言述》《秀峰书院学规》《灵溪时文》等。据笔者统计，有清一代武缘地方著述共有十三部作品，刘氏就独占四部。

其他如上林张鹏展，乾隆五十四年（1789年）进士，编有《峤西诗钞》《宾州志》《国朝山左诗续钞》，著有《兰音房诗草》《离骚经注》《读鉴释义》《女范》等。张鹏展曾叔祖父张鸿翙，康熙四十一年（1702年）举人，崇尚朱子，著有《女训》《家训》《蒙童训》。

玉林苏氏。苏其焖，雍正十一年（1733年）进士，编修《怀远县志》[①]。苏懿谐，贡生，著有《大易掌镜》《大学两关经传要解》《葩经念本》《学庸弦诵》《孝经刊误合本》《畴图体要》《传心显义》等十九部作品。苏宗经，道光元年举人，辑撰《女子遗规》《坊表录》《名臣百咏》等。据笔者统计，苏氏的儒学著作数量约占玉林地区八十九部儒学作品的四分之一，其文化影响在当地可谓巨大。

玉林城北高山村科举家族。是村形成于明代中期，到清朝末年尚不足千人，然而却培养出了四名进士、十九名举人、二百多名秀才，其中更有十三人出仕为官。家族中最盛的有二氏，一为牟氏，一为李氏，二氏家谱清晰可查，后人亦绵延至今[②]。

容县封氏。封昌熊，康熙二十三年（1684年）举人，著有《勉果斋经义撷腴》《宦游家训》《理学宗传摘要》。玄孙封奕璠，嘉庆六年（1801年）拔贡，著有《小学孝经刊误简表》。族人封培绪著有《圣功集》等。

---

① （清）冯德材等修，文德馨等纂：《郁林州志》卷十五"人物列传·学行"，台北：成文出版社，1967年，第193页。

② 详见李伟中：《桂东南科举家族及其近代转型——以广西高山村为中心的研究》，桂林：广西师范大学出版社，2009年。

　　总之，儒学因为具有其博大精深的特点，以及具有文化创造和政治建设的培养目标，只能够从"士"这一阶层中寻找接受传播者，所以它影响的对象以"士"为主，普通人则在其次。对于这些毫无经济和文化背景的普通人家，他们吸附儒学、利用儒学、传播儒学的机会，可以说是微乎其微，能连续两代攻苦者甚为少见。广西儒学发展的阶层差异由此可知。

　　儒学从汉代进入广西直到清末，每一阶段的发展都追求对时代学术和地方文化的内在体验，这种体验催生了广西儒学发展演进的基本动力，并表现在发展分期、发展格局和发展差异上。循着它的思路，我们可以掌握它的学术逻辑，进而发掘它的独特价值，这正是搜辑广西儒学文献的意义所在。

余论　广西儒学文献的单经学史价值

——以《易》类文献为例

　　广西儒学文献的价值和意义除了体现在建构整个广西地区的学术史之外，也体现在建构广西单经史的可行性上。依照陈壁生的观点，单经学史可有两种写法，一是学术史与解释史，一是文献史，而后者则侧重于对各种经注版本、人物的介绍①。因此，当前所掌握的广西儒学文献完全可以用来构建十三经在粤西的单经学史，兹以《易》学史为例来简单说明②。

　　目前所见历代广西《易》学文献共有三十二部，存十一部，未见十部，佚十一部。其中，宋存一部；明存一部，佚四部；清存九部，未见十部，佚七部。总体上来看，这些《易》学文献呈现出三个特点：一是广西《易》学研究衰落于汉末，重启并领先于宋代；二是明代的作品主题较为简单，主要阐述程朱义理；三是清代的研究对象多为象数、卦图、洛书等，内容庞杂，理论驳杂，方法交杂。试细言之。

一、汉代至宋元时期的广西《易》学

　　《易经》在汉代与其他经书一起传入广西，像避乱交州的刘熙、许慈师

---

① 陈壁生：《孝经学史》，上海：华东师范大学出版社，2015年，导言第2页。
② 可参见孙先英、周欣：《广西儒学文献叙录》，上海：上海古籍出版社，2022年。

徒就都研习过《易经》①，只是文献阙如，当时入桂及桂籍学者的《易》学成就已不可知。魏晋南北朝隋唐时期的广西《易》学亦如此。文献的缺失从一个侧面也说明了研究的衰落。直到宋代，契嵩的《巽说》横空出世，广西《易》学研究始发扬光大。《巽说》一篇，曾单独流传，今见于《镡津文集》卷六《论原》，大抵阐述巽与用巽、权变与权力、君子与小人之间的关系，以及权变所需的时机和条件。原文如下：

> 《易》曰："巽以行权。"何谓也？曰：君子乘大顺而举其事者也。时不顺，虽尧舜未始为也。重巽，顺之至也。阳得位而中正，当位也；刚正以用，巽用之当也。故君子为之也，乘其顺，履其中，效其用，其道莫不行也，其物莫不与也。然则时之顺，必大权然后帅其正也。权之作，必大人然后理其变也。权也者，适变之谓也。夫大人其变也公，小人其变也私。权也者，治乱安危之所系也，故权也不可以假人也。孔子曰："可与学，未可与适道；可与适道，未可与立；可与立，未可与权。"盖慎之至也。至顺者，大有为之时也；位中正者，君之位也。刚正则用巽，天下之大权也。唯天子居其位，行其权，以顺其时也。用巽则以制其物也，用巽不可以示其民而使知之也。制莫之制则乱也，慎密则民不知其所以，而奸不生也。故《文言》曰："同声相应，同气相求，水流湿，火就燥，云从龙，风从虎，圣人作而万物睹。本乎天者亲上，本乎地者亲下，则各从其类也。"九二曰："巽在床下。"概言卑而失其正也，不可以用巽也，用巽则物不与而且乱也。上九曰："巽在床下，丧其资斧，其贞凶。"盖言过其时则用断不可，是失其权也。九五曰："先庚三日，后庚三日。"盖言慎其出号令也，故号令不可轻发而屡改也。是故用巽不宜在九二也，上九用巽，

---

① 详见《释名·释天》，北京：中华书局，2008年，第1~24页。以及《三国志·蜀书十二·杜周杜许孟来尹李谯郤传第十二》，北京：中华书局，1982年，第1022页。

固不可也，九五其用巽者也，宜专乎号令者也。①

契嵩认为权变要当时，"过其时则用断不可，是失其权也"；权变之人要得其位，"言卑而失其正也，不可以用巽也，用巽则物不与而且乱也"；出自公心和谨慎择人才能得其位，即"夫大人其变也公，小人其变也私""制莫之制则乱也，慎密则民不知其所以，而奸不生也"；用权则须号令谨慎且专一，"盖言慎其出号令也，故号令不可轻发而屡改也"。做到以上四点，君子才能顺势而为、乘势而兴。可以看出，此篇《易经》解说，实以《易》为文者，与范仲淹《易兼三才赋》、郑刚中《大易赋》、苏洵苏轼父子《易论》等文章类似②，而其着眼于伦理道德和行为准则的阐发，可称为理学释《易》的前导。

元代祚短，广西《易》学未知其貌，仅有唐朝所著《心法纂图》一书间涉《易》经。唐朝，元末明初人，生卒年不详，字用大，自号五无斋，广西兴安人。至正七年(1347年)丁亥科贡士。官辰溪教谕，不久辞归。后蒙荐举，领桂林路教事。未几，居父丧，遂不复仕。著有《心法纂图》《训蒙小诗》等。史载唐朝"尝析心字之义为《心法纂图》，原动静曲直之因，分天地阴阳之象，推其中虚之处为太极。画为性所自出，与情欲之所由，分判善恶为两途，昭然明白"③，则《心法纂图》亦为宋学释《易》之余脉。可惜此书已佚，具体内容不详。

二、明代广西《易》学

经过前代的积累以及宋元理学释《易》的启发，明代的广西《易经》学发

---

① （宋）契嵩：《镡津文集》卷六《论原》，《四部丛刊三编》本。
② 参见徐芹庭：《易经源流：中国易经史》，北京：中国书店出版社，2008年，第553~558页。
③ （清）汪森编撰，黄盛陆等校点：《粤西文载校点（五）》卷六十九"人物小传"，南宁：广西人民出版社，1990年，第187页。

展迅速，时见义理新解。其中，陈邦傅①的《太极图辩解》是较早出现的一部。如其书名所示，此书大抵是图解诠释太极图的义理之作，与邦傅所著之《遵周录》《率性编》一样，同属理学著述。《(嘉庆)广西通志》将之归入子部②，则其立说可知也③。此书今佚。其后，全赐又有推衍《易经》之作。全赐，生卒年不详，字申甫，自号月华山人，广西灵川人。嘉靖二十年(1541年)辛丑进士，官至严州同知。著有《衍易》《衍乐》《心极说》等，惜皆佚。《心极说》一书与唐朝的《心法纂图》类似，都为探讨身心性命的述作，可知全赐的治学倾向。如本书第一章所述，《衍乐》即有用太极、五行、八卦等《易经》元素阐释《乐经》的倾向，则《衍易》一书也大抵敷衍《易经》而成。全赐师事黄佐，受其影响很大。黄佐治《易》有家学，佐父黄畿著《皇极经世书传》八卷，黄佐续成并刊刻之。畿序有"四时行焉，百物生焉，天地变化，道之显也。凤鸟不至，河不出图，天地否塞，道之晦也。立象尽意，而律吕声音岂能外哉"④云云，又以为天地万物动静之间，是穷理之事也，三皇五帝三王五伯象春夏秋冬，道济天下⑤，是全赐众多观点之祖，《衍易》大旨亦由此得窥。

　　明代广西一同散佚之《易》学著作，尚有张茂梧《易经了义》与庞希睿《周易讲义》二书。张茂梧，生卒年不详，字玉林，一字春卿，广西临桂人。张孙绳次子。天启元年(1621年)辛酉科广西乡试解元，天启二年(1622年)壬戌进士，官至云南道御史。著有《易经了义》，辑有《齐山志》。张氏父子皆以直言名世⑥，政绩显著，盖亦理学名臣世家也。《易经了义》，卷次不详，《(嘉庆)广西通志·艺文略》《广西省述作目录》和《广西

① 陈氏生平可参见本书第一章第二节。

② 详见《(嘉庆)广西通志》卷二百七"艺文略上三子部"。

③ 《四库全书总目·子部总叙》："自《六经》以外，立说者皆子书也。"

④ (宋)邵雍撰，(明)黄畿传：《皇极经世书传》，《四库全书存目丛书》子部第五七册，济南：齐鲁书社，1995年，第205页。

⑤ (宋)邵雍撰，(明)黄畿传：《皇极经世书传》，《四库全书存目丛书》子部第五七册，济南：齐鲁书社，1995年，第205~206页。

⑥ 详见《(嘉庆)广西通志》卷二百五十八"列传三"和《粤西文载》卷七十一"人物小传"。

历代经籍志》等都将其归入经部，则是《易经》著作无疑。书名了义者，真义也，此书大抵亦阐发个人《易》见之义理述作，与唐龙《易经大旨》类似。庞希睿，生卒年不详，字士哲，号月川，广西陆川人。天启六年（1626年）岁贡。著有《周易讲义》《仪礼杂解》等，明季兵燹皆佚。史载其"恬静寡欲，尝路拾遗金数十两，觅失主而返之。亲丧，哀毁骨立，寝苦枕块者三年，廉孝之风可以励俗"①，气节如此，可见理学陶冶之状。《周易讲义》，卷次不详，如书名所示，大抵《易经》启蒙之作，与韩邦奇《易学启蒙意见》类似。须知，"明代之《易》学沿袭宋元之《易》学而发展，以理学讲《易》，仍为明代《易》学之主流"②，结合张、庞二人行迹、学尚来看，二人之《易经》著作大体亦是理学一派。

广西《易》学至明代龙文光出，才真正具有全国性学术影响力，而明代广西《易》学著作之存者今亦仅见龙氏《乾乾篇》。龙文光（？—1644年），字焕斗，一字中黄，号西野，广西马平人。明代"柳州八贤"之一。天启二年（1622年）进士，官至右佥都御史。后死于张献忠之乱，赠太子少保、兵部尚书，谥忠毅。乾隆四十一年（1776年）追谥忠节。著有《尊圣志》《乾乾篇》《孝经秋订》《四书制义》《观澜社约》等书，主持修成《（崇祯）贵州通志》，但均已久佚。存世诗文有《题文笔峰》《尊圣志序》《广西兵巡道蔡公祖平寇大功记》《重修太平府城碑记》《重修浔州府文庙记》《乾乾篇自序》等。《乾乾篇》，三卷，为讲《易》之作，着重发挥《易经》的道德价值。其序文开宗明义，"勉而至焉"云云已昭乾乾主旨③。若《习易》篇言：

> 神圣贤儒阐易者，举无遗蕴矣。今习之而折衷焉，要以切于乾乾

---

① （清）汪森编撰，黄盛陆等校点：《粤西文载校点（五）》卷七十一"人物小传"，南宁：广西人民出版社，1990年，第284页。

② 徐芹庭：《易经源流：中国易经史》，北京：中国书店出版社，2008年，第725页。

③ 详见本书第三章第一节之"发展于明"。

者而止，则《易》之不可以易易也。如况一个镜，看甚物来都炤得，自
天子至于庶人，看甚人都使得。然则限定九四一爻为太子者，真可笑
也，岂三百八十四爻只做得三百八十四件事乎？①

则仍以程朱之道德实践为《易经》宗旨，且认为《易》对万事万物都有鉴戒作
用，非只局限于古之成说定数，不失为独见。是书思想内容类多如此。

　　《乾乾篇》首见于《明史·艺文志》②，其后朱彝尊《经义考》著录③，吕
绍刚主编《周易辞典》亦收入④，徐芹庭《易经源流：中国易经史》列其为
"明代易学书目"⑤，《易学百科全书》亦将之列入易学参考专著⑥，足见其
影响。《广西省述作目录》载曰"绝本"⑦，非，此书实存，今福建省图书馆
藏明末清初旧抄本三册。

三、清代广西《易》学

　　清代广西《易》学总分汉宋两派，汉学之考证解《易》与宋学之义理释
《易》抗行，其内容包含史事、图书、象数、性理等诸方面，表现在书名
上则有"注"和"义"之分。道光之前，以宋学为主，道光之后，宋学汉学
并峙，转型的标志人物是郑献甫。另有一些进呈御览、科举讲义之作。

----

　　①　(明)龙文光：《乾乾篇》上《习易》，明末清初抄本。
　　②　详见(清)张廷玉等：《明史》卷九十六，北京：中华书局，1974年。
　　③　详见朱彝尊：《经义考》卷六十三，乾隆四十二年(1777年)刻本。
　　④　详见吕绍纲主编：《周易辞典》，长春：吉林大学出版社，1992年，第622
页。
　　⑤　详见徐芹庭：《易经源流：中国易经史》，北京：中国书店出版社，2008年，
第843页。
　　⑥　详见易学百科全书编辑委员会：《易学百科全书》，上海：上海辞书出版社，
2018年，第1055页。
　　⑦　广西统计局编：《广西省述作目录》，杭州：杭州古籍书店，民国二十三年
(1934年)，"总类·经部"第1页。

(一)《易》学理学派

如第三章所述，程朱理学在清代的广西依旧占据主流学术地位。在清代广西《易》学发展史上，情况也是如此。有清一代之广西，现掌握《易经》著作共二十六部，倾向程朱理学者就占了十七部，《易》学主潮由此可见。不过，其中殊多散佚之作，它们的内容主旨仅从他书中得窥。大致说来，麦士奇《易经翼注》、蒋光昌《读易管窥》、崔达《易义一贯》、陆显仁《易经评义》《易理溯源》、唐仁《周易观玩》、苏懿谐《大易掌镜》、陆锡璞《易经精义钞略》、蒙会牲《周易图书疏》、蒋启迪《易解》、李璲《易诗经解》、金熙坊《羲轩丹易》《易经偶语》《易卦类象》、龚延寿《周易拟象》《周易史证》《周易史证样本》都属此派著作。

麦士奇，生卒年不详，广西崇善(今崇左)人。康熙八年(1669 年)举人。性至孝，曾背母入山以避兵祸。母亡，哀毁骨立。著有《易经翼注》《燕囦草》。《易经翼注》，今亡佚，卷次不详，《(雍正)太平府志》说麦氏"生平好读书，博学洽闻，尚秦汉古文词、性理诸书"①，则《易经翼注》亦理学释《易》之作。麦士奇当明末清初之际，上承以龙文光为代表的程朱《易》学，下启清代的《易》学理学派。麦氏之后，有蒋光昌出。光昌，生卒年不详，字载锡，广西全州人。康熙五十年(1716 年)辛卯科举人。著有《读易管窥》《夏虫吟》等。《读易管窥》，今佚，卷次不详，史载蒋氏"教人以读书穷理，立心制行为首务"②，可推见此书思想大旨。稍后，崔达著有《易义一贯》。崔达，生卒年不详，字之贤，号静庵，广西灵川人。雍正五年(1727 年)丁未贡生，年八十卒。其人潜心著述，精研经史百家，旁及医卜术数，于《易经》尤邃。著有《易义一贯》及《治家录》《处世录》《修省录》

---

① (清)甘汝来纂修：《(雍正)太平府志》卷三十五"人物志·乡贤"，雍正四年(1726 年)刻本，第 5 页。

② (清)陈锳修，叶廷推纂：《(乾隆)海澄县志》卷十三"人物志·人物传"，乾隆二十七年(1762 年)刻本，第 30 页。

等。《易义一贯》八卷，案《(民国)灵川县志》记崔氏教人有"蓄道德而能文章者，多颢于身遇而名传于无穷，此盈虚消长之理"①之言，则《易义一贯》之理学倾向可知。其他《易经》义理著作尚有《易经评义》《易理溯源》《周易观玩》《大易掌镜》《易经精义钞略》《易解》《易诗经解》《易经偶语》，其主旨思想亦大略相似。

直到晚清，广西的理学派《易经》研究依旧兴盛，只不过此时的图书、象数代替了单纯的章句解说，开始成为理学释《易》之主流，蒙会牲、金熙坊和龚延寿就是其中的佼佼者。

蒙会牲，生卒年不详，大致生活在咸丰前后②，名亶孩，字易生，广西贵县人。庠生。事亲以善养称。家贫嗜学，邃于象数，著有《周易图书疏》。《周易图书疏》，一卷，今未见，如其书名所示，大抵为图书之疏解。其内容要旨可参见詹嗣贤和郑献甫之序。詹序以为：

> 乡贡士蒙生寿祺呈其先人所著《河洛图疏》一卷，大旨不外发明河图用两、洛书用三之义，而以爻象剖别先后天卦。虽重言数，于理实相贯穿。所增诸图系自诸图中衍出，皆自然之理。其疏河洛异同，据《洪范》之用立说，至为有本。谓无洛书，则河图道废，尤为不刊之论。③

郑序以为：

> 吾乡易生蒙君积平生之力，于河图以两相从，洛书以三相从，实

---

① 李繁滋纂：《(民国)灵川县志》卷六"人民三·先贤"，台北：成文出版社，1975年，第623页。

② 蒙会牲妻卒于咸丰六年(1856年)，据此可推知蒙氏生平。详见欧仰羲修，梁崇鼎等纂：《(民国)贵县志》卷十六"人物·列传"，台北：成文出版社，1967年。

③ 欧仰羲修，梁崇鼎等纂：《(民国)贵县志》卷十二"学艺·著述汇载"，台北：成文出版社，1967年，第747页。

能通贯其旨。所论河洛之数，皆确然有独得处，亦自然无相碍处。如曰："气数之加减，始于二之两，而即统于两；气数之乘除，全于三之叁，而即统于叁。"又曰："自一至十，凡各数上三实象，其数则有十者，数三体之实而全也。自一至十，凡各数间三虚象，其数又止九者，数三用之虚而神也。"又曰："二八七三一九六四，皆能加减河图之数，使之流行不已，天道也；若乘除则惟三与七能圆其数而不已，余则不能，人道也。"又曰："河图之加减，乃两仪为之，非人之责；若洛书之乘除，则三才为之，是人之责。然非圣贤在上，则人非其人，虽两仪之加减如故，而三才不备，则叁数不行。有加减无乘除者，则气数衰；有乘除而无加减，则气数盛。"①

则《周易图书疏》亦为以河图洛书之数附会义理之作。

同时人尚有金熙坊。熙坊，生卒年不详，字子范，广西北流人。同治元年（1862 年）壬戌贡生。平生潜心研究经学，注解经书多种，易学成就尤为突出。著有《周易类象》《易卦类象》《易经偶语》《羲轩丹易》《洪范图说》《春秋偶语》《春秋属比录》《粤璞》等。金熙坊著有四部《易》学述作，除《易经偶语》为单纯的性理之作外，其他都涉图书象数之学，且其《尚书》研究著作《洪范图说》亦涉图书学，盖其生平学问专攻图书象数之故也。又熙坊当广西汉学宋学对峙之际，其学问也难免受其影响，大致说来，《周易类象》兼采汉宋，《羲轩丹易》《易卦类象》《易经偶语》则属宋学。

《羲轩丹易》，一册，今存民国二十三年（1934 年）年抄本。是书成于道光三十年（1850 年），其内容分为图、说两部分。图由"金丹六十四卦全图""外二十八卦炉鼎图""金丹三十六卦颠倒图""内十二卦火候图""次一层二十卦龙虎图"五图组成。文有《羲轩丹易叙》《三十六卦圆图说》《三十六卦方图说》《丹法阴阳论》《艮巽》《三十六卦方图内十二卦先

---

① （清）郑献甫：《郑献甫集中册·补学轩文集外编》卷一《蒙易生〈图书疏〉附序》，南宁：广西人民出版社，2013 年，第 1070~1071 页。

后天五行颠倒说》《艮巽说》《震兑艮巽居外一层四隅说》《第三层十二卦复天卦位》《十二卦变先天火候图说》《十二卦应图书之教》《四易》《论不反易八卦》《方图五十六卦对待礼》《颠倒说》《女子贞不字十年乃字》《屯以子甲蒙用寅戌》《先甲后甲及乾父乾母解》《君子得舆小人剥庐》《颐求蒙求》《璧卦之始》《卦德解》《己日乃孚》《宜日中》《遇其配主虽旬无咎》《遇其夷主》《亿丧贝跻于九陵勿逐七日得》《履虎尾不咥人亨》《尾遁》等。金氏自叙此书大意说：

> 物生而后有象，象而后有滋，滋而后有数，象数之所以然曰理。是故有理学、有数学、有象学。《尚书》"人心惟危，道心惟微，惟精惟一，允执厥中"，理学也；《河洛》之"一二三四五六七八九十"，数学也；《大易》"天地定位，山泽通气，风雷相薄，水火不相射"，象学也。三者皆吾儒之教也。然理不可说，数不可极，圣人不得已假象以明道，故象学独详焉。

> 昔者伏羲氏始作八卦，因而重之为六十四卦。轩辕氏作三易，曰《周易》、曰《连山》、曰《归藏》，其中阴阳消长之机，万物化生之理，人事得失之故，以暨风云雨露鸟兽草木之情状，匪不毕具。而其交易之妙，通幽明、贯生死、超空有、冥前后，变动不居，周流六虚，上下无常，惟变所适然。要其归，不过和顺道德而理于义，穷理尽性而至于命而已。伏羲、轩辕传之文王、周公，文王、周公传之孔子，故文王作《象辞》、周公作《爻辞》、孔子作《十翼》，合理与数，一以贯之，而象学遂大备矣。

> 孔子后诸儒不得其传，方外之士遂窃其象而为金丹之说，魏伯阳作《参同契》，张紫阳作《悟真编》，有炉鼎之象焉，有水火之象焉，有龙虎铅汞之象焉，后人读者皆曰此道数之书也。夫道教始于博大真人，柱下五千，其言具在，究其宗旨，不过曰"损之又损，至于无为"已，何尝有此种种诸象乎？惟《大易》八卦，坎离为男女水火，震兑为

龙虎魄魂，及六十四卦，一阳一阴及五阳五阴者为炉鼎，三阳三阴者为龙虎，二阳二阴者为铅汞，金丹之象始兆端现，而其颠倒往来之妙，则备于三易。乾坤颠倒而为坎离，坎离颠倒而为震兑，震兑颠倒而为艮巽，艮巽颠倒而为复乾坤，所谓四者混沌，竟入虚无也。然则金丹非道教，乃《大易》象学之渊微，而为儒教圣圣传心之要典也。然儒者一闻其说，必正襟危坐而责之曰是异端也，是邪说也。弱者征于色，强者奋于辞。噫！是亦惑矣。譬犹穷子衣中所系之珠为人窃去，及后相遇，忘其为自家之宝，不思夺取，反抵掷之，甚矣其愚也。试观吾儒之言与金丹之说，有二理乎？颜子之坐忘，内丹修性也；孟子之养气，外丹修命也；三戒为降龙，四勿为伏虎；采铅即复礼之功，烹求乃克己之力。总以《大学》之诚意为黄婆，丹法奥妙，四书已微露其端矣。特性道之旨，弟子罕闻，圣人惟寓其象于易，故儒者无得而传焉。

余读《说卦》"帝出乎震"一节，因悟《连山》《归藏》卦位。己酉作《三易金丹图说》，既成，置之箧衍。一日昧爽，忽见三珠，大如拇指，毫光闪闪，盘旋箧上，急以手拊之，不可得，良久乃灭。余悟曰："此《三易》之精也。"从此神思涌发，于六十四卦种种法象，融摄该贯，洞为观火，遂得《三十六卦方圆颠倒图》及《六十四卦方图》，丹经之药物火候悉备焉。庚戌复作《大小方圆图说》，并爻象所取之象，先儒不能通者，亦略为指出，统名曰《羲轩丹易》，以阐象学之传，以复大易无上至真之法宝，俾世儒者知金丹为伏羲、轩辕、尧、舜、文王、周公、孔子精一执中之大道，当珍重秘惜，认取故物，不可分门别户，而自舍灵龟也。

夫吾儒经典，惟《大易》经数圣手笔，故佫之又佫，不可思议，而后儒滞交着相，逐爻索解，于身心性命之旨，熟视无睹，无怪乎彼二氏者浅视吾教也。余不揣固陋，于爻画中，指出金丹作用，何者为炉鼎，何者为龙虎，何者为铅汞，以及药物之爻铢老嫩，大候之进退浮沉，无不粲露。庶震旦众生，知出世大道不待青牛西去、白马东来，而东鲁韦编已有长生妙诀也，得不欢喜赞叹，称为希有哉！然象者迹也，圣人设象以示人，要人得意而忘象。其有夙慧之士，一超直入，顿悟真常，则一十六字、五十五数、六十四卦，皆为刍狗，毫无所用，即十二部大经，五千言道德，亦无一字用着象云乎哉。苟或未然，则余此书者，其亦中流之一筏也钦。①

金氏以道学解释图书象数，并将金丹炉鼎归入儒家，总其旨归为"和顺道德而理于义，穷理尽性而至于命"，卫道之意十分明显。这一观念能够看出邵雍、来知德等理学图书派的思想痕迹。金氏另一部理学图书著作《易卦类象》大旨相同，亦从卦象角度阐发《易》学之理，故《北流县志》评价说："造极玄微。"②

龚延寿(1850—1891年)，字德征、衡生，号衡庵，广西贵县人。里居二十余年，讲圣贤学问。著述颇丰，有《周易拟象》二卷、《周易史证》二卷、《周易史证样本》一册、《文庙圣贤典型》四卷、《典型外篇》一卷、《人材纪略》一卷、《知人绪论》一卷、《衡庵文编》四卷、《言志诗》二卷、《衡庵随笔录》四卷、《衡庵论世录》二卷、《游艺集》二卷、《立定脚跟集》十二卷、《诸子要语》四卷、《五子要语》四卷、《桐岭学规》一卷等十六种，数十万言。

《周易拟象》，共上下两卷，以五十九个《周易》词语作标目，目下以四句四字对偶韵文作解释，阐发词语义理。因用动物形象比拟，故名《周易拟象》。其主旨如作者自序所说：

①　(清)金熙坊：《羲轩丹易》，民国二十三年(1934年)抄本，广西壮族自治区图书馆藏。

②　(清)徐作梅等修，李士琨等纂：《(光绪)北流县志》卷十八"人物·乡贤"，台北：成文出版社，1975年，第989页。

《系辞》曰："易者，象也；象也者，像也。"又曰："圣人有以见天下之赜，而拟诸其形容，象其物宜，是故谓之象。"则知垂象者，作《易》之大端；而观象者，读《易》之要务也。读《易》而不得其象，譬诸瞽者之无相，伥伥其何之昏，应有求于暗室，非烛其何得之。窃以为《易》之有象，犹《诗》之有比兴也。《诗》主乎性情，得比兴而性情益显；《易》兼乎理数，得象而理数益明。盖理数难明，必假借乎事物之象以仿佛摩拟之。其中或远取诸物，或近取诸身，其称名也小，其取类也大。凡一切龙马风雷之语，首腹足股之词，莫不言各有当，旨各有归焉。虽变化不拘，难以按图而索，如乾取象于龙，而《说卦》又言乾为马；坤取象于马，而《说卦》又言坤为牛，要其词各有所之，杂而不越也。观玩之暇，试取其象而释之，庶于学易不无小补云。若夫象不一象，或虚象或实象，或一象可兼万象，神而明之，存乎其人矣。①

龚氏试图用动物形象的比拟方式来阐发《易经》中的深奥哲理，以此达到把抽象的哲学思想解释清楚的目的②。

《周易史证》，二卷，书分两部分。第一部分为史证例言八例；第二部分解释《易经》中的"乾""坤"二字，分别以"乾""坤"二字标目，接着用一句话阐释义理，最后用历史事例、自然现象、人事推理阐明乾、坤二字的深刻意蕴③。其弟龚仁寿以为此书"举凡三百八十四爻，皆以古今一人一事实之，盖亦不离乎理而证诸实事，尤为深切著明者也"④，则可见其旨归。延寿又有《周易史证样本》一册，内容亦大略相同。

① （清）龚延寿：《周易拟象》，光绪九年（1883 年）稿本。
② 广西壮族自治区图书馆、广西壮族自治区桂林图书馆合编：《广西文献名录》，南宁：广西人民出版社，2009 年，第 686 页。
③ 广西壮族自治区图书馆、广西壮族自治区桂林图书馆合编：《广西文献名录》，南宁：广西人民出版社，2009 年，第 687 页。
④ 欧仰羲修，梁崇鼎等纂：《贵县志》卷十二"学艺·学术"，台北：成文出版社，1967 年，第 748 页。

（二）《易》学考据派

道光之后，广西《易》学研究开始出现汉学倾向，郑献甫的《愚一录易说》则是宋学向汉学迁替的标志性著作。此篇取郑玄、陆德明、朱震、赵汝楳、王应麟等历代《易》学大家的注文，考订辨正而成。如辨"肥遁"与"飞遁"：

> 《遁卦》："肥遁。"《九师道训》作"飞遁"，见《后汉书·张衡传》"利飞遁以保名"句注。按王弼云："忧患不能累，矰缴不能及。"则王本亦本是"飞"字。①

在梳理九师与王弼之注的过程中得出结论。此篇其余内容与体例大率如此。由于前面章节已作题解说明，兹不赘述。

与郑氏同时者，有苏时学。苏时学（1814—1873年），字敩元，号琴舫，又号爻山，晚号猛陵山人，广西藤县人。道光二十六年（1846年）丙午科举人，曾任藤州书院、经古书院主讲，与龙启瑞、郑献甫、彭昱尧、王拯等订交。著有《易经注解》《爻山笔话》《孝经合本》《镡津考古录》《墨子刊误》《宝墨楼诗册》《宝墨楼楹联》等。苏时学之《墨子刊误》一书，对《墨子》诸章节进行校勘与释读，改定了《墨子》流传中的许多舛误之处，论证精辟，为朴学大家陈澧和孙诒让等人所激赏。而其《爻山笔话》《孝经合本》等学术著作亦都用校勘法。再结合交友经历来看，则明苏氏学术崇尚考据。故其《易》学著作——《易经注解》，虽今佚而卷次不详，犹知其为汉学著作。

其后又有祁永膺《荀氏易异文疏证》。祁永膺（1861—1909年），字伯福，别字荫杰，号子服，广西博白人。光绪二十年（1894年）进士，曾任陇西知县。著有《荀氏易异文疏证》《勉勉鉏室类稿》《墨斋存稿》《岭学祠诸先

---

① （清）郑献甫：《郑献甫集下册·愚一录》卷一《易》，南宁：广西人民出版社，2013年，第1207页。

生事迹学术考》《朱传宗序传录》《明堂图考》《天问疏证》《无邪堂杂录》《□岐山房杂著》。《荀氏易异文疏证》一卷，今未见，如其书名所示，大抵校勘释读荀爽《易注》之作。祁氏学兼汉宋，其去思碑赞曰"于汉宋儒训诂、义理研精覃思，综合条贯，扫除一切门户之习，殆江慎修、全谢山之匹也"①，虽有夸饰之嫌，仍见考据之功。清代朴学家对《荀氏易》多有研究，如马国翰《玉函山房辑佚书》辑有《周易荀氏注》三卷，孙堂《汉魏二十一家易注》辑有荀氏《周易注》一卷，惠栋撰《易汉学》，张惠言撰《周易荀氏九家义》，他们都对荀氏易学有所阐发②，由此亦可推知《荀氏易异文疏证》之考据学性质。

(三) 汉宋兼采派

如前所述，晚清广西学术所呈现出的汉宋兼采趋向，实由清中叶的汉宋之争衍变而来，表现在《易》学研究上，则有卿彬《周易贯义》和金熙坊《周易类象》。

卿彬(1748—1813 年)，字雅林，室号永瞻，广西灌阳人。岁贡生。早孤，性纯孝，曾庐墓三十余年。遂于经学，晚年嗜《易》。著有《周易贯义》《洪范参解》《律吕参解》《楚辞会真》《古诗十九首注》《千家诗注》等。《周易贯义》，今存，共六卷。卷一《上经一乾至否》、卷二《上经二同人至离》、卷三《下经一咸至萃》、卷四《下经二升至未济》、卷五《系辞上传》、卷六《系辞下传》《说卦传》《序卦传》《杂卦传》。其内容则贯通历代诸儒之说，不拘汉宋门户之见③。劳崇光序以为卿氏"博采汉晋以来诸儒讲易之书，研究阐发，而以《御纂周易折中》为宗，象数义理，灿然备具，盖萃毕生精力，孳孳汲汲为之，始获成此编也"①，则见《周易贯义》兼取汉宋之为学方法。

金熙坊《周易类象》一册，广西壮族自治区藏抄本。其主旨讨论《周易》经传中的八卦之象，包括三爻经卦与六爻纯卦中的全部取象。每一类象分成说卦象、本卦象、爻象三个部分。说卦象是指《说卦》中出现的八卦取象，本卦象是指八种六爻纯卦卦爻辞及《象传》中出现的卦爻取象，爻象指《说卦》、八纯卦之外其他卦中出现的含有某纯卦的爻辞及《象传》中的卦爻取象。是书以汉易取象为基础，间出己意，杂以《周易折中》之说，为考据式《易》理之作。著书体例似参项安世《周易玩辞》，但重在玩象，有汉宋兼采之意向，对广西《易经》象学的发展具有深化作用。

（四）进呈御览、科举讲义之作

清代科举《易》学以述程朱义理为主，御纂之作如《易经通注》《日讲易经解义》《御纂周易折中》《御纂周易述义》等，皆本于程朱而兼收并采。为决科利禄计，读书人都亦步亦趋，无论是经筵进读还是课文讲义，一尊伊川紫阳。

广西谢济世所进呈的《易在》一书也是如此。谢济世（1688—1756年），字石霖，号梅庄，全州人。康熙五十一年（1712年）进士。被尊为"翰林四君子"之一。雍正四年（1726年）为浙江道监察御史，坐上疏田文镜十大罪状革职，充军阿尔泰。七年（1730年）坐《大学注》诽谤程朱下狱。乾隆元年（1736年）恢复官职，任江南道御史。三年（1738年）为湖南粮储道。七年（1742年）参劾樊德贻而被免官待审，后又免罪。八年（1743年）任湖南盐驿道。九年（1744年）致仕归。卒年六十有八。著有《古本大学注》《中庸大义疏》《论孟笺》《易在》《箧匦十经》《西北域记》《以学集》《居业集》《离骚解》《纂言内编》《纂言外编》等，但多散佚，后胡思敬汇编其遗作成《谢梅

---

① （清）劳崇光：《周易贯义序》，《周易贯义》，咸丰三年（1853年）刻本。

庄遗集》。《易在》，卷次不详，今未见。是书作于谢氏流戍阿尔泰时，乾隆元年进呈。五年后，谢氏令儿子梦珠将已进呈御览的《易在》付梓，而梦珠则在湖南将济世所注各经均行锓版。旋有人密告济世据己意曲解经书，冒犯圣贤，离经叛道，与程朱不合。乾隆帝遂令销毁谢氏所注各经，《易在》亦在内。故是书大义盖主程朱，乃得进呈御览，惜乎坐受他书牵连，销毁不传。

植增高的《易经讲义》则是科举讲习之作。植增高，生卒年不详，广西怀集(今属广东)人。光绪元年(1875年)乙亥科举人，曾任灵川教谕。著有《易经讲义》。《易经讲义》，卷次不详，今未见，大抵为植氏任灵川教谕时所作之讲义。

(五) 其他

其他作品如刘榘《读易札记》和陈开祯《易经精义撮要》，皆因其书今不得见而作者之学术又驳杂，无从推知其旨，暂付阙如。广西《易》字参考书目见表7：

表7　　　　　　　　　　　　　广西《易》学参考书目

朝代/分类	现存书目	亡佚书目	未见书目
宋	契嵩《巽说》一篇	—	—
明	龙文光《乾乾篇》三册	陈邦傅《太极图辩解》卷次不详； 全赐《衍易》卷次不详； 张茂梧《易经了义》卷次不详； 庞希睿《周易讲义》卷次不详	—

续表

朝代/分类	现存书目	亡佚书目	未见书目
清	卿彬《周易贯义》六卷； 唐仁《周易观玩》三卷； 郑献甫《愚一录易说》二卷； 金熙坊《周易类象》一册； 金熙坊《羲轩丹易》一册； 金熙坊《易经偶语》一册； 龚延寿《周易拟象》二卷； 龚延寿《周易史证》二卷； 龚延寿《周易史证样本》一册	麦士奇《易经翼注》卷次不详； 蒋光昌《读易管窥》卷次不详； 崔达《易义一贯》八卷； 陆显仁《易经评义》卷次不详； 苏懿谐《大易掌镜》卷次不详； 苏时学《易经注解》卷次不详； 李璲《易诗经解》一卷	谢济世《易在》卷次不详； 陆显仁《易理溯源》二卷； 陆锡璞《易经精义钞略》卷次不详； 蒙会牲《周易图书疏》一卷； 蒋启迪《易解》卷次不详； 金熙坊《易卦类象》一编； 植增高《易经讲义》卷次不详； 刘榘《读易札记》卷次不详； 祁永膺《荀氏易异文疏证》卷次不详； 陈开祯《易经精义撮要》卷次不详

　　总之，文献学与思想史的结合，有助于还原述作的经典化过程以及学术的发展传播历程。随着越来越多的广西儒学文献被发现，广西单经学史的发展脉络也将变得越来越清晰。此即广西儒学文献之单经学史价值。

结　语

广西文献历史悠久，内容浩博，堪称广西文化的宝库。但它们因社会或经济上的种种关系，未能广泛流传，或是年代久远早已散佚，或是深扃秘藏不得一见①，致使大量文献废置，这对广西乃至中华文化来说，都是一个巨大的损失。其中，广西儒学文献更以体例多样、意蕴深奥的特性和版本复杂、保存不善的状态，面临着难以继续流通的困境。基于这个严峻形势，笔者采择了三百七十九部（篇）广西儒学作品，分析其文献形态和思想、学术史价值，冀以为保存广西文献和研究广西文化作出绵薄之力。

具体来说，从文献角度看，这些作品的载体大多为纸张，极个别如《桂林孔庙释奠牲币服器图说碑》之类的为碑石。以它们的形成方式而言，大致有著、述、编三种，基本上涵盖了传统文献的成书方式。并且撰写形式多样，撰著、辑撰（纂集）、编撰等十余种体例并出，囊括了经史子集四部。它们的阐释方式也十分多元，注、解、说、笺、训、义疏、日课、浅引、衍义、考证等经典传注之学的形态都在，基本展现了中国儒学史的发展历程。② 这些文献收录在或官方或私人的书目、史志和文集中，按照基本著录法、提要著录法和叙录著录法三种解题方式登记在册，其版本则主

---

① 广西统计局编：《广西省述作目录》，杭州：杭州古籍书店，民国二十三年（1934 年），编例第 2 页。

② 李春青：《论经典传注的阐释学意义》，《社会科学文摘》2021 年第 2 期。

要以印本和写本为主，包括了官刻、家刻和坊刻三大古代刻书系统①。单就上述特征来说，广西儒学文献已称珍贵，理应对广西文化的建设发挥着显著作用。然而，它们却刊刻无多、馆藏不丰、保护不周，付梓流布者、有明确馆藏信息者以及现存者均不及半数，这造成了广西文化无法弥补的损失，严重拖累了广西文化的进一步发展。

　　广西儒学文献的整理从儒学传入广西的那一刻就开始了，对传入或产于广西的儒学文献所开展的解释、辨订、编纂和刊印的工作，是古代学者的四项基本整理方式。虽然最早的整理工作可以追溯到汉代的苍梧二陈，但以现存广西儒学文献的书目而言，明清两代无疑是古代整理工作进行最成功的阶段。究其原因，无外乎时代和作者两方面。就时代来说，明清两代的商品经济较前代大幅发展，印刷业的商品生产也随之不断发展②，这使得书籍刊刻变得越来越容易，流通变得越来越广泛。就作者个人来说，明清两代的广西儒学文献作者多为学者和教师，虽然受限于经济，刊书不易，但渊博的学识积累足以保障他们著作等身，数量庞大的文献纵使十刊一二，也较前代为可观。近代以后，古代广西学者对儒学文献的整理成果变成了近现代广西儒学文献整理工作的一部分，一直到当代，影印出版与校注都是整理工作的基本内容，其中涌现出的《清署经谈》（2005 年香港京华出版社本）与《镡津文集校注》（2014 年巴蜀书社本）分别是它们的代表。不过，现在整理发行的作品仍占少数，超过 2/3 的现存广西儒学文献被束之高阁，仍未得到有效整理。

　　以目前掌握和整理的广西儒学作品而言，其思想内涵可谓宏富，文化价值也十分重大。综合来看，两汉三国时期的"三陈六士"及其《春秋》学，树立了广西经学的地位，开启了广西文化家族的历史进程，也奠定了广西

---

①　李瑞良：《中国古代图书流通史》，上海：上海人民出版社，2000 年，第 182 页。

②　黄启臣：《明清经济史论集》，广州：中山大学出版社，2021 年，第 122 页。

文化发展的基础①。南北朝至隋唐时期，历经颜延之、令狐熙、李昌夔、韦丹、柳宗元等人的教化，广西本土出现了曹唐、曹邺、赵观文、王元、翁宏等一大批文学之士，他们为后世理学在广西的传播和发展塑造了良好的文化氛围。宋代，理学传入广西，一直到清末，它都是本地区的显学，广西儒学文献的内容多集中在这方面。宋初，藤县人契嵩的援儒入佛思想阐述两教一贯之理②，对宋明理学的形成有着深刻的影响，堪称宋学渊源③。契嵩之后，张载之学、邵雍之学、伊洛之学和陆氏心学都进入广西，本地士子如石安民、蒋元夫、蒋公顺和陶崇等先后研习理学各派，这为理学在广西的长久立足埋下了伏笔。元代入桂的理学之士有吕思诚、臧梦解、周自强、宇文公谅、黄清老等人，他们共同巩固了理学在广西的主导地位。经过长期的理学浸润，到了明代，广西本土儒者中涌现出了周琦、蒋冕、张翀、王启元等巨匠，他们的《东溪日谈录》《湘皋集》《浑然子》《清署经谈》等作品中流露出的实用主义思潮、礼学观念、杂家思维以及儒学宗教论等思想，既体现了明代朱王学派并立、三教合一、西学东渐的时代学术潮流，也体现了广西文化混融、包容的特性④。清代的广西学术格局则更加多元，儒学文献呈现出理学、考据学和西学鼎立的态势，陈宏谋、郑献甫和赵润生的作品即是其中的佼佼者，如《五种遗规》《四书翼注论文》《庭训录》等对人性的思考、对学术的反思及对民族国家前途的担忧，已经兆见近代文化的转折。虽然广西儒学文献整体上有"因循传统，缺少创新"⑤的特点，但是它们间或的翻新和不断的传承，已经可以加深我们对广

①　吕余生、廖国一：《中原文化在广西的传播与影响》，南宁：广西人民出版社，2017年，第135页。

②　覃召文：《岭南禅文化》，广州：广东人民出版社，1996年，第108页。

③　章太炎：《章太炎国学二种》，杭州：浙江古籍出版社，2012年，第40页。

④　吕余生、廖国一：《中原文化在广西的传播与影响》，南宁：广西人民出版社，2017年，第1页。

⑤　孙先英、周欣：《广西儒学文献叙录》，上海：上海古籍出版社，2022年，第536页。

西甚至中国历史文化或然性和必然性的理解。

　　广西文化以历史地理为载体和基础①。历史、山水与民族凝聚而成桂学，它"代表着一种富有地方特色的人文传统与理性精神"②，在珍视文化遗产的当今，具有十分重要的意义。从桂学的视角来审视广西儒学，后者强调和谐、渴望领先、追求开拓的粤西精神会显得愈加突出③。虽然桂学是近年来新兴的一个研究领域，起步较晚，理论基础和实践经验都有待积累④，但广西儒学却是历经两千年沉淀的地区主流之学，有着较为丰厚的文献和思想资源，在解读粤西学者、勾勒专项经学史和构建地区学术史等方面，都足以给桂学研究提供坚实的文化支持。二者结合，将会带来对广西文化的更深层思考。

　　有鉴于此，对现存民间稿本、写本和孤本等广西儒学文献的调查、收集、整理工作亟须专项开展。这次新的整理工作不同于以往《广西近代经籍志》《广西省述作目录》《广西地方史志文献联合目录》等书将广西儒学文献与其他种类文献混杂收录的做法，需将广西儒学文献专门汇总成体，既包括目录索引的编订，也包括具体书目和篇章的刊印。工作可参考近两年儒学文献专项整理的典范——四川大学《儒藏》和齐鲁书社《儒典》。前者在2022 年 9 月由四川大学出版社整体出版，共收录了自先秦至清末民初的儒学文献五千余种，总字数将近五亿字，精装六百五十六册，其中经部二百六十五册、论部一百一十七册、史部二百七十四册，堪称儒学"南藏"的代表⑤。后者的新书发布会亦于"2022 中国（曲阜）国际孔子文化节第八届尼山世界文明论坛"上举行，作为"齐鲁文库"的一部分，《儒典》包含经解、义理、志传三个分典，共计一千八百一十六册，四千七百八十九卷，被誉

---

①　胡大雷：《粤西士人研究》，南宁：广西人民出版社，2015 年，总序第 1 页。

②　胡大雷：《粤西士人研究》，南宁：广西人民出版社，2015 年，绪论第 1 页。

③　胡大雷：《粤西士人研究》，南宁：广西人民出版社，2015 年，第 10~11 页。

④　彭行龙编著：《广西历代经籍志（汉—明）》，桂林：广西师范大学出版社，2016 年，总论第 12 页。

⑤　张尚英：《〈儒藏〉概要》，《走进孔子》2023 年第 5 期，第 50~51 页。

为"系统丰富、蔚为壮观的精华之典、时代之典、传世之典"。笔者在进行广西儒学文献的分类编排和书目叙录工作时，曾借鉴了《儒藏》的三分法，下一步的整理出版工作势必还要参照《儒典》精择版本和融合地方文化的经验。珠玉在前，整理研究广西儒学文献的工作更应尽心竭力。

《广西儒学文献研究》一书是《广西儒学文献叙录》的续篇，也是国家课题"广西儒学文献的整理与研究"的后期成果，属于广西儒学文献的综合研究。本书在前期叙录的三百七十九部（篇）作品的基础上，深化了对这些文献类型、刊刻、收藏等情况的研究，推进了对它们思想的发掘乃至对整个广西地区学术发展演变的认识。此外，为了弥补文献不丰的遗憾，笔者又披阅图史，继续搜采广西儒学述作三十一部，制成文献续补一表。其中作品，以科举试卷类为多。虽然屈指可数，犹有望洋之叹，但它们的不断发现极有利于深化我们对广西儒学的认识。当然，这也是下一步继续探索的重点和方向。

参 考 文 献

一、传统文献

[1] (清)阮元校刻:《十三经注疏(清嘉庆刊本)》,北京:中华书局,
2009 年。

[2] (汉)刘熙撰,(清)毕沅疏证,(清)王光谦补,祝敏彻、孙玉文点校:
《释名疏证补》,北京:中华书局,2008 年。

[3] (三国魏)王弼、(东晋)韩康伯注,(唐)孔颖达疏,于天宝点校:《宋
本周易注疏》,北京:中华书局,2018 年。

[4] 高亨:《周易大传今注》,济南:齐鲁书社,2009 年。

[5] (唐)陆德明撰,吴承仕疏证,张力伟点校:《经典释文序录疏证》,北
京:中华书局,2008 年。

[6] (宋)朱熹:《四书章句集注》,北京:中华书局,1983 年。

[7] (明)黄佐:《乐典》,《四库全书存目丛书》本,济南:齐鲁书社,
1997 年。

[8] (清)龙文光:《乾乾篇》,明末清初抄本。

[9] (清)朱彝尊:《经义考》,乾隆四十二年(1777 年)刻本。

[10] (清)卿彬:《周易贯义》,咸丰三年(1853 年)刻本。

[11] (清)陆锡璞:《书经精义汇钞》,道光十八年(1838 年)刻本。

[12] (清)金熙坊:《羲轩丹易》,民国二十三年(1934 年)抄本。

[13] (清)龙启瑞:《古韵通说》,同治六年(1867 年)刻本。

[14] （清）龙启瑞：《尔雅经注集证》，《广西历代文献集成》本，桂林：广西师范大学出版社，2015 年。

[15] （清）龚延寿：《周易拟象》，光绪九年（1883 年）稿本。

[16] （春秋）左丘明撰，徐元诰集解，王树民、沈长云点校：《国语集解》，北京：中华书局，2002 年。

[17] （汉）司马迁撰，（南朝宋）裴骃集解，（唐）司马贞索引，张守节正义：《史记》，北京：中华书局，1982 年。

[18] （汉）班固著，（唐）颜师古注：《汉书》，北京：中华书局，1962 年。

[19] （汉）赵岐撰，（晋）挚虞注，（清）张澍辑：《三辅决录》，西安：三秦出版社，2006 年。

[20] （晋）陈寿撰，（南朝宋）裴松之注：《三国志》，北京：中华书局，1982 年。

[21] （南朝宋）范晔撰，（唐）李贤等注：《后汉书》，北京：中华书局，1965 年。

[22] （唐）房玄龄等：《晋书》，北京：中华书局，1974 年。

[23] （唐）魏徵等：《隋书》，北京：中华书局，1973 年。

[24] （后晋）刘昫等：《旧唐书》，北京：中华书局，1975 年。

[25] （宋）欧阳修、宋祁：《新唐书》，北京：中华书局，1975 年。

[26] （宋）郑樵撰，王树民点校：《通志二十略》，北京：中华书局，1995 年。

[27] （宋）周去非：《岭外代答》，《四库全书》本，台北：台湾商务印书馆，1986 年。

[28] （宋）王象之编著，赵一生点校：《舆地纪胜》，杭州：浙江古籍出版社，2012 年。

[29] （宋）陈振孙：《直斋书录解题》，上海：上海古籍出版社，1987 年。

[30] （元）脱脱等：《宋史》，北京：中华书局，1985 年。

[31] （明）林富、黄佐修纂，攸兴超等点校：《（嘉靖）广西通志点校》，桂

林：广西师范大学出版社，2010 年。

［32］（明）林希元等纂修，陈秀男点校：《钦州志》，钦州：灵山县印刷厂，1990 年。

［33］（明）戴璟修，张岳纂：《广东通志初稿》，明嘉靖刻本。

［34］（明）陈甘雨：《（嘉靖）莱芜县志》，宁波天一阁藏明嘉靖刻本，上海：上海古籍书店，1963 年。

［35］（明）项笃寿：《今献备遗》，《四库全书》本，台北：台湾商务印书馆，1986 年。

［36］（明）王耒贤修，许一德纂：《（万历）贵州通志》，万历二十五年（1597 年）刻本。

［37］（明）申时行等修：《大明会典》，《续修四库全书》本，上海：上海古籍出版社，2002 年。

［38］（明）魏濬：《西事珥》，《四库全书存目丛书》本，济南：齐鲁书社，1996 年。

［39］（明）邝露：《赤雅》，《四库全书》本，台北：台湾商务印书馆，1986 年。

［40］（明）明实录馆臣编：《钞本明实录》，北京：线装书局，2005 年。

［41］（清）顾炎武：《天下郡国利病书》，光绪五年（1879 年）桐华书屋刻本。

［42］（清）屈大均：《广东新语》，北京：中华书局，1985 年。

［43］（清）黄宗羲著，沈芝盈点校：《明儒学案》，北京：中华书局，2008 年。

［44］（清）黄宗羲著，全祖望补修，陈金生等点校：《宋元学案》，北京：中华书局，1986 年。

［45］（清）汪森编撰，黄振中等校注：《粤西丛载校注》，南宁：广西民族出版社，2007 年。

［46］（清）甘汝来等纂修：《太平府志》，清雍正四年（1726 年）刻本。

[47] (清)金鉷等监修:《广西通志》,《四库全书》本,台北:台湾商务印书馆,1986年。

[48] (清)张廷玉等:《明史》,北京:中华书局,1974年。

[49] (清)李清馥撰,徐公喜等点校:《闽中理学渊源考》,南京:凤凰出版社,2011年。

[50] (清)李文琰修,何天祥纂:《庆远府志》,乾隆十九年(1754年)刻本。

[51] (清)陈锳修,叶廷推纂:《(乾隆)海澄县志》,乾隆二十七年(1762年)刻本。

[52] (清)舒启修,吴光昇等纂:《马平县志》,台北:成文出版社,1970年。

[53] (清)吴九龄修,史鸣皋等纂:《梧州府志》,乾隆三十九年(1774年)刻本。

[54] (清)永瑢等:《四库全书总目》,北京:中华书局,1965年。

[55] (清)法式善:《槐厅载笔》,清嘉庆四年(1799年)刻本。

[56] (清)温之诚修,曹文深纂:《(嘉庆)全州志》,嘉庆四年(1799年)刻本。

[57] (清)谢启昆修,胡虔纂,广西师范大学历史系中国文献研究室点校:《广西通志》,南宁:广西人民出版社,1988年。

[58] (清)阮元:《王文端公年谱》,《北京图书馆藏珍本年谱丛刊》本,北京:北京图书馆出版社,1999年。

[59] (清)阮元修,陈昌齐纂:《(道光)广东通志》,道光二年(1822年)刻本。

[60] (清)万斯同撰,王梓材增注:《儒林宗派》,民国四明张氏约园刻四明丛书本。

[61] (清)唐鉴编撰:《国朝学案小识》,《续修四库全书》本,上海:上海古籍出版社,2002年。

［62］（清）李元度：《国朝先正事略》，《续修四库全书》本，上海：上海古籍出版社，2002 年。

［63］（清）李世春修，郑献甫纂：《象州志》，同治九年（1870 年）刊本。

［64］（清）蒯光焕、李百龄修，罗勋等纂，黄玉柱、王鈵绅续修，王栋续纂：《苍梧县志》，同治十三年（1874 年）刻本。

［65］（清）戴焕南修，张灿奎等纂：《新宁州志》，光绪五年（1879 年）刻本。

［66］（清）蔡呈韶等修，胡虔、朱依真纂：《临桂县志》，清嘉庆七年（1802 年）修光绪六年（1880 年）补刊本。

［67］（清）徐作梅等修，李士琨等纂：《北流县志》，台北：成文出版社，1975 年。

［68］（清）全文炳等修，伍嘉猷等纂：《平乐县志》，清光绪十年（1884 年）刻本。

［69］（清）王先谦：《东华续录》，光绪十年（1884 年）长沙王氏刻本。

［70］（清）姚振宗：《隋书经籍志考证》，北京：清华大学出版社，2014 年。

［71］（清）岑毓英纂修：《广西西林岑氏族谱》，清光绪十四年（1888 年）滇黔节署木活字本。

［72］（清）陶墫修，陆履中等纂：《恭城县志》，台北：成文出版社，1968 年。

［73］（清）苏凤文：《广西昭忠录》，清光绪十五年（1889 年）刻本。

［74］（清）沈秉成修，苏宗经、羊复礼纂：《广西通志辑要》，台北：成文出版社，1967 年。

［75］（清）顾国诰等修，刘树贤等纂：《富川县志》，清光绪十六年（1890 年）刻本。

［76］（清）全文炳修，苏煜坡、李熙骏纂：《贺县志》，清光绪十六年（1890 年）刻本。

［77］（清）何福海编撰：《（光绪）新宁县志》，合肥：安徽师范大学出版社，2021年。

［78］（清）羊复礼等纂修：《镇安府志》，清光绪十八年（1892年）刻本。

［79］（清）冯德材等修，文德馨等纂：《郁林州志》，台北：成文出版社，1967年。

［80］（清）易绍惠、王永贞修，封祝唐、黄玉年纂：《容县志》，清光绪二十三年（1897年）刻本。

［81］（清）苏士俊纂修，何鲲增修：《南宁府志》，清宣统元年（1909年）羊城澄天阁石印本。

［82］（清）黄君钜、黄诚沅纂修：《武缘县图经》，清宣统三年（1911年）铅印增补光绪十三年（1887年）本。

［83］温德溥修，曾唯儒纂：《武鸣县志》，南宁：南宁达时印务局，民国四年（1915年）铅印本。

［84］（清）刘锦藻等纂：《皇朝续文献通考》，《续修四库全书》本，上海：上海古籍出版社，2002年。

［85］黄占梅等修，程大璋等纂：《桂平县志》，台北：成文出版社，1968年。

［86］闵尔昌：《碑传集补》，民国十二年（1923年）年排印本。

［87］（清）赵尔巽等：《清史稿》，北京：中华书局，1977年。

［88］（清）佚名撰，王钟翰点校：《清史列传》，北京：中华书局，1987年。

［89］李繁滋纂：《灵川县志》，台北：成文出版社，1975年。

［90］（清）张之洞撰，范希曾补正，孙文泱增订：《增订书目答问补正》，北京：中华书局，2011年。

［91］李树枬修，吴寿崧纂：《昭平县志》，广州：广州市西关洪寿直街大明承印，民国二十三年（1934年）排印本。

［92］蒙起鹏编纂：《广西近代经籍志》，南宁：大成印书馆，民国二十三

年(1934 年)。

[93] 广西统计局编:《广西省述作目录》,杭州:杭州古籍书店,民国二十三年(1934 年)。

[94] 欧仰羲修,梁崇鼎等纂:《贵县志》,民国二十四年(1935 年)排印本影印。

[95] 翟富文纂修:《来宾县志》,民国二十五年(1936 年)铅印本。

[96] 孙殿起:《贩书偶记》,上海:上海书店出版社,1992 年。

[97] 徐世昌等编纂,沈芝盈、梁运华点校:《清儒学案》,北京:中华书局,2008 年。

[98] 李文雄、覃辉修、曾竹繁纂修:《思乐县志》,民国三十七年(1948 年)石印本。

[99] 中国科学院图书馆整理:《续修四库全书总目提要·经部》,北京:中华书局,1993 年。

[100] 中国第一历史档案馆编:《雍正朝起居注》,北京:中华书局,1993 年。

[101] 中国第一历史档案馆译编:《雍正朝满文朱批奏折全译》,合肥:黄山书社,1998 年。

[102] 祝尚书:《宋人别集叙录》,北京:中华书局,1999 年。

[103] 王绍曾等整理订补:《订补海源阁书目五种》,济南:齐鲁书社,2002 年。

[104] 李文海等主编:《中国荒政书集成》,天津:天津古籍出版社,2010 年。

[105] 汪楷主编:《陇西金石录》,兰州:甘肃人民出版社,2011 年。

[106] (春秋)老聃撰,陈鼓应注译及评介:《老子注译及评介》,北京:中华书局,2009 年。

[107] (战国)庄子著,(清)郭庆藩集释,王孝鱼点校:《庄子集释》,北京:中华书局,2012 年。

［108］（战国）荀子著，王先谦集解，沈啸寰、王星贤点校：《荀子集解》，
北京：中华书局，1988年。

［109］（汉）班固撰集，（清）陈立疏证，吴则虞点校：《白虎通疏证》，北
京：中华书局，1994年。

［110］（唐）欧阳询撰，汪绍楹校：《艺文类聚》，上海：上海古籍出版社，
1965年。

［111］（宋）契嵩著，张宏生释译：《辅教编》，高雄：佛光文化事业有限公
司，1996年。

［112］（宋）周敦颐著，张文瀚注说：《通书》，开封：河南大学出版社，
2018年。

［113］（宋）张载：《张子全书》，《四库全书》本，台北：台湾商务印书馆，
1986年。

［114］（宋）朱子著，朱杰人等主编：《朱子全书》，上海：上海古籍出版
社、合肥：安徽教育出版社，2002年。

［115］（宋）黎靖德编，王星贤点校：《朱子语类》，北京：中华书局，1986
年。

［116］（明）解缙等编：《永乐大典》，《四库全书存目丛书补编》本，济南：
齐鲁书社，2001年。

［117］（明）薛瑄：《读书录》，《四库全书》本，台北：台湾商务印书馆，
1986年。

［118］（明）邱濬编：《大学衍义补》，《四库全书》本，台北：台湾商务印
书馆，1986年。

［119］（明）邱濬：《学的》，《四库全书存目丛书》本，济南：齐鲁书社，
1995年。

［120］（明）胡居仁：《居业录》，清雍正二年（1724年）江西古安彭仁重刻
本。

［121］（明）周琦：《东溪日谈录》，《四库全书》本，台北：台湾商务印书

馆，1986 年。

[122] (宋)邵雍撰，(明)黄畿传：《皇极经世书传》，《四库全书存目丛书》本，济南：齐鲁书社，1995 年。

[123] (明)徐问：《读书札记》，《四库全书》本，台北：台湾商务印书馆，1986 年。

[124] (明)郎瑛：《七修类稿》，上海：上海书店出版社，2001 年。

[125] (明)王启元著，陈玄点校：《清署经谈》，上海：上海古籍出版社，2017 年。

[126] (清)顾炎武著，黄汝成集释，栾保群点校：《日知录集释》，北京：中华书局，2020 年。

[127] (清)封昌熊：《宦游家训》，广西壮族自治区图书馆复印本，1980 年。

[128] (清)陈梦雷编，蒋廷锡校订：《古今图书集成》，北京：中华书局、成都：巴蜀书社，1985 年。

[129] (清)陈宏谋著，苏丽娟点校：《五种遗规》，南京：凤凰出版社，2016 年。

[130] (清)赵翼：《檐曝杂记》，《续修四库全书》本，上海：上海古籍出版社，2002 年。

[131] (清)赵慎畛：《榆巢杂识》，北京：中华书局，2001 年。

[132] (清)池生春：《塾规二十四条》，清道光十五年(1835 年)粤西节署芝草堂刻本。

[133] (清)方宗诚：《柏堂遗书》，清光绪年间志学堂家藏版。

[134] (清)刘名誉辑：《慕盦治心诗钞·慕盦韵语诗钞》，光绪二十二年(1896 年)排印本。

[135] 喻谦编著，李云点校：《新续高僧传》，北京：商务印书馆，2022 年。

[136] 朱荫龙辑：《五种遗规辑要》，桂林：桂林文化供应社，民国三十一

年(1942 年)。

［137］(唐)韩愈著,刘真伦、岳珍校注:《韩愈文集汇校笺注》,北京:中华书局,2010 年。

［138］(唐)柳宗元撰,尹占华、韩文奇校注:《柳宗元集校注》,北京:中华书局,2013 年。

［139］(唐)白居易撰,顾学颉点校:《白居易集》,北京:中华书局,1979 年。

［140］(宋)契嵩:《镡津文集》,《四部丛刊三编》本,上海:上海商务印书馆,1936 年。

［141］(宋)周敦颐著,谭松林、尹红整理:《周敦颐集》,长沙:岳麓书社,2002 年。

［142］(宋)程颢、程颐著,王孝鱼点校:《二程集》,北京:中华书局,2004 年。

［143］(宋)高登:《东溪集》,《四库全书》本,台北:台湾商务印书馆,1986 年。

［144］(宋)陆游:《陆游全集校注·渭南文集校注》,杭州:浙江古籍出版社,2015 年。

［145］(宋)张栻:《南轩集》,《四库全书》本,台北:台湾商务印书馆,1986 年。

［146］(宋)陈亮:《龙川集》,《四库全书》本,台北:台湾商务印书馆,1986 年。

［147］(宋)魏了翁:《鹤山先生大全文集》,《四部丛刊初编》本,上海:上海商务印书馆,1919 年。

［148］(元)虞集:《道园学古录》,《四部丛刊初编》本,上海:上海商务印书馆,1919 年。

［149］(明)邱濬:《琼台诗话》,《四库全书存目丛书》本,济南:齐鲁书社,1997 年。

［150］（明）蒋冕著，唐振真等点校：《湘皋集》，南宁：广西人民出版社，2001 年。

［151］（明）湛若水著，洪垣校刊：《泉翁大全集》，明嘉靖十九年（1540年）刻万历二十一年（1593 年）修补本。

［152］（明）湛若水：《湛甘泉集》，康熙二十年（1681 年）黄楷刻本。

［153］（明）王守仁著，吴光等编校：《王阳明全集》，杭州：浙江古籍出版社，2010 年。

［154］（明）黄佐著，陈广恩点校：《泰泉集》，南京：凤凰出版社，2021年。

［155］（明）张岳：《小山类稿》，《四库全书》本，台北：台湾商务印书馆，1986 年。

［156］（明）张翀著，王尧礼、丘祥彬点校：《鹤楼集》，贵阳：孔学堂书局，2018 年。

［157］（明）王锡爵辑：《增定国朝馆课经世宏辞》，明万历十八年（1590年）万卷楼刻本。

［158］（清）高熊徵：《郢雪斋纂稿》，《清代诗文集汇编》本，上海：上海古籍出版社，2010 年。

［159］（清）张泰交：《受祜堂集》，《四库禁毁书丛刊》本，北京：北京出版社，1998 年。

［160］（清）余心孺：《诊痴梦草》，《四库禁毁书丛刊补编》本，北京：北京出版社，2005 年。

［161］（清）汪森编撰，黄盛陆等校点：《粤西文载校点》，南宁：广西人民出版社，1990 年。

［162］（清）汪森编撰，桂苑书林丛书编辑委员校注：《粤西诗载校注》，南宁：广西人民出版社，1988 年。

［163］（清）方苞著，刘季高校点：《方苞集》，上海：上海古籍出版社，1983 年。

［164］（清）李绂：《穆堂初稿》，《续修四库全书》本，上海：上海古籍出版社，2002 年。

［165］（清）谢济世著，黄南津等校注：《梅庄杂著》，南宁：广西人民出版社，2001 年。

［166］（清）陈宏谋著，广西省乡贤遗著编印委员会编印：《陈榕门先生遗书》，民国三十三年（1944 年）排印本。

［167］（清）陈宏谋著，郭志高、李达林整理：《陈宏谋家书》，桂林：广西师范大学出版社，1997 年。

［168］（清）陈仁：《用拙斋文集》，民国二十五年（1936 年）排印本。

［169］（清）袁枚著，王英志编纂校点：《小仓山房文集》，杭州：浙江古籍出版社，2015 年。

［170］（清）蒋励常著，蒋世玢等点校：《岳麓文集》，南宁：广西人民出版社，2001 年。

［171］（清）张鹏展编撰：《峤西诗钞》，清道光二年（1822 年）清远楼刻本。

［172］（清）梁章钜撰，蒋凡校注：《三管诗话校注》，南宁：广西人民出版社，1996 年。

［173］（清）唐鉴：《唐鉴集》，长沙：岳麓书社，2010 年。

［174］（清）宗稷辰编撰：《躬耻斋文钞》，清咸丰六年（1856 年）越岘山馆刊本。

［175］（清）魏源：《魏源全集》，长沙：岳麓书社，2004 年。

［176］（清）蒋启敭著，蒋世玢等点校：《问梅轩诗草偶存》，南宁：广西人民出版社，2001 年。

［177］（清）郑献甫：《郑献甫集》，南宁：广西人民出版社，2013 年。

［178］（清）郑献甫：《郑献甫集》，桂林：广西师范大学出版社，2015 年。

［179］（清）朱琦：《怡志堂文初编》，《续修四库全书》本，上海：上海古籍出版社，2002 年。

［180］（清）陈澧：《东塾集》，光绪十八年（1892 年）菊坡精舍刻本。

[181] (清)曾国藩著,唐浩明修订:《曾国藩全集》,长沙:岳麓书社,2012年。

[182] (清)龙启瑞,吕斌校笺:《龙启瑞诗文集校笺》,长沙:岳麓书社,2008年。

[183] (清)龙启瑞著:《经德堂文集》,《清代诗文集汇编》本,上海:上海古籍出版社,2010年。

[184] (清)蒋琦龄,蒋世玢等点校:《空青水碧斋诗文集》,南宁:广西人民出版社,2001年。

[185] (清)韦丰华著,丘振声、赵建莉点校:《韦丰华集》,南宁:广西民族出版社,2009年。

[186] (清)黎申产:《菜根草堂吟稿》,南宁:广西人民出版社,1993年。

[187] (清)韦绣孟著,顾绍柏注:《茹芝山房吟草》,南宁:广西人民出版社,1993年。

[188] (清)况周颐:《粤西词见》,清光绪二十二年丙申(1896年)刻本。

[189] (清)况周颐:《蕙风词话续编》,唐圭璋《词话丛编》,北京:中华书局,1986年。

[190] (清)侯绍瀛编纂:《粤西五家文钞》,清光绪二十四年(1898年)刻本。

[191] (清)赵炳麟著,黄南津等点校:《赵柏岩集》,南宁:广西人民出版社,2001年。

[192] (清)崔毓荃著,刘映华注释:《薰生诗草》,南宁:广西人民出版社,1997年。

[193] 黄蓟:《岭西五家诗文集》,民国三十五年(1946年)排印本。

[194] 北京大学古文献研究所编:《全宋诗》,北京:北京大学出版社,1998年。

二、现当代专著

[1] 陈壁生:《孝经学史》,上海:华东师范大学出版社,2015年。

［2］陈来：《宋明理学》，沈阳：辽宁教育出版社，1995年。

［3］陈荣捷：《朱学论集》，上海：华东师范大学出版社，2007年。

［4］陈柱编、高湛祥、陈湘校评：《粤西十四家诗钞校评》，南宁：广西人民出版社，1997年。

［5］地方志编撰委员会编：《融水苗族自治县志》，北京：生活·读书·新知三联书店，1998年。

［6］邓洪波主编：《中国书院学规集成》，上海：中西书局，2011年。

［7］丁辉、陈心蓉：《中国进士藏书家考略》，合肥：黄山书社，2017年。

［8］东兰县志编纂委员会编：《东兰县志》，南宁：广西人民出版社，1994年。

［9］杜泽逊：《文献学概要（修订本）》，北京：中华书局，2018年。

［10］方国瑜主编，徐文德、木芹纂录校订：《云南史料丛刊》，昆明：云南大学出版社，2001年。

［11］丰雨滋主编：《清代桂林状元翰墨》，桂林：广西桂林图书馆，2009年。

［12］冯友兰：《中国哲学史》，北京：生活·读书·新知三联书店，2009年。

［13］关仕京采录译注：《壮族师公二十四孝经书译注》，南宁：广西民族出版社，2015年。

［14］广西地方志编纂委：《广西通志稿》，南宁：广西人民出版社，2017年。

［15］广西通志馆旧志整理室、广西社会科学院情报所编著：《广西方志传记人名索引》，南宁：广西人民出版社，1989年。

［16］广西壮族自治区百色市志编纂委员会编：《百色市志》，南宁：广西人民出版社，1993年。

［17］广西壮族自治区编辑组：《广西仫佬族社会历史调查》，北京：民族出版社，2009年。

［18］广西壮族自治区编写组：《广西少数民族地区碑文契约资料集》，北京：民族出版社，2009 年。

［19］广西壮族自治区编写组：《广西壮族社会历史调查》，北京：民族出版社，2009 年。

［20］广西壮族自治区地方志编纂委员会编：《广西通志·民俗志》，南宁：广西人民出版社，1992 年。

［21］广西壮族自治区桂林图书馆、广西壮族自治区桂林古籍保护中心编：《广西壮族自治区桂林图书馆珍贵古籍图录》，南宁：广西人民出版社，2016 年。

［22］广西壮族自治区通志馆等主编：《广西地方史志文献联合目录》，南宁：广西人民出版社，1988 年。

［23］广西壮族自治区图书馆、广西壮族自治区桂林图书馆合编：《广西文献名录》，南宁：广西人民出版社，2009 年。

［24］郭齐家：《中国教育思想史》，北京：教育科学出版社，1987 年。

［25］过伟主编：《广西民俗》，兰州：甘肃人民出版社，2003 年。

［26］杭辛斋：《学易笔谈》，天津：天津古籍书店，1988 年。

［27］何成轩：《儒学南传史》，北京：北京大学出版社，2000 年。

［28］何龙群：《壮族教育史》，南宁：广西教育出版社、广州：广东教育出版社、昆明：云南教育出版社，1998 年。

［29］侯外庐、邱汉生、张岂之主编：《宋明理学史》，西安：西北大学出版社，2018 年。

［30］胡大雷、张利群、黄伟林等：《桂学文献研究》，桂林：漓江出版社，2020 年。

［31］胡大雷、张利群：《桂学综论》，桂林：漓江出版社，2020 年。

［32］胡大雷：《粤西士人与文化研究》，桂林：广西师范大学出版社，2014 年。

［33］怀德堂族众编订：《桂林傅氏家规》，民国二十七年（1938 年）。

[34] 黄启臣：《明清经济史论集》，广州中山大学出版社，2021 年。

[35] 黄庆印：《壮族哲学思想史》，南宁：广西民族出版社，1996 年。

[36] 黄永年：《古籍整理概论》，上海：上海古籍店出版社，2001 年。

[37] 黄永年：《古文献学讲义》，上海：中西书局，2014 年。

[38] 季啸风主编：《中国书院辞典》，杭州：浙江教育出版社，1996 年。

[39] 姜歆：《中国穆斯林习惯法研究》，银川：宁夏人民出版社，2010 年。

[40] 蒋钦挥编撰：《全州历史名人传记》，南宁：广西人民出版社，2008
年。

[41] 蒋钦挥等编撰：《历史的碎片——全州地域文化纵横谈》，南宁：广
西人民出版社，2015 年。

[42] 蒋钦挥：《全州历史人物》，北京：中央文献出版社，2006 年。

[43] 李锦全等：《岭南思想史》，广州：广东人民出版社，1993 年。

[44] 李砾：《阐释和跨文化阐释》，广州：广东人民出版社，2006 年。

[45] 李荣典、甘广秋主编：《临桂县志》，北京：方志出版社，1996 年。

[46] 李瑞良：《中国古代图书流通史》，上海：上海人民出版社，2000 年。

[47] 李世愉主编：《清史论丛》，北京：中国广播电视出版社，2008 年。

[48] 李伟中：《桂东南科举家族及其近代转型——以广西高山村为中心的
研究》，桂林：广西师范大学出版社，2009 年。

[49] 梁启超：《梁启超全集》，北京：北京出版社，1999 年。

[50] 梁庭望、罗宾译注：《壮族伦理道德长诗传扬歌译注》，南宁：广西
民族出版社，2005 年。

[51] 廖鼎声著，朱奇元校：《拙学斋论诗绝句考略》，民国二十五年（1936
年）。

[52] 廖中冀：《清代末期广西学术思想的转变》，广西壮族自治区图书馆
图书馆内部资料，1959 年。

[53] 林半觉：《榕门故里》，北京：方志出版社，1996 年。

[54] 林忠军：《象数易学发展史（第一卷）》，济南：齐鲁书社，1994 年。

［55］刘汉忠：《柳州明代八贤编年》，北京：方志出版社，2019 年。

［56］刘黎明：《契约、神裁、打赌——中国民间习惯法则》，成都：四川人民出版社，2003 年。

［57］吕绍纲主编：《周易辞典》，长春：吉林大学出版社，1992 年。

［58］吕思勉：《经子解题》，王云五主编《国学小丛书》本。

［59］吕余生主编：《桂北文化研究》，南宁：广西人民出版社，1999 年。

［60］吕余生、廖国一：《中原文化在广西的传播与影响》，南宁：广西人民出版社，2017 年。

［61］马辉、于立文编著：《中国书法家大辞典》，哈尔滨：黑龙江美术出版社，2011 年。

［62］马建钊主编：《中国南方回族谱牒选编》，南宁：广西民族出版社，1998 年。

［63］牟宗三：《宋明儒学的问题与发展》，上海：华东师范大学出版社，2004 年。

［64］南炳文、白新良主编：《清史纪事本末（第 5 卷乾隆朝）》，上海：上海大学出版社，2006 年。

［65］南宁市地方志编纂委员会编撰：《南宁市志》，南宁：广西人民出版社，1998 年。

［66］欧阳若修等编：《壮族文学史》，南宁：广西人民出版社，1986 年。

［67］潘学明：《广西忻城莫氏土司官族文人诗文赏析》，南宁：广西人民出版社，2006 年。

［68］彭子龙编著：《广西历代经籍志（汉—明）》，桂林：广西师范大学出版社，2016 年。

［69］钱穆：《钱宾四先生全集》，台北：联经出版事业股份有限公司出版社，1998 年。

［70］钱宗范：《广西各民族宗法制度研究》，桂林：广西师范大学出版社，1997 年。

[71] 任继愈：《儒教问题争论集》，北京：宗教文化出版社，2000 年。

[72] 上海书店出版社编：《清代文字狱档(增订本)》，上海：上海书店出版社，2011 年。

[73] 舒大刚：《儒学文献通论》，福州：福建人民出版社，2012 年。

[74] 苏彩和、黄铮主编：《历史文化名人郑献甫论丛》，南宁：广西人民出版社，2005 年。

[75] 孙先英、周欣：《广西儒学文献叙录》，上海：上海古籍出版社，2022 年。

[76] 孙先英：《广西书院文化研究》，桂林：广西师范大学出版社，2016 年。

[77] 孙先英：《宋明理学在广西的传播及其对少数民族文化的影响》，北京：中国社会科学出版社，2015 年。

[78] 覃召文：《岭南禅文化》，广州：广东人民出版社，1996 年。

[79] 唐凯兴等：《壮族伦理思想研究》，北京：人民出版社，2016 年。

[80] 王德明：《广西古代文学思想史》，桂林：广西师范大学出版社，2017 年。

[81] 王德明：《清代粤西文学家族研究》，桂林：广西师范大学出版社，2013 年。

[82] 韦玖灵：《儒学南传与壮族思想发展》，香港：香港新闻出版社，2003 年。

[83] 韦玖灵：《壮族哲学思想》，北京：知识产权出版社，2017 年。

[84] 韦湘秋：《广西百代诗踪》，南宁：广西人民出版社，1995 年。

[85] 吴根洲编著：《科举导论》，杭州：浙江古籍出版社，2016 年。

[86] 吴永贵主编：《中国出版史》，长沙：湖南大学出版社，2008 年。

[87] 夏乃儒主编：《孔子辞典》，上海：上海辞书出版社，2008 年。

[88] 象州县志编纂委员会编：《象州县志》，北京：知识出版社，1994 年。

[89] 萧华荣：《中国诗学思想史》，上海：华东师范大学出版社，1996 年。

［90］谢谦编纂：《国学词典》，成都：四川辞书出版社，2018 年。

［91］兴安县地方志编纂委员会编：《兴安县志》，南宁：广西人民出版社，
2002 年。

［92］徐德明：《清人学术笔记提要》，北京：学苑出版社，2004 年。

［93］徐芹庭：《易经源流：中国易经史》，北京：中国书店出版社，2008
年。

［94］徐松石：《民族学研究著作五种》，广州：广东人民出版社，1993
年。

［95］许家康主编：《广西社会科学年鉴》，北京：方志出版社，2003 年。

［96］杨念群：《儒学地域化的近代形态：三大知识群体互动的比较研究》，
北京：生活·读书·新知三联书店，1997 年。

［97］杨新益、梁精华、赵纯心著：《广西教育史：从汉代到清末》，桂林：
广西师范大学出版社，1997 年。

［98］姚霖：《文化变迁与思想演进：壮族古代文化传承思想的历史研究》，
北京：民族出版社，2020 年。

［99］易学百科全书编辑委员会：《易学百科全书》，上海：上海辞书出版
社，2018 年。

［100］余嘉锡：《目录学发微 古书通例》，北京：商务印书馆，2011 年。

［101］余英时：《现代儒学论》，上海：上海人民出版社，1998 年。

［102］张声震主编：《壮族通史》，北京：民族出版社，1997 年。

［103］张舜徽：《中国文献学》，郑州：中州书画社，1982 年。

［104］张玉麟编著：《中文文献编目》，北京：中国科学院文献情报中心，
1989 年。

［105］章太炎：《章太炎国学二种》，杭州：浙江古籍出版社，2012 年。

［106］中国第一历史档案馆编：《纂修四库全书档案》，上海：上海古籍出
版社，1997 年。

［107］中国人民政治协商会议南宁市市委员会文史学习委员会编：《南宁

文史资料(总第十五辑・文化专辑续集)》，1992 年。

[108] 中华书局编辑部编：《宋元明清书目题跋丛刊》，北京：中华书局，2006 年。

[109] 中外名人研究中心、中国文化资源开发中心编：《中国名著大辞典》，合肥：黄山出版社，1994 年。

[110] 朱方枢主编：《陈宏谋研究论文集》，桂林：广西师范大学出版社，1998 年。

[111] 壮族百科辞典编纂委员会编：《壮族百科辞典》，南宁：广西人民出版社，1993 年。

三、论文类

(一)期刊论文类

[1] 陈冠文：《宋代广西汉、壮民族间的文化交流》，《广西民族研究》1989 年第 4 期。

[2] 陈相因，刘汉忠：《广西刻书考略》(上、下)，《广西地方志》2000 年第 4-5 期。

[3] 程潮：《儒学南传与岭南儒学的变迁》，《广州大学学报》(社会科学版)2010 年第 3 期。

[4] 程潮：《周敦颐的德行及其理学对岭南的影响》，《嘉应大学学报》2001 年第 1 期。

[5] 费孝通：《中华民族的多元一体格局》，《北京大学学报》1989 年第 4 期。

[6] 顾绍柏：《广西历代文献提要：编选一至三》，《广西文史》2008 年第 2-4 期。

[7] 何成轩：《儒学在壮族地区的传播》，《孔子研究》1995 年第 3 期。

[8] 何成轩：《壮族哲学家郑献甫思想初探》，《广西社会科学》1986 年第

2 期。

[9] 胡小安:《论黄佐在广西的教化活动》,《广西民族大学学报》2008 年第 3 期。

[10] 黄达武:《文化冲突中的古代壮族文人》,《广西民族研究》1995 年第 2 期。

[11] 黄昉:《壮族士人和理学》,《广西民族学院学报》(哲学社会科学版) 1985 年第 1 期。

[12] 黄庆印:《论孔子在壮族地区的影响及历史作用》,《广西民族学院学报》(哲学社会科学版) 1996 年第 4 期。

[13] 井上彻:《魏校的捣毁淫祠令研究——广东民间信仰与儒教》,《史林》2003 年第 2 期。

[14] 蓝武、高弘泽:《比较视野下明代广西土司地区儒学教育发展滞后探源——广西教育史系列研究之一》,《贺州学院学报》2018 年第 4 期。

[15] 蓝武、廖玉连:《清代在广西实施大规模改土归流的本土因素及其影响探析》,《民族学刊》2019 年第 3 期。

[16] 雷永强:《孔子圣化和儒家经典文献的生成》,《中国哲学史》2017 年第 2 期。

[17] 李春青:《论经典传注的阐释学意义》,《社会科学文摘》2021 年第 2 期。

[18] 李剑海、罗继名:《国家认同与地方神明正统化——以明清广西浔州府三界神为例》,《钦州学院学报》2014 年第 4 期。

[19] 李锦全:《岭南江门学派在宋明理学及中国传统文化中的历史地位》,《孔子研究》1994 年第 3 期。

[20] 梁继峰:《天主教在桂林的传播及其原因探析》,《传承》2008 年第 2 期。

[21] 梁庭望:《壮族〈传扬诗〉的伦理道德观》,《学术论坛》1983 年第 4 期。

［22］廖晓云：《新桂系时期广西地方文献的整理与编纂》，《图书馆界》
2014 年第 4 期。

［23］刘汉忠：《地方文献类古籍收集、整理述例》，《广西地方志》2006 年
第 6 期。

［24］刘汉忠：《天壤孤椠〈鹤楼集〉》，《广西文史》2004 年第 2 期。

［25］刘乃和：《陈宏谋与考据》，《北京师范大学学报》1962 年第 2 期。

［26］龙慧：《明刻孤本〈清署经谈〉概述及学术研究价值述略》，《图书馆
界》2013 年第 2 期。

［27］龙榆生：《清季四大词人》，《暨大文学院集刊》1931 年第 2 期。

［28］卢晓玲、孙先英：《论南宋理学在广西的传播方式》，《广西地方志》
2008 年第 6 期。

［29］吕立忠、周碧蓉：《清代广西文人藏书初探》，《河池学院学报》2005
年第 3 期。

［30］吕立忠：《清代广西的私家藏书》，《广西地方志》2006 年第 3 期。

［31］莫金山：《论汉文化的传播与广西区域文化》，《学术论坛》1994 年第
3 期。

［32］钱宗范：《试论侗族近代社会宗法文化的基本特征》，《广西师范大学
学报》1996 年第 2 期。

［33］舒大刚：《儒藏总序——论儒学文献整理的必要性和紧迫性》，《西
南民族大学学报》2005 年第 5 期。

［34］孙先英：《论周琦的〈东溪日谈录〉》及其理学思想特点》，《广西大学
学报》(哲学社会科学版)2010 年第 6 期。

［35］孙先英：《宋明理学影响下的广西少数民族地区的乡村管控》，《广西
地方志》2012 年第 6 期。

［36］孙先英：《宋明理学在广西的传播方式》，《广西社会科学》2012 年第
6 期。

［37］谈琪：《论壮族历史上的"弃蛮趋夏"现象》，《广西民族研究》1995 年

第 3 期。

[38] 覃彩銮：《汉文化的南传及其对壮族古代文化的影响》，《广西民族研究》1988 年第 4 期。

[39] 滕兰花：《神灵力量与国家意志：以清代广西境内狄青庙为视角》，《广西民族大学学报》2011 年第 5 期。

[40] 田心：《论明代广西地区儒学教育的强化》，《广西民族师范学院学报》2011 年第 6 期。

[41] 王永祥：《儒学向少数民族地区传播方式探析》，《燕山大学学报》（哲学社会科学版）2000 年第 4 期。

[42] 王元林：《国家祭祀与地方秩序构建中的互动——以唐宋元伏波神信仰地理为例》，《暨南学报》2011 年第 2 期。

[43] 吴仰湘：《清儒对郑玄注〈孝经〉的辩护》，《中国哲学史》2017 年第 3 期。

[44] 萧景阳：《中国少数民族走向儒学认同的历史考析》，《孔子研究》1995 年第 2 期。

[45] 徐杰舜：《广西古代民族关系述略》，《民族研究》1995 年第 2 期。

[46] 杨翰卿、王曾：《论壮族先民思想观念的儒学渊源及〈传扬歌〉与儒家思想的一致性》，《民族学刊》2019 年第 3 期。

[47] 杨翰卿：《简论儒学在我国南方少数民族哲学和文化中的传播影响》，《西华大学学报》（哲学社会科学版）2011 年第 1 期。

[48] 杨天保：《儒学思潮与区域发展战略研究述论——兼及广西研究"南传儒学"的学术转向问题》，《改革与战略》2009 年第 7 期。

[49] 杨宗亮：《儒学教育对壮族村落文化的影响——以云南省马关县马洒村为例》，《云南民族大学学报》（哲学社会科学版）2007 年第 2 期。

[50] 张其凡：《宋代岭南主要理学人物缕述》，《暨南学报》（哲学社会科学）1995 年第 3 期。

[51] 张尚英：《〈儒藏〉概要》，《走进孔子》2023 年第 5 期。

［52］张维：《清代前期广西藏书研究》，《广西社会科学》2004 年第 6 期。

［53］张维：《清代中后期广西藏书研究》，《广西社会科学》2005 年第 4 期。

［54］赵壮天：《开放与整合：明清汉文化在桂西壮族中的传播》，《广西民族学院学报》(哲学社会科学版)1997 年第 2 期。

(二)学位论文类

［1］阳静：《〈宝墨楼诗册〉校注》，广西大学硕士论文，2001 年。

［2］刘静：《走向民间生活的明代儒学教化研究》，华东师范大学博士论文，2004 年。

［3］蓝武：《元明时期广西土司制度研究》，暨南大学博士论文，2005 年。

［4］黄海云：《清代广西汉文化传播研究》，中央民族大学博士论文，2006 年。

［5］周玲：《广西书院文化研究》，广西师范大学硕士论文，2006 年。

［6］蒋俊：《帝国边陲：桂西土司社会的历史人类学研究》，厦门大学博士论文，2008 年。

［7］朱海萍：《郑献甫思想及古文研究》，广西师范大学硕士论文，2010 年。

［8］范兆飞：《中华民族多元一体格局下的壮族国家认同状况研究》，广西大学硕士论文，2013 年。

［9］姚霖：《壮族古代教育思想史初探》，中央民族大学博士论文，2013 年。

［10］李冰：《契嵩〈中庸解〉研究》，福建师范大学硕士论文，2014 年。

［11］全昭梅：《广西书院与地方文化研究》，广西大学硕士论文，2015 年。

［12］阮绵：《〈五种遗规〉研究》，新疆师范大学硕士论文，2015 年。

［13］康蓉芳：《陈宏谋〈五种遗规〉研究》，中南民族大学硕士论文，2016 年。

附　　录

广西儒学文献一览表①

序号	朝代	姓名②	广西经学文献	广西儒论文献	广西儒史文献
1	汉	陈钦	《陈氏春秋》佚	—	—
2	汉	陈元	《左氏同异》佚 《春秋训诂》佚	—	—
3	三国	士燮	《春秋经注》佚 《公羊穀梁注》佚	—	《交州人物志》佚
4	晋	范瑗	—	—	《交州先贤传》佚
5	宋	契嵩	《巽说》存 《中庸解》存	《辅教编》存	—
6	宋	林勋	—	《本政书》佚 《本政书比较》佚	—
7	宋	佚名	—	—	《桂林孔庙释奠牲币服器图说碑》存

① 文献划分依据详见孙先英、周欣：《广西儒学文献叙录》，上海：上海古籍出版社，2022 年。

② 为使表格便于查阅，异代多次编纂之书，作者只计最后编纂之一人；同时合撰之书，则标明全部作者。

续表

序号	朝代	姓名	广西经学文献	广西儒论文献	广西儒史文献
8	元	唐朝	—	《心法纂图》佚	—
9	明	陈伯魁	《五经训义》佚	—	—
10	明	陈宣	《礼经意旨》佚	—	—
11	明	周琦	—	《东溪日谈录》存 《儒正谈》存	《自斋行要》未见
12	明	唐瑄	《诗经说意》佚 《大学中庸直讲》佚	《辟谬录》佚	—
13	明	吴廷举	—	《胡子粹言》存 《薛子粹言》存 《春秋繁露节解》存	—
14	明	吕景蒙	《五礼古图》未见	《定性发蒙》佚 《象郡学的》佚	—
15	明	李璧	《燕飨乐谱》佚	—	《名儒录》佚
16	明	杨鉴	—	《巡仓政略》未见 《按治南畿政略》未见	—
17	明	杨乔	—	《静观录》佚	—
18	明	黎艮	—	《蒲谷日纂》佚	—
19	明	刘桂	—	《牧民要略》未见	—
20	明	陈邦俌	《太极图辩解》①佚 《率性编》佚	—	《遵周录》佚

---

① 或作《太极图辨解》。

序号	朝代	姓名	广西经学文献	广西儒论文献	广西儒史文献
21	明	官府编刊	—	—	《广西乡试录》(明弘治五年)存
22	明	官府编刊	—	—	《广西乡试录》(明正德八年)存
23	明	官府编刊	—	—	《广西乡试录》(明正德十四年)存
24	明	冯承芳	—	《静观录》佚	—
25	明	苏术	—	《粹言录》佚	—
26	明	陈大纶	《经义摭言》佚	《敷文语录》佚	—
27	明	吴邦柱	—	《祈嗣真机》佚	《尊孔录》佚
28	明	李仲僎	—	—	《循良汇编》未见
29	明	官府编刊	—	—	《广西乡试录》(明嘉靖十六年)存
30	明	全赐	《衍易》佚 《衍乐》佚	《心极说》佚	—
31	明	徐养正	—	《二程先生粹言》存	《范运吉传》存
32	明	章极	—	《主静遗编》佚	—
33	明	官府编刊	—	—	《广西乡试录》(明嘉靖二十八年)存
34	明	张居正 吕调阳	—	《帝鉴图说》存	—
35	明	何以尚	—	《忠孝经便蒙诗训》佚	—
36	明	张翀	—	《浑然子》存	—
37	明	官府编刊	—	—	《广西乡试录》(明嘉靖四十年)存

序号	朝代	姓名	广西经学文献	广西儒论文献	广西儒史文献
38	明	官府编刊	—	—	《广西乡试录》(明嘉靖四十三年)存
39	明	官府编刊	—	—	《广西乡试录》(明隆庆四年)存
40	明	官府编刊	—	—	《广西乡试录》(明万历元年)存
41	明	官府编刊	—	—	《广西乡试录》(明万历四年)存
42	明	张文熙	—	《按浙录》佚 《敉宁录》佚	—
43	明	官府编刊	—	—	《广西乡试录》(明万历七年)存
44	明	官府编刊	—	—	《广西乡试录》(明万历十年)存
45	明	曹学程	—	《猴城政略》佚	《忠谏录》存
46	明	王启元	—	《清署经谈》存	—
47	明	张所蕴	—	《图南会心录》佚	—
48	明	龙国禄	—	《向若篇》佚	—
49	明	文立缙	《尚书注释》佚	《政事纪》佚	—
50	明	刘调良	—	—	《忠孝节义传》佚
51	明	张茂梧	《易经了义》佚	—	—
52	明	龙文光	《乾乾篇》存 《孝经秋订》佚 《四书制义》佚	《观澜社约》未见	《尊圣志》未见
53	明	高翀	《四书会解》佚	—	—
54	明	庞希睿	《周易讲义》佚 《仪礼杂解》佚	—	—

序号	朝代	姓名	广西经学文献	广西儒论文献	广西儒史文献
55	明	梁方图	《五经要旨》佚	《家礼四训约要》未见	《忠孝廉节传》佚
56	明	赵雍	《丧礼仪节》佚	—	—
57	清	袁启翼	《葩经约旨歌》佚	《隐居志恒言》佚	—
58	清	刘士登	—	《庭训三则》佚	—
59	清	陈誉斯	《四书讲旨》佚	—	—
60	清	何廷翰	—	《凤楼家训》未见	—
61	清	高熊徵	《孝经刊误节训》存 《小学分节》存	《井陉政略》存	《文庙木主考辨》佚
62	清	麦士奇	《易经翼注》佚	—	—
63	清	刘世灯	《尚书讲义》佚 《中庸讲义》佚	—	—
64	清	余心孺	—	《性理管窥》存	《道学渊源》未见
65	清	王之骅	—	《增补了凡功过格》佚	—
66	清	封昌熊	《勉果斋经义撷腴》未见	《宦游家训》存	《理学宗传摘要》佚
67	清	张星焕	—	《著垣家训》佚	—
68	清	赵炯 赵日昇	—	—	《浩气吟》存
69	清	陆奎勋	—	《秀峰书院学规六条》	—
70	清	唐良玺	—	《闺门格言》佚 《义仓应行规条十则》佚	—
71	清	梁汝阳	—	《传习录辨疑》存	—

序号	朝代	姓名	广西经学文献	广西儒论文献	广西儒史文献
72	清	张鸿翙	—	《女训》佚 《家训》佚 《蒙童训》佚	—
73	清	无名氏	—	—	《乡贤录》存
74	清	蒙艺德	—	《教学指南论》存	—
75	清	蒋光昌	《读易管窥》佚	—	—
76	清	谢济世	《论孟笺》佚 《易在》未见 《学庸注疏》未见 《箧匪十经》未见	—	—
77	清	莫振国	—	《教士条规》存	—
78	清	钟辉廷	—	《敬至圣说》佚 《儒士要言》未见	—
79	清	陈宏谋	《大学衍义辑要》存 《大学衍义补辑要》存	《五种遗规》存 《吕子节录》存 《课士直解》存 《培远堂文檄》存 《豫章书院学约》存 《培远堂手札节存》①存 《桂林相国陈文恭公家书手迹》存	《司马文正公传家集》存 《司马文正公年谱》存
80	清	刘圣文	《四书集解》佚	—	—

---

① 一名《培远堂手札节要》。

续表

序号	朝代	姓名	广西经学文献	广西儒论文献	广西儒史文献
81	清	崔达	《易义一贯》佚	《修省录》佚 《处世录》佚 《治家录》未见	—
82	清	汤应求	—	《警心录》未见	—
83	清	何宜猷	《四书约旨》佚	—	—
84	清	欧阳永祎	—	《仕镜编》佚	—
85	清	文兆奭	—	—	《孝女传》存
86	清	唐一飞 庞屿	《西粤二子文》存	—	—
87	清	蒋良骐	—	《下学录》未见	—
88	清	潘成章	《五经纂解》佚	《翰墨楼时艺》佚	—
89	清	陆显仁	《易经评义》佚 《易理溯源》未见 《格物广义》未见 《四书原道》未见	《政治录》佚	—
90	清	曾熹	《四书秘旨》佚	—	—
91	清	刘定逌	《论语讲义》未见 《三难通解训言述》存	《灵溪时文》存 《秀峰书院学规》存	—
92	清	邬凤翊①	—	《家训》未见 《学文制行》未见	

---

① 或作"邬凤翼"。

序号	朝代	姓名	广西经学文献	广西儒论文献	广西儒史文献
93	清	陈钟琛	—	—	《横山陈氏砗卷》存
94	清	陈兰森	《四书考辑要》存	《〈双节堂庸训〉应世补续编》存	《陈文恭公年谱》存
95	清	朱应荣	—	《朱约斋先生时文》未见	—
96	清	俞廷举	—	《名言》未见	—
97	清	龚献谟	—	《劝民歌》佚	—
98	清	梁生杞	—	《居家宝鉴录》佚	—
99	清	卿彬	《周易贯义》存 《洛书洪范解》存 《律吕参解》未见	—	—
100	清	周履泰	—	《定阳学制偶存》未见	—
101	清	蒋励常	—	《养正编》存 《十室遗语》存 《岳麓制艺》佚	—
102	清	张鹏展	《读经释义》佚	《女范》佚	—
103	清	苏献可	—	《枫山便览》未见	—
104	清	范光祺	—	《劝学录》佚 《劝民录》未见	—
105	清	黄体正	—	《带江园时文》存	—
106	清	莫欺	—	—	《廉书》佚

序号	朝代	姓名	广西经学文献	广西儒论文献	广西儒史文献
107	清	韦景儒	《四书串讲》未见	—	—
108	清	况祥麟	《花矼经述》存	—	—
109	清	封奕璠	《小学孝经刊误简表》未见	—	—
110	清	黄定宜	—	—	《孔子年谱辑注》存
111	清	廖汝驯	—	《经律合课选》未见	
112	清	袁钰	《格物论》佚	—	—
113	清	苏懿谐	《葩经念本》存 《学庸弦诵》存 《两关日课》存 《孝经刊误合本》存 《大学两关经传要解》存 《大易掌镜》佚 《畴图体要》未见	《为人录》存 《开节录》存 《防维录》存 《行藏录》存 《迪知录》存 《传心显义》存 《清华家传》存 《民彝汇翼、续编》存 《古今自讼录》存 《至言窥测》未见	《邹鲁求仁绎》存 《尼徒从政录》存
114	清	路顺德	—	《人镜录》未见	—
115	清	王维新	《乐律辨正》未见	—	—

序号	朝代	姓名	广西经学文献	广西儒论文献	广西儒史文献
116	清	陆锡璞	《书经精义汇钞》存 《诗经精义汇钞》存 《礼记精义钞略》存 《仪礼精义钞略》存 《周官精义钞略》存 《春秋精义钞略》存 《易经精义钞略》未见	—	—
117	清	唐鉴	—	《道乡书院学规四则》存	—
118	清	肃清香	—	《训俗格言》佚	—
119	清	覃图书	《四书镜》佚 《七经精义》佚	—	—
120	清	唐仁	《周易观玩》存	《学校条规》存	—
121	清	覃武保	《四书性理录》佚	—	《容县列女志略》未见
122	清	程祖洛	—	—	《广西乡试录》（清嘉庆二十一年）
123	清	韦天宝	—	《斗山书院学规十则》佚	—
124	清	刘象恒	—	—	《灌水褒贞录》未见

序号	朝代	姓名	广西经学文献	广西儒论文献	广西儒史文献
125	清	陈继昌	—	《礼学须知》未见	《横山陈氏硃卷》存
126	清	龙光甸	—	《宰黔随录》存 《防乍日录》存	—
127	清	钟章元	—	—	《百八弟子考》佚 《孔圣事迹辩》未见
128	清	周启运	—	《绍濂堂制艺》未见	—
129	清	苏宗经	—	《女子遗规》佚	《坊表录》存 《名臣百咏》未见
130	清	蒋启敩	—	《教士汇编》存 《训俗迩言》存 《课艺偶存》佚	—
131	清	周思宣	《禹贡地理考略》佚 《春秋释地考证》佚 《蕳芘堂说经质疑》佚	《率性庐录》佚 《侍养要义》佚 《堂北负暄录》佚	《学案姓氏小传》佚
132	清	无名氏	—	《乡约条规》存	—
133	清	封培绪	—	《圣功集》存	—
134	清	池生春	—	《塾归二十四条》存	—
135	清	况澄	《春秋属辞比事记补》存 《两论纂说》未见	《癸亥四书课文稿》存	—

续表

序号	朝代	姓名	广西经学文献	广西儒论文献	广西儒史文献
136	清	钱福昌	—	—	《广西试牍》(道光十一年至十六年)存
137	清	周鸣礼	—	《醉菊山庄时文》佚	—
138	情	林宜烜	—	《课艺偶存》佚	—
139	清	黄蕴锦	《诗经草木解》佚	—	—
140	清	俞学乾	—	《婚丧摘要》佚	—
141	清	林先梁	《中庸脉络》未见	《学规》未见	—
142	清	礼部编刊	—	—	《广西闱墨》(清道光十一年恩科)存
143	清	礼部编刊	—	—	《广西闱墨》(清道光十二年)存
144	清	郑献甫	《愚一录》存 《愚一录易说》存 《四书翼注论文》①存	《补学轩制艺》存 《补学轩批选时文读本》存	—
145	清	闵光弼	《诗经大义》未见		
146	清	李维坊	—	《续葬论》未见	—
147	清	朱琦	《读缁衣集传》存	—	

① 一名《愚一录四书翼注》。

序号	朝代	姓名	广西经学文献	广西儒论文献	广西儒史文献
148	清	苏凤文	—	—	《广西昭忠录》存 《崇祀乡贤奏折禀稿》存
149	清	颜有光	—	《治家琐谈》未见 《教士学规》未见	—
150	清	周必超	—	《分青山房课艺》存	—
151	清	曾浤仁	—	《居家必读书》存	—
152	清	吴祖昌	—	—	《文庙上丁礼乐备考》存
153	清	龙启瑞	《尔雅经注集证》存 《小学高注补正》未见	《视学须知》存 《家塾课程》存 《是君是臣录》存	—
154	清	刘榘	《读易札记》未见	—	—
155	清	冯祖绳	—	《救贫捷法》存 《路南州保甲编》存	—
156	清	朱世杰	《论说衍说》未见	—	—
157	清	苏时学	《易经注解》佚	—	《镡津忠义录》存
158	清	秦焕	—	—	《平乐覃节妇诗传并郁林孝子周廷琛事传不分卷》存

序号	朝代	姓名	广西经学文献	广西儒论文献	广西儒史文献
159	清	蒋启迪	《易解》未见 《左绪论》未见	—	—
160	清	靳邦庆	—	《家塾散记》未见	—
161	清	潘继岳	—	《训蒙浅说》佚	—
162	清	刘名誉	《论语注解辨订》存	《初学源例篇》存 《慕盦治心诗钞·慕盦治心韵语》存	—
163	清	金熙坊	《周易类象》存 《羲轩丹易》存 《易经偶语》存 《春秋偶语》存 《春秋属比录》存 《易卦类象》未见 《洪范图说》未见	—	—
164	清	莫和祥	—	《浔阳课士录》佚	—
165	清	礼部编刊	—	—	《广西闱墨》（清同治元年）存
166	清	李璲	《易诗经解》佚	—	—
167	清	礼部编刊	—	—	《广西闱墨》（清同治三年）存

序号	朝代	姓名	广西经学文献	广西儒论文献	广西儒史文献
168	清	官府编刊	—	—	《广西试牍》(同治六年)存
169	清	莫以莹	《朱子小学辑略》未见	—	—
170	清	张联桂	—	—	《崇祀乡贤录》存
171	清	曹驯	—	—	《文庙祀位考略》存 《文庙丁祭礼乐辑要》存
172	清	张秉铨	—	《宣化常平义仓章程》未见	—
173	清	黄金衔	—	《治丽箴言》存 《滇南治略》未见 《救时权略》未见	—
174	清	龙继栋	《十三经地名韵编今释》存	—	《烈女记》未见
175	清	侯绍瀛	—	《明鉴择要经世略》未见	—
176	清	谢煌	—	—	《沈文节公传》存 《忠义录》佚
177	清	唐景崧 何如谨 唐则璲	—	—	《广西乡试硃卷》存
178	清	礼部编刊	—	—	《广西闱墨》(光绪十一年)存

序号	朝代	姓名	广西经学文献	广西儒论文献	广西儒史文献
179	清	官府编刊	—	—	《广西乡试录》(清光绪十四年)存
180	清	礼部编刊	—	—	《广西闱墨》(光绪十五年恩科)存
181	清	礼部编刊	—	—	《广西闱墨》(光绪十五年)存
182	清	龚延寿	《周易拟象》存《周易史证》存《周易史证样本》存	《论世录》未见《五子要语》未见《立定脚跟》未见《知人绪论》未见《桐岭学规》未见	《文庙圣贤典型》存《典型外编》未见
183	清	赵润生	—	《庭训录》存	—
184	清	植增高	《易经讲义》未见	—	—
185	清	祁永膺	《墨斋存稿》存《苟氏易异文疏证》未见	《勉勉锄室类稿》存	《岭学祠诸先生事迹学术考》存
186	清	莫如贤	—	《琼林籍》未见	—
187	清	何烈文	—	《训蒙五伦篇》未见	—
188	清	赖汝松	《中庸浅引》未见	—	—

序号	朝代	姓名	广西经学文献	广西儒论文献	广西儒史文献
189	清	礼部编刊	—	—	《广西闱墨》(光绪二十年)存
190	清	无名氏	—	—	《蒋奇纯、周绍昌殿试卷》存
191	清	易绍	—	—	《崇祀乡贤名宦录》存
192	清	礼部编刊	—	—	《广西闱墨》(光绪二十三)存
193	清	沈赞清	—	《学童心得》存	—
194	清	李翰芬	—	《广西学务提要》存	—
195	清	程大璋	《王制通论》存《王制义按》存	—	—
196	清	李琪华	—	《博爱录》存	—
197	清	王师说	《礼记集观》未见	—	—
198	清	许载琳	—	《吕新吾呻吟语评注》佚	—
199	清	蒋伯琨	—	《简要格言》未见《居家要略》未见	—
200	清	蒙会甡	《周易图书疏》未见	—	—
201	清	陈开祯	《易经精义撮要》未见	—	—
202	清	蓝芹	—	《戒讼戒赌论》未见	—

序号	朝代	姓名	广西经学文献	广西儒论文献	广西儒史文献
203	清	蓝芳	—	《敦宗睦族论》未见	—
204	清	莫存礼	—	《有志轩家训》未见	—
205	清	夏文伯	—	《从先录》未见	—
206	清	米瑞光	—	《训蒙五伦编》存	—
207	清	游鸿举	—	《中外格言录》未见	—
208	清	无名氏	—	《传家训》存	—
209	清	无名氏	—	《贤良词》存	—
210	清	无名氏	—	—	《古贤名录》存
211	清	鼎家藏编刊	—	—	《桂林周氏硃卷》存
212	清	礼部编刊	—	—	《广西闱墨》(清光绪二十七年)存
213	清	礼部编刊	—	—	《广西闱墨》(清光绪二十九年)存
214	清	阳贞吉	—	—	《广西乡试墨卷不分卷》(光绪二十九年)存
215	清	官府编刊	—	—	《广西乡试硃卷》(乾隆三十三年至光绪三十三年)
216	清	官府编刊	—	—	《广西道光同治光绪历科会试硃卷》存
217	清	官府编刊	—	—	《广西咸同光绪选优贡及岁贡卷》存

序号	朝代	姓名	广西经学文献	广西儒论文献	广西儒史文献
218	清	李如蘷	—	《示儿录》未见	—
小计	—	—	125 部	169 部	85 部
总计	—	—	379 部		

广西儒学文献续补表①

序号	朝代	姓名	广西经学文献	广西儒论文献	广西儒史文献
1	清	曹驯增订、蒋荣庄发刊	—	—	《国朝广西乡试历科题名录》②存
2	清	李葆祺	—	—	《笏山诗草》(附《试帖》)存
3	清	未知	—	—	《广西乡试卷》(道光二十年庚子恩科)未见
4	清	未知	—	—	《广西乡试卷》(道光二十三年癸卯科)未见
5	清	未知	—	—	《广西乡试卷》(道光二十四年甲辰恩科)未见
6	清	况祥麟	《六书管见》存	—	
7	清	未知	—	—	《广西乡试朱卷》(咸丰元年辛亥科)未见
8	清	未知	—	—	《广西乡试朱卷》(咸丰二年壬子科)未见
9	清	未知	—	—	《广西乡试朱卷》(咸丰五年乙卯科)未见
10	清	龙光甸龙启瑞	《字学举隅》存	—	—

①　续补书目为《广西儒学文献叙录》之不载者，因在持续补充中，故暂不予以深入讨论。待后续有所集成，再行补述。

②　一名《广西历科乡试同年录》。

续表

序号	朝代	姓名	广西经学文献	广西儒论文献	广西儒史文献
11	清	龙启瑞	《古韵通说》存	—	—
12	清	未知	—	—	《广西乡试朱卷》（咸丰九年己未科）未见
13	清	未知	—	—	《广西乡试朱卷》（同治元年壬戌科）未见
14	清	钟声	—	《石南书院课士草》存	—
15	清	未知	—	—	《广西乡试朱卷》（同治六年丁卯科）未见
16	清	未知	—	—	《广西乡试卷》（同治九年庚午科）未见
17	清	丁垣	—	—	《广西选拔贡卷》（同治十二年癸酉科）未见
18	清	未知	—	—	《广西乡试朱卷》（光绪元年乙亥恩科）未见
19	清	未知	—	—	《广西乡试朱卷》（光绪二年丙子科）未见
20	清	未知	—	—	《广西乡试朱卷》（光绪五年己卯科）未见
21	清	官府编刊	—	—	《容县宾兴牌名》未见
22	清	未知	—	—	《广西乡试朱卷》（光绪八年壬午科）未见
23	清	岑兆鸿	—	—	《广西选拔贡卷》（光绪十一年乙酉科）未见
24	清	未知	—	—	《广西乡试朱卷》（光绪十四年戊子科）未见

续表

序号	朝代	姓名	广西经学文献	广西儒论文献	广西儒史文献
25	清	未知	—	—	《广西乡试朱卷》(光绪十七年辛卯科)未见
26	清	未知	—	—	《广西咸丰同治光绪年间选优贡及岁贡卷》未见
27	清	官府编刊	—	—	《(恭城县)坪江宾兴总册》存
28	清	未知	—	—	《广西乡试朱卷》(光绪十九年癸巳恩科)未见
29	清	未知	—	—	《广西乡试朱卷》(光绪二十三年丁酉恩科)未见
30	清	未知	—	—	《广西乡试朱卷》(光绪二十七年辛丑补二十六年庚子科)未见
31	清	未知	—	—	《广西选拔贡卷》(宣统己酉科)未见